Giesbert Damaschke

Der Mac für Ein- und Umsteiger

Grundlagen einfach und verständlich

amac
BUCH VERLAG

Der Mac für Ein- und Umsteiger

Grundlagen einfach und verständlich

Copyright © 2013 by amac-buch Verlag

ISBN 978-3-95431-012-8

Konzeption/Koordination:	amac-buch Verlag
Layout und Cover:	Simone Ochsenkühn, Obergriesbach
Satz:	Johann Szierbeck, Aichach
Korrektorat:	Friederike Daenecke, Zülpich
Druck und Bindung:	deVega Medien GmbH, Augsburg

Trotz sorgfältigen Lektorats schleichen sich manchmal Fehler ein. Autoren und Verlag sind Ihnen dankbar für Anregungen und Hinweise!

amac-buch Verlag
Erlenweg 6
D-86573 Obergriesbach
E-Mail: info@amac-buch.de
http://www.amac-buch.de
Telefon 0 82 51 / 82 71 37
Telefax 0 82 51 / 82 71 38

Inhaltsverzeichnis

Inhaltsverzeichnis

Kapitel 4 – Programme (Apps) und Widgets 83

Kapitel 5 – Den Überblick behalten 111

Kapitel 6 – Netzwerk und Internet 141

Inhaltsverzeichnis

Kapitel 18 – Zugabe: Windows auf dem Mac   331

Index   337

Das gratis E-Book einlösen:

!

1. Öffnen Sie Ihren Browser, und geben Sie Folgendes ein:
   http://www.amac-buch.de/der-mac-fuer-einsteiger-epub
   oder falls Sie das Buch als PDF wünschen:
   http://www.amac-buch.de/der-mac-fuer-einsteiger-pdf

2. Fügen Sie das E-Book zu Ihrem Warenkorb hinzu.
   (Hinweis: Neukunden müssen sich spätestens beim Hinzufügen zum Warenkorb registrieren.)

3. Den individuellen Code Ihres E-Books finden Sie zwischen Seite 24 und 25 in diesem Buch.
   Geben Sie diesen Gutscheincode beim Bestellvorgang im Shop in das dafür vorgesehene Feld ein,
   und klicken Sie auf **Gutschein einlösen**.

4. Nach Bestellabschluss erhalten Sie eine E-Mail mit dem Downloadlink Ihres digitalen Buches.

Viel Spaß mit der amac-buch-Geschenk-Garantie!

Liebe Leserinnen, liebe Leser,

vielleicht geht es Ihnen gerade jetzt genauso, wie es mir vor etlichen Jahren ging. Damals stand ich vor der Entscheidung, von Windows zum Mac zu wechseln, und hatte allerlei Befürchtungen im Hinterkopf. Würde ich mit dem neuen System zurechtkommen? Würde es die Programme geben, die ich für meine tägliche Arbeit brauche? Würde ich meine Peripherie vom Drucker über den USB-Stick bis zur Digicam auch mit dem Mac benutzen können – oder müsste ich mir alles neu kaufen? Könnte ich mit dem Mac im Büronetzwerk arbeiten, und würde meine Internetverbindung noch funktionieren?

Schon nach kurzer Zeit hatten sich diese und ähnliche Bedenken nicht nur als völlig unbegründet erwiesen, sondern der Umgang mit OS X schien mir die natürlichste Sache der Welt zu sein. Nach meinem Umstieg fragte ich mich nur noch eins: Warum hatte ich eigentlich so lange mit dem Umstieg gezögert?

OS X schlug mich von Anfang an durch seine schiere Schönheit, Stimmigkeit und Eleganz in seinen Bann. Noch nie war meine Arbeit am Computer so störungsfrei, so angenehm und so erfreulich; nie zuvor hatte ich bei der Arbeit mit einem Computer das Gefühl, dass sich die Machine an mich anpasst – und nicht umgekehrt.

Natürlich treten auch beim Mac mitunter Fehler auf, und auch mit Mac OS X funktionieren die Dinge nicht immer so, wie man sich das gedacht hat. Doch die typischen Computerpannen treten bei einem Mac so selten auf, dass sie eigentlich schon wieder als untypisch gelten können.

Auf Wunder darf man auch bei Apple nicht hoffen – aber auf Sorgfalt, Liebe zum Detail, ein hohes Qualitätsniveau und durchdachtes Design. Und das kommt schon fast einem Wunder gleich.

Giesbert Damaschke

November 2013

Kapitel 1

Grundlagen

In diesem Kapitel widmen wir uns den allgemeinen Grundlagen von OS X und machen einen kurzen Rundgang durchs System. Wir richten den Mac erstmalig ein, legen einen Benutzeraccount an und schauen uns ein wenig um.

Wer Windows kennt, dem wird OS X sehr vertraut vorkommen. Es gibt allerdings einige Unterschiede, über die jeder Umsteiger anfangs stolpert: Die Fenster von OS X funktionieren ein wenig anders als gewohnt, die Mac-typische Menüleiste ist für Windows-Anwender ein Fremdkörper, Programme verhalten sich nicht unbedingt so, wie man es von Windows gewohnt ist, und das Scrollverhalten von OS X sorgt für Irritationen. Doch keine Sorge, an die kleinen Besonderheiten gewöhnt man sich rasch – und möchte sie bald nicht mehr missen.

Die Computer von Apple

Bei Apple ist manches anders als bei anderen Herstellern. Normalerweise sind Hersteller von Computern und Betriebssystemen getrennte Firmen. Die einen bauen die Computer, auf denen das Betriebssystem der anderen installiert wird. Nicht so bei Apple. Hier bekommen Sie alles aus einer Hand. Apple entwickelt Computer und Betriebssystem in kompletter Eigenregie. Die Computer von Apple heißen „Mac", das Betriebssystem heißt „OS X".

Das hat den großen Vorteil, dass Computer und Betriebssystem optimal aufeinander abgestimmt sind. Allerdings ist ein Mac – anders als ein normaler PC – vom Anwender so gut wie gar nicht konfigurierbar. Einem PC können Sie mit normalem Werkzeug zu Leibe rücken, um etwa die Grafikkarte oder die Festplatte auszutauschen, bei einem Mac ist das (mit Ausnahme des Mac Pro) nur mit Spezialwerkzeug und guten technischen Kenntnissen möglich – wenn überhaupt. Lediglich der Speicher kann bei allen Modellen problemlos vom Anwender aufgerüstet werden. Aber schauen wir uns einmal die verschiedenen Mac-Modelle von Apple an.

Konfigurationen: Apple überarbeitet seine Computer-Modelle regelmäßig und bringt ca. einmal im Jahr eine neue Version auf den Markt. Die hier erwähnten technischen Eckdaten sind Stand Herbst 2013.

Apples Angebot an Computern ist sehr klar, übersichtlich und durchdacht. (Bild: Apple)

CD/DVD-Laufwerk: Apple hat sich von integrierten CD/DVD-Laufwerken fast vollständig verabschiedet. Lediglich das MacBook Pro in der Standard-Ausführung verfügt über ein internes Laufwerk (das vermutlich der nächsten Modell-Revision zum Opfer fallen wird). Bei allen anderen Mac-Modellen muss ein CD/DVD-Laufwerk bei Bedarf als externes Gerät angeschlossen werden.

Die Hardware

- *MacBook Air:* Das MacBook Air ist ein sehr flaches, sehr leises und sehr leichtes Notebook, das für den mobilen Einsatz optimiert ist. Es besitzt kein optisches Laufwerk, setzt auf Flash-Speicher statt Festplatte und bietet nur die notwendigsten Schnittstellen zur Erweiterung des Geräts (2 × USB 3, 1 × Thunderbolt, SDXC-Kartensteckplatz). Eine integrierte Kamera ermöglicht Videotelefonate.

Thunderbolt: Thunderbolt ist eine von Intel und Apple gemeinsam entwickelte, extrem schnelle und sehr flexible Schnittstelle, an die Sie die unterschiedlichsten Geräte, wie Monitore, Festplatten, andere Computer oder Videokameras, anschließen.

- *MacBook Pro:* Dies ist das Standard-Notebook von Apple, das es in den unterschiedlichsten Ausstattungen und Leistungsmerkmalen gibt. In der Ausführung *Mac Book Pro mit Retina Display* verfügt das Gerät über ein Display mit einer Auflösung von bis zu 2880 × 1800 Bildpunkten mit gut 220 Pixeln pro Zoll – bei Displays mit dieser Auflösung und Pixeldichte sehen Sie de facto keine einzelnen Bildpunkte mehr. Die Modelle bieten die üblichen Schnittstellen wie 2 × USB 3, 2 × Thunderbolt, HDMI, einen SDXC-Kartenschacht und eine integrierte Kamera.

- *Mac mini:* Der Mac mini ist der kleinste und preiswerteste Mac, den Apple im Programm hat. Er wird ohne Monitor und Eingabegeräte geliefert. Natürlich können Sie Monitor, Tastatur und Maus anschließen – in der Regel auch die Geräte, die Sie an Ihrem Windows-PC benutzen. Peripherie schließen Sie via USB 3, Firewire oder Thunderbolt an. Ein SDXC-Kartenschacht ist ebenfalls vorhanden, eine Kamera gibt es allerdings nicht.

- *iMac:* Der iMac ist der Standard-Desktop-Rechner von Apple, den es in verschiedenen Ausführungen und unterschiedlicher Ausstattung gibt. Er ist ein „All in one"-Computer, kombiniert also Monitor und den eigentlichen Computer in einem sehr flachen Gehäuse, das auf den ersten Blick nur wie ein Monitor aussieht. Der iMac bietet die Mac-üblichen Schnittstellen (z. B. 4 × USB 3, 2 × Thunderbolt, SDXC-Kartenschacht und Gigabit-Ethernet) und besitzt eine Kamera für Videotelefonie und Video-Chat. Der iMac wird mit Tastatur und Maus oder Trackpad ausgeliefert.

- *Mac Pro:* Der Mac Pro ist das Arbeitstier unter den Macs, der nicht nur durch seine Leistung, sondern auch durch sein Design aus dem üblichen Rahmen fällt. Das Design ist kein schmucker Selbstzweck, sondern funktional. Denn die Röhrenform erlaubt ein völlig neues Abluftkonzept, was eine deutliche Verbesserung beim Wärmehaushalt des Computers bietet. Das Gerät ist als Hochleistungs-Workstation konzipiert; an Technik steckt im Mac Pro das aktuell Beste vom Besten. Allerdings gilt auch hier, was für die anderen Computer von Apple gilt: Es ist für den Anwender praktisch unmöglich, Bauteile oder Komponenten auszutauschen.

Von Windows zu OS X

Wer von Windows auf den Mac umsteigt, wird rasch feststellen, dass OS X zwar ein wenig anders aussieht, mitunter auch anders reagiert, dass aber im Großen und Ganzen die Gemeinsamkeiten der beiden Systeme überwiegen.

Verschieden, aber sehr ähnlich

Wie Windows ist auch OS X eine grafische Benutzeroberfläche, über die der Computer und alle Programme gesteuert werden. Es gibt einen Desktop (der bei OS X „Schreibtisch" heißt), und es gibt Dateien, Ordner und Laufwerke (die unter OS X „Volumes" genannt werden). Angeschlossene Geräte wie Drucker, externe Festplatten oder USB-Sticks werden durch Symbole repräsentiert, und alle Aktionen finden in Fenstern und Dialogen statt. Wie bei Windows werden Objekte mit der Maus über den Bildschirm geschoben, es gibt aufklappbare Menüs, aus denen man bestimmte Einträge auswählt, um eine bestimmte Aktion auszuführen. Dazu kommen Schaltflächen bzw. Tasten, die auf einen Mausklick reagieren, und Programme, die mit einem Doppelklick gestartet werden.

Kurz: Die grundlegende Bedienung von OS X unterscheidet sich in der Praxis kaum von Windows.

Auch die externen Geräte, die Sie vielleicht von Ihrem Windows-PC mit in die Mac-Welt nehmen möchten, stellen kein Hindernis dar: Alle handelsübliche Peripherie lässt sich auch an einen Mac anschließen und mit ihm benutzen.

Dokumente und Programme

Das gilt auch für Ihre Daten (also etwa Ihre Dokumente, Musik oder Fotos), die Sie beim Systemwechsel in aller Regel ebenfalls auf dem Mac benutzen können – vorausgesetzt natürlich, es gibt ein passendes Programm zur Verarbeitung der Daten.

Bei Musik und Fotos ist das kein Problem, mit diesen Dateien kommt OS X von Haus aus klar. Bei Dokumenten sieht das ein wenig anders aus. Hier benötigen Sie in der Regel die Mac-Versionen der Programme, mit denen Sie unter Windows gearbeitet haben. Viele Hersteller bieten ihre Programme für beide Plattformen an. Bei Programmen, die es nur für Windows gibt, findet man in der Regel aber sehr schnell ein OS-X-Pendant.

Womit wir bei der nächsten Frage sind, die sich beim Umstieg stellt: Kann man seine Programme, mit denen man unter Windows gearbeitet hat, auch auf dem Mac einsetzen? Hier ist die Antwort ein klares: Nein, das geht nicht.

> **!**
>
> **Windows auf dem Mac:** Es gibt einen kleinen Trick, mit dem Sie Windows-Programme auch unter OS X einsetzen können – Sie virtualisieren Windows. Das klingt ein wenig kryptisch, ist aber ganz einfach. Sie installieren ein Programm, das unter OS X einen kompletten PC simuliert. Auf diesem rein virtuellen Computer können Sie dann Windows installieren und in diesem Windows wiederum Ihre Windows-Programme. Es ist auch möglich, mit Boot Camp (das zu OS X gehört) eine zweite Festplattenpartition einzurichten und auf dieser Partition dann Windows zu installieren. Beim Einschalten Ihres Macs entscheiden Sie dann, ob Sie mit OS X oder Windows arbeiten möchten. Weitere Informationen zu diesem Thema finden Sie in Kapitel 18

Migrationsassistent

Der Migrationsassistent auf dem Mac (*Programme –> Dienstprogramme*) ist die einfachste Option, schnell und unkompliziert Daten vom Windows-PC auf den Mac zu übernehmen. Auf dem Windows-Rechner muss hierzu noch das notwendige Gegenstück installiert werden (*http://support.apple.com/kb/DL1557*).

Mit dem kostenfreien Programm Migrationsassistenten für Windows gelingt der Datentransfer zum Mac im Handumdrehen.

Verbinden Sie den Mac via Ethernet mit dem PC. Alternativ dazu kann auch das langsamere WLAN zur Verwendung kommen.

Die Konfiguration von OS X

Wenn Sie Ihren neuen Mac zum ersten Mal einschalten, werden Sie von einem „Willkommen"-Bildschirm begrüßt und dazu aufgefordert, einige grundlegende Einstellungen vorzunehmen. Anschließend ist Ihr Mac einsatzbereit. Neben den üblichen Einstellungen zur Sprache oder Zeitzone werden Sie hier auf einige Besonderheiten stoßen, die wir uns im Folgenden anschauen.

Apple-ID

Während der Konfiguration möchte OS X Ihre „Apple-ID" samt Kennwort wissen. Falls Sie noch keine ID haben, können Sie nun eine kostenlose ID anlegen (was generell zu empfehlen ist, da Sie nur mit einer solchen ID alle Funktionen von OS X nutzen können). Sie müssen dies aber nicht tun, sondern können auch diesen Punkt mit *Fortfahren* überspringen. Eine Apple-ID lässt sich später jederzeit anlegen. Wie das geht, erfahren Sie im zweiten Kapitel.

Was ist die Apple-ID? Die Apple-ID ist eine E-Mail-Adresse, mit der Sie sich bei Apple anmelden können. Diese ID wird etwa benötigt, wenn Sie im App Store oder im iTunes Store einkaufen, ein Videotelefonat via FaceTime führen oder Nachrichten zwischen Macs und iOS-Geräten (wie iPhone oder iPad) austauschen möchten. Sie können hier entweder eine bereits vorhandene Mail-Adresse benutzen oder sich von Apple eine kostenlose E-Mail-Adresse geben lassen.

iCloud

Der kostenlose Dienst iCloud erweitert die Fähigkeiten Ihres Macs deutlich. Um sich bei iCloud anzumelden, benutzen Sie Ihre Apple-ID. Sie müssen sich nicht während der Konfiguration entscheiden, sondern können auch diesen Punkt mit *Fortfahren* überspringen (was ich Ihnen aber nicht empfehle – früher oder später werden Sie iCloud nutzen wollen, da können Sie die kurze Anmeldeprozedur auch gleich am Anfang erledigen). Auf iCloud werden wir in diesem Buch immer wieder stoßen, einen einleitenden Überblick finden Sie in Kapitel 2.

Ortungsdienste

Der Mac ist in der Lage, seinen Standort zu lokalisieren. Der Mac besitzt zwar keinen GPS-Chip, kann aber anhand aller verfügbaren WLAN-Netze seine Position ungefähr orten. Das funktioniert natürlich nicht so präzise wie mit GPS, ist aber in der Regel auf etwa 25 bis 50 Meter genau, manchmal auch sehr viel genauer. Die Ortsdaten kann das System dann den verschiedenen Programmen zur Verfügung stellen – natürlich nur, wenn Sie dies jeweils ausdrücklich erlauben. Standardmäßig sind die Ortungsdienste deaktiviert. Sie können sie nun einschalten oder diesen Punkt mit *Fortfahren* überspringen. Es ist jederzeit möglich, diese Funktion nachträglich zu (de)aktivieren.

Benutzer anlegen

Damit Sie mit dem System arbeiten können, benötigen Sie einen Benutzeraccount. Diesen Account legen Sie in diesem Dialog fest. Hier geben Sie Ihren vollständigen Namen ein (z. B. „Giesbert Damaschke"), wählen einen Kurznamen für Ihren Account (etwa: „giesbert") und legen ein Kennwort fest. Wenn Sie in diesem Dialog die Option *Bei Anmeldung Kennwort anfordern* aktivieren, fragt OS X bei jedem Start nach Ihrem (vollständigen) Namen samt Kennwort und verhindert so, dass sich Unbefugte einfach an Ihrem Mac zu schaffen machen können.

> **!** **Vorsicht!** Unter Ihrem Kurznamen verwaltet OS X Ihre persönlichen Daten und Dokumente. Im Finder (dem zentralen Programm zur Verwaltung Ihrer gesamten Daten, mit dem wir uns in Kapitel 3 beschäftigen) wird der Kurzname als Name Ihres Benutzerordners gewählt. Der Kurzname kann nachträglich *nicht* geändert werden! Überlegen Sie sich also gut, was Sie hier eintragen – Namen wie „Mausi" oder „IchBinDerKoenig" mögen anfangs ganz witzig scheinen, auf Dauer sind sie wohl eher lästig.

Ausschalten und wieder einschalten

Bevor wir uns in OS X ein wenig umsehen und mit dem System vertraut machen, probieren wir kurz eine elementare Funktion aus: das Ein- und Ausschalten des Macs.

Um das System auszuschalten, benutzen Sie ein Menükommando (dazu gleich mehr). So geben Sie OS X die Möglichkeit, alle geöffneten Dateien zu schließen und das System in einem geordneten Zustand zu beenden.

Das Systemmenü

Was bei Windows die „Start"-Taste mit Windows-Logo ist das ist bei OS X (mehr oder weniger) das Apple-Logo links oben, über das Sie das Systemmenü öffnen. Klicken Sie auf dieses Logo, und wählen Sie den Eintrag *Ausschalten*. Der Mac fragt sicherheitshalber noch einmal nach, danach beendet er alle laufenden Programme und schaltet sich aus.

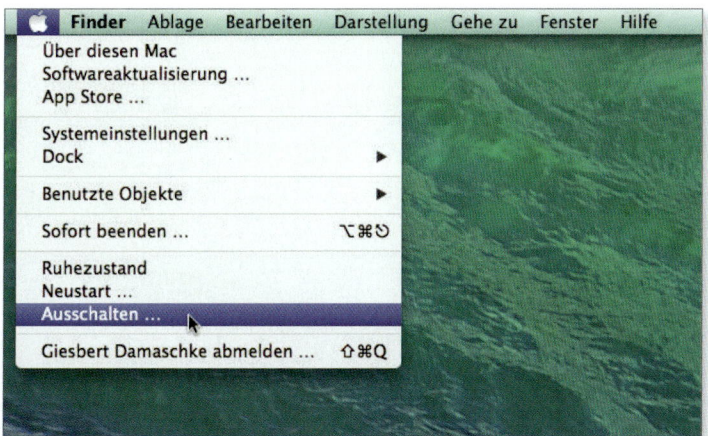

Sie sollten Ihren Mac immer über das Menü beenden. So vermeiden Sie Datenverlust. Der Menüeintrag Sofort beenden *bezieht sich übrigens auf laufende Programme, nicht auf den Rechner selbst.*

Nachdem Sie Ihren Mac auf die beschriebene Weise ausgeschaltet haben, starten Sie ihn über den Ein-/Ausschalter erneut. Sie werden nun nach Ihrem Namen und Ihrem Kennwort gefragt, anschließend sehen Sie den Schreibtisch von OS X.

> **!** **Notausstieg:** Es ist natürlich auch möglich, den Mac über den Schalter auszuschalten, über den Sie ihn eingeschaltet haben. Dazu drücken Sie den Schalter einige Sekunden, bis der Mac sich ausschaltet. Doch Vorsicht, diese Methode ist nur für den Notfall gedacht, wenn alles andere schiefgegangen ist. Wenn Sie den Mac auf diese Weise ausschalten, ziehen Sie dem System gewissermaßen den Boden unter den Füßen weg, was zu Datenverlust oder – schlimmer noch – zu Festplattenfehlern führen kann.

Ihr neuer Arbeitsplatz: Menü, Schreibtisch und Dock

Nach dem Einschalten Ihres Macs sehen Sie den Schreibtisch, der (wie bei Windows und anderen Betriebssystemen) als Fläche dient, auf der alle Fenster, Ordner, Dokumente und Dateien abgelegt werden.

So präsentiert sich OS X beim ersten Start. Am oberen Bildschirmrand sehen Sie die Menüleiste, am unteren das Dock.

Die Menüleiste

Am oberen Rand des Bildschirms sehen Sie die Menüleiste, die unverrückbar an ihrem Platz und (bis auf wenige Ausnahmen) immer sichtbar bleibt. Diese Leiste wird von allen Programmen unter OS X benutzt.

Anders als unter Windows haben Programmfenster unter OS X in der Regel keine eigene Menüleiste, sondern nutzen die zentrale Leiste oben am Bildschirmrand, deren Inhalt sich je nach aktivem Programm ändert.

Die (hier etwas zusammengestauchte) Menüleiste ist üblicherweise immer sichtbar, ändert nie ihren Platz und kann in der Regel nicht ausgeblendet werden.

Wir werden uns im Verlauf dieses Buches immer wieder mit den verschiedenen Menüeinträgen beschäftigen, doch werfen wir an dieser Stelle am Beispiel des Finders rasch einen Blick auf die typischen Menüpunkte, die in fast allen Programmen in dieser Reihenfolge auftauchen (Ausnahmen bestätigen die Regel):

- 🍎 *(Apfel-Menü):* Der erste Eintrag in jedem Menü ist das Apple-Logo, über das Sie das Systemmenü öffnen. Hier finden Sie verschiedene systemnahe Einträge, können die Softwareaktualisierung starten, sich über die Konfiguration Ihres Macs informieren, störrische Programme gezielt beenden oder auch den Mac ausschalten. Sie müssen den Apfel übrigens nicht pixelgenau treffen, um das Menü öffnen zu können. Es genügt auch ein Klick in den Bereich links neben dem Logo. In der Praxis bedeutet dies, dass Sie relativ achtlos die Maus in die linke obere Ecke schubsen können, um auf das Systemmenü zugreifen zu können.

- *Finder:* Es folgt, durch Fettung hervorgehoben, der Name des aktuellen Programms. Wenn Sie kein Programm gestartet oder auf eine leere Stelle des Schreibtischs geklickt haben, ist dies immer der Finder (das Apple-Pendant zum Windows-Explorer, mit dem wir uns in Kapitel 3 noch ausführlicher beschäftigen werden). Wechseln Sie das Programm, ändert sich auch dieser Eintrag. Hier finden Sie in der Regel Informationen zum aktuellen Programm und können auf seine Einstellungen zugreifen.

- *Ablage:* Der Menüpunkt *Ablage* entspricht ungefähr dem Eintrag *Datei* unter Windows. Über diesen Punkt greifen Sie auf zentrale Dateifunktionen zu, wie Öffnen, Speichern, Schließen oder Drucken. Über *Ablage* öffnen Sie auch neue Fenster oder legen neue Dokumente an.

- *Bearbeiten:* Dieser Menüpunkt ist im Grunde selbsterklärend. Hier finden Sie alle Einträge, um ein Dokument oder eine Datei zu bearbeiten, also Befehle wie Kopieren, Einfügen, Ausschneiden und Ähnliches.

- *Darstellung:* Hier legen Sie fest, wie ein Programm sich selbst und seine Fensterinhalte darstellen soll.

Nach diesen fünf Standardpunkten folgen die programmspezifischen Einträge. Beim Finder ist dies etwa der Punkt *Gehe zu,* beim Webbrowser Safari stehen an dieser Stelle die Punkte *Verlauf* und *Lesezeichen;* das Programm Mail hat hier *Postfach, E-Mail* und *Format* zu bieten, und bei anderen Programmen steht hier anderes.

Den Schlusspunkt in einem typischen Menü unter OS X bilden die folgenden beiden Einträge:

- *Fenster:* Viele Programme arbeiten mit mehreren Fenstern oder verschiedenen Tabs oder Registerkarten innerhalb eines Fensters. Über diesen Menüpunkt können Sie neue Fenster öffnen, zwischen den Fenstern wechseln und die Fenster vergrößern bzw. verkleinern.
- *Hilfe:* Dieser Punkt ist standardmäßig immer der letzte Punkt des Menüs und bietet genau das, was sein Name verspricht, nämlich Hilfe zu einzelnen Funktionen eines Programms.

Die „Menu Extras"

Der rechte Bereich der Menüleiste wird Sie vielleicht ein wenig an die „Tray Notification Area" von Windows erinnern, also an den Bereich rechts unten in der Taskleiste, in dem Windows verschiedene Systeminformationen anzeigt. Unter OS X hat der rechte Bereich der Menüleiste eine sehr ähnliche Funktion.

 **Extras/Items:** Unter OS X gibt es für den Bereich rechts oben und die dort abgelegten Symbole keinen offiziellen Namen. Auf Systemebene heißen die entsprechenden Objekte allerdings „Menu Extras", was sich als Bezeichnung eingebürgert hat. Alternativ spricht man auch von „Menu Items", „Status Items" oder „Menulets".

Hier werden verschiedene aktive Dienste und Informationen angezeigt. Dazu gehören etwa die Mitteilungszentrale (das Listensymbol rechts außen), die Suchfunktion mit Spotlight (das Lupensymbol), die aktuelle Uhrzeit, ein Lautstärkeregler (der Lautsprecher) und der Verbindungsstatus des Airports (also der WLAN-Lösung in Ihrem Mac), von Bluetooth oder einer Ethernet-Verbindung. Wenn Sie zum ersten Mal mit OS X in Berührung kommen, wird Ihnen das vielleicht noch nicht viel sagen, aber keine Sorge, wir werden alle Punkte im Verlauf des Buches noch ausführlicher besprechen.

Die Symbole rechts oben bieten verschiedene Informationen und den raschen Zugriff auf bestimmte Programme und Funktionen.

Das Dock

Am unteren Bildschirmrand befindet sich das Dock, das eine ähnliche Funktion hat wie die Taskleiste von Windows: Es bietet den Schnellzugriff auf oft benötigte Programme und erleichtert den Wechsel zwischen verschiedenen Anwendungen.

Wenn Sie den Mauszeiger auf eines der Programmsymbole im Dock bewegen, wird der Name des Programms eingeblendet. Mit einem Klick auf ein Symbol rufen Sie das entsprechende Programm auf bzw. bringen es in den Vordergrund.

Das Dock ist Schnellstartleiste und Ablagefläche zugleich. Der linke Bereich bietet Zugriff auf Programme, der rechte Bereich wird durch einen Streifen abgetrennt (hier durch den roten Pfeil markiert) und beherbergt Ordner, verkleinerte Fenster und den Papierkorb.

Welche Einträge in welcher Reihenfolge im Dock vorhanden sind, bleibt Ihnen überlassen. Zwei Einträge im Dock sind jedoch unverrückbar: das Logo des Finders links (der Finder ist das, was unter Windows der Explorer ist) und der Papierkorb rechts außen.

Das Dock ist prinzipiell zweigeteilt. Auf der linken Seite werden die Programmsymbole abgelegt, auf der rechten bekommen Sie Zugriff auf Ordner und Stapel (mehr dazu in Kapitel 5). Außerdem werden hier die Fenster abgelegt, die Sie verkleinert haben.

 Das Dock anpassen: Größe und Position des Docks lassen sich in der Systemsteuerung anpassen. Mehr dazu lesen Sie in Kapitel 17

Die Standardprogramme im Dock

Machen wir uns erst einmal kurz mit den Symbolen und Programmen vertraut, die OS X Ihnen standardmäßig im Dock präsentiert.

 Finder: Der Finder ist eine der wichtigsten Systemkomponenten und gehört zum Fundament von OS X. Er verwaltet sämtliche Laufwerke und die angeschlossenen Geräte und ist für alle Dateioperationen zuständig. Über den Finder kopieren und löschen Sie Dateien und Ordner oder legen neue Ordner an. Mit dem Finder haben Sie es auch dann zu tun, wenn es gar nicht danach aussieht, denn er kümmert sich um sämtliche Elemente der grafischen Benutzeroberfläche. Sobald ein Programm ein Fenster oder einen Dialog anzeigt, ist im Hintergrund der Finder beteiligt. Daher wechseln Sie auch zum Finder, wenn Sie auf den Schreibtisch klicken (der Schreibtisch ist für den Finder letztlich nur ein Ordner wie alle anderen auch, der auf besondere Weise dargestellt wird). Der Finder ist ständig aktiv und kann nur beendet werden, wenn Sie Ihren Mac komplett ausschalten. Mit dem Finder beschäftigen wir uns ausführlich in Kapitel 3.

 *Launchpad:* Das Launchpad ist eine bequeme Art, Programme zu verwalten und zu starten. Es zeigt Ihre Programme in Form großer Symbole an, mit einem Klick auf ein Symbol starten Sie das Programm. Wenn Sie sehr viele Programme installiert haben, kann das Launchpad ein wenig unübersichtlich werden, doch im normalen Einsatz eines Macs ist es recht komfortabel. Falls Sie ein iPhone oder iPad besitzen, wird Ihnen das Launchpad sehr vertraut vorkommen, zeigt es doch den gleichen Aufbau wie der Startbildschirm dieser Geräte. Das Launchpad lernen Sie im vierten Kapitel kennen.

 *Safari:* Safari ist der Standard-Webbrowser von OS X. Er ist schnell, zuverlässig und standardkonform. Wie andere bekannte Browser stellt auch Safari mehrere Webseiten auf Registerkarten („Tabs") innerhalb eines Fensters dar. Das Programm wartet mit einigen Besonderheiten auf, unterscheidet sich aber nicht grundlegend von anderen Browsern. Sie werden sich also sehr schnell damit zurechtfinden. Mit Safari beschäftigen wir uns in Kapitel 7.

 *Mail:* Der Name des Programms sagt, worum es hier geht: Mit Mail schreiben, empfangen und bearbeiten Sie Ihre elektronische Post. Das Programm unterstützt mehrere Accounts, beherrscht alle gängigen Mail-Standards, kommt mit den diversen Dateianhängen zurecht und erweist sich

bei schlichtem Äußeren als flexibel und leistungsstark. Über verschiedene Filter können Sie Ihre elektronische Post einfach und schnell organisieren. Diesem Programm ist das Kapitel 8 gewidmet.

 *Kontakte:* Auch hier sagt der Name des Programms bereits, worum es geht. Mit *Kontakte* verwalten Sie alle Kontaktdaten und Informationen zu Ihren Freunden und Bekannten. Die Adressen lassen sich in Gruppen zusammenfassen und blitzschnell durchsuchen. Andere Programme wie etwa Mail oder Safari, können auf die hier gespeicherten Daten zugreifen, um eine Mail-Adresse zu übernehmen oder ein Formular auf einer Webseite automatisch auszufüllen. Mit *Kontakte* beschäftigen wir uns in Kapitel 9 ausführlicher.

 Kalender: Mit *Kalender* verwalten Sie Ihre Termine und Aufgaben. Das Programm beherrscht den üblichen Kalenderstandard „iCal", kann also Termine und Einträge aus anderen Kalendern problemlos importieren oder Ihre Einträge im iCal-Format (Dateiendung: „.ics") weitergeben. Das Kalenderprogramm wird in Kapitel 10 vorgestellt und erläutert.

 *Erinnerungen:* Dieses Symbol zeigt ein kleines Programm zur Verwaltung Ihrer Aufgaben. Mit *Erinnerungen* lassen sich Aufgaben in verschiedenen Kategorien verwalten und nach Datum sortieren. Der Witz: Das Programm kann Sie in Abhängigkeit vom Ort, an dem Sie sich befinden, an bestimmte Aufgaben erinnern, was ganz reizvoll ist, wenn Sie mit einem mobilen Mac unterwegs sind. Mehr zu diesem kleinen, aber nützlichen Programm erfahren Sie in Kapitel 13.

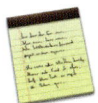 *Notizen:* Mit Notizen steht Ihnen ein zwar einfaches, aber sehr schnelles und nützliches Programm für alle kleineren und größeren Notizen zwischendurch zur Verfügung. In Kapitel 13 werden wir uns mit diesem Programm ausführlicher beschäftigen.

 *Karten:* Mit diesem Programm ist jeder Ort der Welt nur einen Mausklick entfernt. *Karten* stellt nicht nur die üblichen Stadt- und Straßenkarten bereit, sondern zeigt Ihnen auch die ganze Welt aus der Vogelperspektive in zum Teil atemberaubenden Satellitenaufnahmen und 3D-Darstellungen. Außerdem dient es Ihnen als Routenplaner. *Karten* lernen Sie in Kapitel 11 kennen.

 *Nachrichten:* Mit dem Programm *Nachrichten* bietet OS X Ihnen einen leistungsfähigen Chat-Client – und nicht nur das. Mit diesem Programm können Sie kostenlos Nachrichten zwischen anderen Macs oder iOS-Geräten (iPhone, iPad und iPod touch) austauschen. Dazu wird übrigens die kostenlose Apple-ID benötigt. *Nachrichten* wird in Kapitel 14 vorgestellt.

 *FaceTime:* Mit *FaceTime* können Sie kostenlose Videotelefonate via Internet führen. Vorausssetzung ist allerdings, dass Ihr Gesprächspartner ebenfalls ein FaceTime-fähiges Gerät benutzt. Neben einem Mac sind dies die iOS-Geräte (iPhone, iPad, iPod touch). Auch *FaceTime* setzt eine Apple-ID voraus. *FaceTime* wird in Kapitel 14 ausführlich vorgestellt.

 *Photo Booth:* Bis auf den Mac mini und Mac Pro besitzt jeder Mac eine integrierte Kamera, die nicht nur Videotelefonie bzw. Video-Chats ermöglicht, sondern von der auch das Programm *Photo Booth* lustigen Gebrauch macht. Hierbei handelt es sich vorrangig um ein Spaßprogramm, mit dem Sie Fotos und Videos von sich selbst aufzeichnen und mit verschiedenen Filtern verfremden können. Natürlich können Sie es auch zur Aufzeichnung normaler Videos und Fotos benutzen.

 *iTunes:* Ursprünglich war *iTunes* ein Programm zur Verwaltung und Wiedergabe digitaler Musik (worauf die Noten im Programmsymbol hinweisen). Heute ist es das Mediencenter von OS X, mit dem Sie Musik, Videos und Hörbücher verwalten. Zudem ist es der Zugang zum *iTunes Store* und steuert alle iOS-Geräte (also iPhone, iPad und iPod touch).

 iBooks: Mit diesem Programm wird Ihr Mac zu einem E-Book-Reader, also zu einem Programm, mit dem Sie elektronische Bücher lesen und verwalten können. Das Programm unterstützt die beiden wichtigsten Formate ePub und PDF und bietet den direkten Zugang zu Apples digitaler Buchhandlung, dem *iBook Store*. Das Programm lernen Sie in Kapitel 12 kennen.

 *App Store:* Über den *App Store* laden Sie Programme für Ihren Mac. Der Name ist eine Kurzform für die englische Bezeichnung „Application Store", die sich mit „Kaufhaus für Applikationen" bzw. „Kaufhaus für Programme" übersetzen lässt. Der *App Store* ist nicht der einzige, aber der komfortabelste Weg, um neue Programme für Ihren Mac zu bekommen. Der *App Store* selbst wird in Kapitel 4 ausführlich vorgestellt.

 Systemeinstellungen: Dies ist die Steuerzentrale Ihres Macs, in der Sie sämtliche systemnahen Einstellungen vornehmen. Unter Windows entspricht den Systemeinstellungen die Systemsteuerung. Wegen seiner zentralen Bedeutung finden Sie das Programm standardmäßig nicht nur als Symbol im Dock, sondern ebenfalls immer fest verankert im Systemmenü, das Sie mit einem Klick auf das Apple-Logo oben links aufrufen. Die Systemeinstellungen werden uns in diesem Buch immer wieder begegnen. Im 17. Kapitel werden sie im Überblick vorgestellt.

Papierkorb: Auf der rechten Seite des Docks finden Sie noch zwei weitere Symbole. Das erste zeigt den aktuellen Inhalt des *Downloads*-Ordners. Dabei handelt es sich um Stapel bzw. Stacks, mit denen wir uns in Kapitel 5 ausführlicher beschäftigen. Das Symbol rechts außen ist der Papierkorb, der immer unverrückbar an dieser Stelle zu finden ist. Der Papierkorb ist gewissermaßen das Zwischenlager für Dateien und Dokumente, die Sie gelöscht, aber noch nicht endgültig von der Festplatte entfernt haben. Der Papierkorb ist im Grunde eine Funktion des Finders. Sie lernen ihn im dritten Kapitel kennen.

Die Tastatur des Macs

Die Tastatur des Macs sieht auf den ersten Blick so aus wie jede andere Computertastatur auch. Falls Sie von Windows zum Mac wechseln, werden Sie allerdings doch einige Unterschiede zu einer normalen Windows-Tastatur erkennen, die bei Umsteigern erfahrungsgemäß für einige Verwirrung sorgen. Denn hier finden Sie nicht die von einer Standard-PC-Tastatur her gewohnten Aufdrucke, und es ist zum Beispiel auch nicht zu erkennen, wie man einen Klammeraffen @ oder eckige Klammern [ ] eingibt.

Die Sondertasten

Wie genau Ihre Tastatur beschriftet ist, hängt ein wenig davon ab, mit welchem Mac Sie arbeiten, da Apple die Beschriftung der Sondertasten im Laufe der Zeit immer wieder ein wenig geändert hat. Ein etwas älteres MacBook hat ein geringfügig anderes Tastaturlayout als ein moderner iMac, und die (kleine) Bluetooth-Tastatur, die standardmäßig zum iMac gehört, sieht ein wenig anders aus als die große Tastatur, die man auf Wunsch geliefert bekommt.

Doch die Unterschiede im Detail sollen uns hier nicht weiter irritieren, denn die Sondertasten *fn*, *ctrl*, *alt* und *cmd* der Apple-Tastatur haben im Laufe der Zeit zwar ihre Beschriftung geändert, nicht aber ihre Funktion. Hierbei handelt es sich um „Modifier Keys". Das sind Tasten, die allein keine Funktion haben und erst in Kombination mit anderen Tasten oder Mausklicks Wirkung zeigen.

Die Sondertasten der Mac-Tastatur haben im Laufe der Zeit ihre Beschriftung geändert, nicht aber ihre Funktion. Von zentraler Bedeutung sind hier vor allem die Befehlstaste ❶ und die Wahltaste ❷.

❶ *Die Befehlstaste:* Die wohl wichtigste Taste ist die Command- oder Befehlstaste. Sie finden sie links und rechts neben der Leertaste. Beschriftet ist sie mit der Abkürzung „cmd" oder dem Wort „command". Diese Taste wird in Apples Dokumentation und in den Menüs von OS X durch das Kleeblatt ⌘ wiedergegeben. Sie erfüllt unter OS X häufig – aber nicht immer – die Funktion, die unter Windows die *Strg*-Taste besitzt. Während Sie zum Beispiel unter Windows mit *Strg + C*, *Strg + X* und *Strg + V* ein Objekt kopieren, ausschneiden und einfügen, benutzen Sie dafür unter OS X *cmd + C*, *cmd + X* und *cmd + V*. Sie werden schnell feststellen, dass die Befehlstaste ihren Namen zu Recht trägt. Denn sie dient dazu, bestimmte Aktionen auszuführen, also Kommandos an das Betriebssystem zu übermitteln. Sie wird bei praktisch allen Tastenkürzeln benötigt, mit denen man Programme oder OS X steuert.

❷ *Die Wahltaste: N*eben der Befehlstaste liegt die „alt"- oder „option"-Taste, die in der deutschen Dokumentation „Wahltaste" genannt wird. Auf Mac-Tastaturen finden Sie hier (neben dem Text „alt" oder „option") das Zeichen ⌥ , mit dem diese Taste in Dokumentationen, den Menüs von OS X (und auch in diesem Buch) üblicherweise abgekürzt wird. Wie der Name schon andeutet, sorgt auf diese Taste dafür, dass Menüs andere Optionen bieten oder dass zu einer alternativne Tastenbelegung gewechselt wird.

❸ *Control-Taste:* Neben der *alt*-Taste liegt die „ctrl"- oder „control"-Taste, deren Darstellung traditionell das ∧-Zeichen ist. Das ist ein sogenannter „Up Arrowhead", kann aber leicht mit dem Zirkumflex oder Caret (wie etwa in *â*) verwechselt werden. Den Zirkumflex geben Sie über die Taste links neben der *1* ein. Um diese Verwechslung zu vermeiden, wird die Taste in diesem Buch mit ihrer Beschriftung, also mit *ctrl*, bezeichnet. Anders als ihr scheinbares Windows-Pendant, die *Strg*-Taste, spielt sie beim Mac eine eher untergeordnete Rolle. Sie wird mitunter bei Tastenkürzeln benutzt, ansonsten werden Sie sie wohl erst dann wirklich benötigen, wenn Sie in den Unix-Keller von OS X hinabsteigen.

❹ *Die Funktionstaste:* Mit der Taste *fn* schalten Sie die Belegung der Funktionstasten um. Standardmäßig werden diese Tasten zur Systemsteuerung benutzt. So können Sie etwa mit *F1* und *F2* die Helligkeit regulieren, mit den Tasten *F7* bis *F12* steuern Sie die Musikwiedergabe und die Lautstärke. Drückt man diese Tasten allerdings zusammen mit *fn*, registriert OS X den Tastendruck als Funktionstaste, also etwa als *F1/F2* und nicht als „Helligkeit vermindern/erhöhen".

❺ *Die Auswurftaste:* Apple setzte bisher in seinen Computern ausschließlich sogenannte „Slot In"-DVD-Laufwerke ein. Dabei wurde die DVD bzw. CD in einen seitlichen Schlitz geschoben und verschwand völlig im Gehäuse. Einen Auswurfknopf oder einen herausfahrbaren Schlitten gab es hier nicht. Da fragt man sich natürlich, wie man die DVD wieder herausbekommt. Ganz einfach: Drücken Sie auf diese Taste.

Blättern und springen

Die Standardtastatur von Apple ist so groß wie die MacBook-Tastatur und bietet wie diese keinen eigenen Ziffernblock. Das fällt in der Regel nicht weiter ins Gewicht, aber man muss hier auch auf die Tasten zum seitenweisen Blättern (Page Up, Page Down) in Dokumenten ebenso verzichten wie auf die Tasten, um an den Anfang (Home) oder das Ende (End) eines Dokuments zu springen.

Doch keine Sorge, diese Funktionen können Sie mit einer Tastenkombination realisieren. Seitenweise blättern Sie mit *fn + Pfeil nach oben* und *fn + Pfeil nach unten*, mit *fn + Pfeil nach links* und *fn + Pfeil nach rechts* springen Sie zum Anfang bzw. Ende eines Dokuments.

Die Maus, das Trackpad und die rechte Maustaste

Die MacBooks bieten als Eingabegerät unterhalb der Tastatur ein großes Trackpad. Beim iMac haben Sie die Wahl zwischen der Magic Mouse und einem externen Magic Trackpad. (Falls Sie es noch nicht bemerkt haben: Apple hat eine unübersehbare Vorliebe für das Wort „Magic".)

Gemeinsam ist Trackpad und Maus, dass sie nicht die von normalen Notebooks bzw. PCs her gewohnten Tasten, sondern nur eine glatte, berührungsempfindliche Fläche bieten. Der Trick: Das gesamte Eingabegerät ist eine Taste.

Die berührungsempfindliche Fläche kann bei der Berührung mehrere Finger unterscheiden und daher etwa auf Wischgesten mit zwei Fingern anders reagieren als auf solche mit drei oder vier Fingern und auf einen Tipp mit einem Finger anders als auf einen Tipp mit zwei Fingern. Diese Oberfläche wird von Apple daher als „Multi-Touch" bezeichnet.

Sprachgebrauch in diesem Buch: Auch wenn bei vielen modernen Macs die Maus wohl fast völlig vom Multitouch Trackpad verdrängt wurde, es also keine Maus und keinen Klick mehr gibt, halte ich in diesem Buch am gewohnten Sprachgebrauch „Maus", „Mausklick" und „klicken" fest.

Gestensteuerung

OS X ist auf Gestensteuerung – also Wischbewegungen mit den Fingern – ausgelegt. Beim Trackpad erzeugen Sie diese Gesten, indem Sie mit zwei, drei oder vier Fingern über das Trackpad wischen. Bei der Magic Mouse können Sie mit den Fingern über die Oberfläche streichen, um bestimmte Aktionen auszulösen. Allerdings sind hier die Möglichkeiten durch die begrenzte Oberfläche eingeschränkt.

Einstellungen: Wie das Trackpad bzw. die Magic Mouse auf bestimmte Gesten reagieren soll, legen Sie in den Systemeinstellungen fest. Wir werden uns in Kapitel 17 ausführlicher damit beschäftigen.

- *Mauszeiger:* Mit der Magic Mouse steuern Sie den Mauszeiger wie gewohnt durch eine Bewegung der Maus selbst. Beim Trackpad wischen Sie dazu mit dem Finger über die Oberfläche.
- *Mausklick:* Ein Druck auf das Trackpad bzw. die Magic Mouse entspricht einem Klick mit der linken Maustaste. Sie können beim Trackpad einen Klick auch durch einen Tipp ersetzen.

- *Rechte Maustaste:* Wie Sie einen Klick mit der rechten Maustaste (den sogenannten Sekundärklick) ausführen, hängt vom Eingabegerät ab. Bei einer Maus halten Sie dazu beim Mausklick die *ctrl*-Taste gedrückt, beim Trackpad drücken Sie mit zwei Fingern auf die Oberfläche. Auch diese Einstellung kann angepasst werden.
- *Scrollrad:* Zur schnellen Bewegung in einem Dokument bietet eine normale PC-Maus ein Scrollrad. Bei der Magic Mouse tritt an die Stelle des Scrollrades eine Wischbewegung mit einem Finger; beim Trackpad benutzen Sie dazu zwei Finger.

Trackpad-Tricks

Ein Trackpad ist mehr als nur ein Mausersatz, es bietet auch neue Steuerungsmöglichkeiten, die ein wenig Gewöhnung brauchen, sich aber in der Praxis als sehr hilfreich erweisen können.

So können Sie etwa den Inhalt eines Fensters (also zum Beispiel ein Foto, eine Webseite oder ein Dokument) mit zwei Fingern vergrößern bzw. verkleinern. Setzen Sie dazu zwei Finger auf das Trackpad, und ziehen Sie diese auseinander bzw. zusammen. Mit einer Wischbewegung mit zwei Fingern navigieren Sie in einem Programm, blättern also zum Beispiel im Webbrowser durch die bislang aufgerufenen Webseiten, in einem Fotoprogramm durch die verschiedenen Bilder oder scrollen in einem Dokument nach oben bzw. unten.

Wischen Sie mit drei Fingern nach oben, rufen Sie unter OS X „Mission Control" auf; ein Wischen mit drei Fingern nach links oder rechts wechselt den „Space" (was das genau ist, erfahren Sie in Kapitel 5). Bei einem frisch installierten OS X landen Sie dabei im „Dashboard" (das Sie in Kapitel 4 kennenlernen). Ziehen Sie vier Finger auf dem Trackpad zusammen (also etwa Daumen, Zeige-, Mittel- und Ringfinger), starten Sie das oben bereits erwähnte Launchpad. Schieben Sie vier Finger auseinander, verschwinden alle geöffneten Fenster, und Sie haben freien Blick auf den Schreibtisch. Diese (und andere Gesten) können Sie in der Systemsteuerung anpassen (wie das geht, erfahren Sie in Kapitel 17).

> **!**
>
> **Scrollrichtung:** Vermutlich ist es Ihnen schon aufgefallen: Beim Scrollen durch ein Dokument hat Apple die Richtung geändert. Unter Windows und Linux gibt die Scrollrichtung das Ziel im Dokument an. Bewegen Sie das Scrollrad einer Maus nach unten, wird der Inhalt des aktuellen Fensters nach oben geschoben,. Bei OS X ist das genau umgekehrt, hier folgt der Fensterinhalt der Scrollrichtung, ganz so, als würden Sie ihn direkt mit dem Finger verschieben. Ziehen Sie etwa auf dem Trackpad zwei Finger nach unten, dann ziehen Sie auch den Fensterinhalt nach unten – Sie bewegen sich in dem Dokument also nach oben. Das kann anfangs etwas verwirrend sein, aber nach kurzer Zeit ist es eine völlig natürliche Art, sich in Dokumenten zu bewegen (weshalb Apple hier auch von „natürlicher Scrollrichtung" spricht). Wenn Sie sich partout nicht daran gewöhnen können, lässt sich die Scrollrichtung in den Systemeinstellungen ändern (dazu folgt mehr in Kapitel 17).

Programme starten und beenden

Es gibt unter OS X verschiedene Wege, ein Programm zu starten (Sie werden sie alle in Kapitel 4 kennenlernen), aber am einfachsten geht es wohl über das Dock: Wenn Sie dort ein Symbol anklicken, wird das entsprechende Programm geöffnet.

Während des Ladevorgangs hüpft das Symbol auf und ab und signalisiert so, dass das Programm aktiv wird. Sobald das Programm gestartet ist, gibt das Symbol natürlich Ruhe und hüpft erst dann wieder kurz hoch, wenn das Programm im Hintergrund läuft und eine Eingabe von Ihnen erwartet.

Die Menüleiste

Klicken Sie einfach mal auf ein paar Symbole im Dock (eventuell auftauchende Abfragen oder Fehlermeldungen können Sie dabei getrost ignorieren). Achten Sie darauf, wie sich der Inhalt der Menüleiste ändert, je nachdem, welches Programm Sie gestartet haben. Um zu einem bestimmten Programm zu wechseln, klicken Sie auf das entsprechende Symbol im Dock.

Finder	Ablage	Bearbeiten	Darstellung	Gehe zu	Fenster	Hilfe	
Mail	Ablage	Bearbeiten	Darstellung	Postfach	E-Mail	Format	Fenster	Hilfe
Safari	Ablage	Bearbeiten	Darstellung	Verlauf	Lesezeichen	Fenster	Hilfe
Notizen	Ablage	Bearbeiten	Format	Darstellung	Fenster	Hilfe	
iBooks	Ablage	Bearbeiten	Darstellung	Gehe zu	Store	Fenster	Hilfe

Je nach geöffnetem Programm ändert sich der Inhalt der Menüleiste, wobei die Standardeinträge (fast) immer in der gleichen Reihenfolge erscheinen.

 Nach einem Klick auf das Launchpad-Symbol (die Rakete) werden Sie feststellen, dass sich der komplette Bildschirm ändert – was das soll und wie Ihnen das Launchpad bei der Arbeit an Ihrem Mac hilft, erfahren Sie in Kapitel 4. Fürs Erste genügt es, einfach auf eine leere Stelle zu klicken oder die *esc*-Taste zu drücken, um das Launchpad wieder verschwinden zu lassen.

Das Launchpad bietet Ihnen eine schnelle Möglichkeit, auf alle installierten Programme zuzugreifen.

Fenster schließen

Wie bei jeder modernen Benutzeroberfläche werden alle Programme in Fenstern dargestellt. Ein solches Fenster lässt sich durch einen Klick auf die rote Kugel links oben oder durch die Tastenkombination *cmd + W* schließen.

 Alle Fenster schließen: Wenn ein Programm mehrere Fenster geöffnet hat, die Sie alle schließen möchten, dann halten Sie die **alt**-Taste gedrückt und klicken auf die rote Kugel.

Programme schließen

Anders als Sie es vermutlich von Windows her gewohnt sind, wird ein Programm nicht unbedingt geschlossen, wenn Sie alle Programmfenster schließen. Manche Programme bleiben auch dann im Hintergrund aktiv, wenn kein Fenster mehr geöffnet ist. Um ein Programm vollständig zu beenden, wählen Sie im Menü des Programms entweder *Beenden* oder drücken die Tastenkombination *cmd + Q* (Q steht für „quit", also „beenden").

Resume

Eine weitere Besonderheit von OS X ist das „Resume"-Feature. Wenn Sie ein Programm beenden, merkt es sich den aktuellen Zustand, also etwa welche Dokumente geöffnet sind, und stellt diesen Zustand beim erneuten Start wieder her. Sie können also exakt an der Stelle weiterarbeiten, an der Sie das Programm verlassen haben.

Die Fenster von OS X

Wie bei jedem gängigen Betriebssystem sind auch bei OS X die Fenster ein zentrales Element, um Inhalte aller Art anzuzeigen. Diese Fenster verhalten sich fast so, wie Sie es vielleicht von Windows her kennen, zeigen aber einige Besonderheiten.

Für den Anfang öffnen Sie einfach ein Finder-Fenster, indem Sie im Dock auf den Eintrag *Finder* klicken.

Ein typisches Fenster in OS X am Beispiel des Finders: Oben gibt es die kombinierte Titel- und Symbolleiste ❶. Unten kann, je nach Programm, eine Statuszeile mit Informationen zum Fensterinhalt eingeblendet werden ❷. Viele Programme bieten zusätzlich eine Seitenleiste mit verschiedenen Kategorien ❸, deren Inhalt im Hauptfenster ❹ angezeigt wird. Über die farbigen Kugeln ❺ wird ein Fenster geschlossen, minimiert oder maximiert. Viele Programme unterstützen den Vollbildmodus, der über die Pfeiltaste rechts oben ❻ aktiviert wird.

Die Titelleiste

Ein Fenster bietet mindestens eine Titelzeile, in deren Mitte der Name des aktuellen Programms bzw. der Titel des aktuellen Fensterinhalts steht. Links sehen Sie (fast) immer drei bunte Kugeln, über die Sie ein Fenster schließen, verkleinern und zoomen.

- *Rote Kugel:* Mit einem Klick auf diese Kugel schließen Sie ein Fenster. Alternativ dazu können Sie auch *cmd + W* drücken. Anders als Sie es vielleicht von Windows her kennen, wird das dazugehörige Programm dabei mitunter nicht beendet, sondern steht im Hintergrund weiterhin bereit und wartet auf seinen nächsten Einsatz.
- *Gelb:* Die mittlere Kugel hat die gleiche Funktion wie das linke Symbol bei Windows: Das aktive Fenster wird (mit einer netten Animation) verkleinert und im Dock abgelegt. Wenn Sie das lieber über die Tastatur erledigen, bitte sehr, das geht auch: *cmd + M* legt das Fenster im Dock ab.
- *Grün:* Die rechte Kugel ist die Zoomtaste. Was bei einem Klick auf diese Kugel passiert, hängt vom jeweiligen Programm ab. In den meisten Fällen führt dies zu einer annähernd bildschirmfüllenden Darstellung eines Fensters. Das Dock markiert dabei die untere Grenze eines Fensters, oben setzt die Menüleiste allen Ausdehnungen ein Ende. Mit einem erneuten Klick auf diese Kugel wechseln Sie in den vorhergehenden Zustand.
- *Vollbildmodus:* Viele Programme lassen sich auch im Vollbildmodus betreiben, der über einen Klick auf den Doppelpfeil ❻ aktiviert wird. Dabei wird das Programmfenster auf die volle Bildschirmgröße gebracht, und die ansonsten unverrückbare Menüleiste und das Dock werden ausgeblendet. Die Menüleiste wird eingeblendet, sobald Sie mit dem Mauszeiger an den oberen Bildschirmrand fahren. Dort sehen Sie dann auch rechts oben einen blau markierten Doppelpfeil, über den Sie den Vollbildmodus wieder verlassen.

Die Symbolleiste

Viele Programmfenster bieten (wie hier im Beispiel der Finder) unterhalb der Titelzeile eine Symbolleiste, über die verschiedene Funktionen per Mausklick erreichbar sind oder die Darstellung geändert werden kann.

Die Symbolleiste eines Programmfensters lässt sich jederzeit Ihren Wünschen anpassen.

Um eine Symbolleiste anzupassen, klicken Sie einmal rechts in die Leiste. Es öffnet sich das Kontextmenü der Symbolleiste, in dem Sie ihr Erscheinungsbild bestimmen können. Alternativ dazu können Sie auch *Darstellung → Symbolleiste anpassen* wählen. Sie sehen nun die verschiedenen Symbole und ihre Funktion, die Sie in die Symbolleiste ziehen und dort ablegen können. Um ein Symbol zu entfernen, ziehen Sie es aus der Leiste heraus.

Die Symbolleiste eines Programms ist nicht in Stein gemeißelt, sondern kann von Ihnen geändert werden.

Skalieren/Verschieben

Anders als unter Windows besitzen die Fenster unter OS X keinen Rahmen, doch genau wie bei Windows können Sie ein Fenster mit dem Mauszeiger am Rand oder an den Ecken anfassen, um es mit gedrückter Maustaste zu skalieren. Möchten Sie es bewegen, klicken Sie in die Titelzeile oder (falls vorhanden) in die Symbolleiste und verschieben es mit ebenfalls gedrückter Maustaste.

Die Statusleiste

Manche Programmfenster können um eine untere Statuszeile ergänzt werden, in der sich weitere Informationen finden. Diese Leiste ist häufig ausgeblendet. Um sie anzuzeigen, wählen Sie *Darstellung –> Statusleiste einblenden*. Sie können ein Fenster mit der Maus auch in der Statusleiste anfassen und verschieben.

Die Rollbalken

Auf den ersten Blick scheint ein Fenster unter OS X keine Rollbalken bzw. Scrollbars zu besitzen. Doch das täuscht. Die Balken werden abhängig vom angeschlossenen Eingabegerät ein- bzw. ausgeblendet.

Ein Rollbalken besteht unter OS X aus einer relativ dünnen, grauen Linie, die in Abhängigkeit vom angeschlossenen Eingabegerät ein- bzw. ausgeblendet wird. Klicken Sie mit der Maus auf die Linie, wird sie etwas breiter dargestellt.

- Bei einem Touch-Interface, wie einem Trackpad oder der Magic Mouse, erscheint ein Rollbalken dann, wenn Sie im Dokument scrollen (also mit dem Finger bzw. den Fingern nach links, rechts, oben oder unten wischen).
- Bei anderen Eingabegeräten sind die Rollbalken immer sichtbar.

Wie OS X Rollbalken anzeigen soll, können Sie in den Systemeinstellungen festlegen (mehr dazu lesen Sie in Kapitel 17).

Paletten

Eine Sonderform der Fenster sind die Paletten, über die manche Programme Einstellungen und Informationen zum aktuellen Dokument einblenden. Im Unterschied zu normalen Fenstern lassen sich Paletten nicht skalieren oder minimieren, sind immer im Vordergrund und können allenfalls von anderen Paletten überdeckt werden.

Paletten lassen sich nicht über die Tastatur schließen, sondern nur über einen Klick auf die rote Murmel. Sie tauchen in der Programm- bzw. Fensterübersicht nicht auf, und sie lassen sich auch nicht in einen anderen Space verschieben (was es damit auf sich hat, erfahren Sie in Kapitel 5). Paletten erkennen Sie an den kleineren Farbmurmeln und an den rechtwinkligen, nicht abgerundeten Ecken sowie an der schmaleren Titel- und Symbolleiste.

Im Vergleich zu einem Standardfenster (❶, im Hintergrund) haben Paletten (❷, im Vordergrund) etwas kleinere Farbmurmeln, keine abgerundeten Ecken und eine deutlich schmalere Titelleiste. Symbolleisten können bei Paletten ebenfalls auftauchen, sind aber eher die Ausnahme.

Die wichtigsten Tastenkürzel zur Steuerung des Macs

Praktisch alle Operationen am Mac werden mit der Maus bzw. dem Touchpad ausgeführt. Doch das heißt nicht, dass Sie Ihren Mac nicht auch über die Tastatur steuern könnten. Die Tastenkürzel lassen sich anpassen und auch um neue Aktionen erweitern, doch mit dieser fortgeschrittenen Arbeitstechnik beschäftigen wir uns erst in Kapitel 17.

Kürzel	Aktion
cmd + A	Alles markieren
cmd + C	Das markierte Objekt in die Zwischenablage kopieren
cmd + X	Das markierte Objekt ausschneiden und in die Zwischenablage kopieren
cmd + V	Den Inhalt der Zwischenablage einfügen
alt + cmd + V	Eine kopierte Datei im Finder verschieben (Im Finder gibt es kein Ausschneiden.)
cmd + D	Eine Datei im Finder duplizieren
cmd + F	Suchen („Finden")
cmd + G	Mit dem eingegebenen Suchbegriff weitersuchen
cmd + H	Ein Programm samt allen Fenstern ausblenden
cmd + I	Informationen zum markierten Objekt einblenden
cmd + M	Ein Fenster verkleinern und im Dock ablegen
cmd + N	Ein neues Fenster oder Dokument öffnen
cmd + O	Datei öffnen
cmd + P	Das aktuelle Dokument drucken
cmd + S	Die aktuelle Version eines Dokuments speichern
cmd + <	Zwischen den Fenstern eines Programms wechseln
cmd + W	Das aktive Fenster schließen (ohne das Programm zu beenden)
cmd + Q	Das aktive Programm beenden
cmd + Z	Die letzte Aktion rückgängig machen
cmd + Tab	Zwischen geöffneten Programmen wechseln
cmd + Backspace	Markierten Eintrag im Finder löschen

Die wichtigsten Tastenkürzel für Sonderzeichen

Anders als Sie es vielleicht von Windows her gewohnt sind, finden Sie auf der Tastatur des Macs so gut wie keine Sonderzeichen aufgedruckt, und es ist auf Anhieb nicht erkennbar, wie man ein Sonderzeichen (wie etwa die eckigen Klammern [ ] oder eine Tilde ~) eingibt. Der Grund: Anders als unter Windows sind alle Tasten beim Mac drei- oder gar vierfach belegt. Mit entsprechenden Tastenkombinationen lassen sich dann jede Menge Sonderzeichen eingeben, für die Sie unter Windows eher komplizierte Tastencodes eingeben müssen.

Zeichen	Tastenkürzel
[ ]	**alt + 5** bzw. **alt + 6**
{ }	**alt + 8** bzw. **alt + 9**
„ "	**alt + ^** (Zirkumflex) bzw. **alt + 2**
» «	**Shift + alt + Q** bzw. **alt + Q**
€	**alt + E**
@	**alt + L**
~	**alt + N**
|	**alt + 7**
\	**Shift + alt + 7**
…	**alt + .** (Auslassungszeichen, auch Ellipse genannt)
–	**alt + -** (Bindestrich, im Unterschied zum Minuszeichen)
	Shift + alt + + (Das Apple-Logo darf natürlich nicht fehlen.)

Der Beachball

Apple baut sehr schnelle Computer und legt Wert darauf, moderne Prozessoren zu benutzen. Entsprechend zügig und schnell reagiert OS X auf Benutzereingaben, Mausklicks und Ähnliches. Aber natürlich gibt es auch beim Mac immer wieder Situationen, in denen das System oder eine bestimmte Applikation beim besten Willen nicht in der Lage ist, auf den Menschen vor dem Monitor zu reagieren und eine Zeit lang mit sich selbst beschäftigt bleibt.

In diesem Fall verwandelt sich der Mauszeiger in einen sich drehenden bunten Ball. Dieser Ball heißt offiziell „Spinnig Wait Cursor", was sich ungefähr mit „drehender Wartezeiger" übersetzen lässt; unter den Anwendern hat sich der Name „Beachball" eingebürgert.

Wenn Sie diesen Ball sehen, bittet das System Sie um etwas Geduld. Sobald es sich wieder um Sie kümmern kann, wird aus dem Beachball ein normaler Mauszeiger.

Kapitel 2

Apple-ID, iCloud, Accounts und die Mitteilungszentrale

OS X besitzt eine Reihe von zentralen Einstellungen, die für verschiedene Programme und Funktionen auf dem Mac von Bedeutung sind. Dazu gehört etwa die Apple-ID. Die benötigen Sie zwar nicht zwingend, aber ohne Apple-ID sind viele Dienste von OS X nicht benutzbar. In diesem Kapitel stelle ich Ihnen die wichtigsten dieser Einstellungen vor.

Die Apple-ID

Wie im ersten Kapitel erwähnt, ist die Apple-ID eine E-Mail-Adresse, die zusammen mit Ihrem Namen und Ihrer Anschrift bei Apple registriert ist. Diese ID wird für die verschiedensten Dienste und Angebote von Apple benötigt, zum Beispiel für die Videotelefonate mit FaceTime, für Einkäufe oder Downloads im App Store bzw. im iTunes Store, für die Genius-Funktion in iTunes und manches mehr.

Apple-ID anlegen

Falls Sie nicht bereits bei der Konfiguration Ihres Macs eine Apple-ID angelegt haben, können Sie dies jederzeit nachholen. Um eine Apple-ID anzulegen, müssen Sie online sein.

Es gibt verschiedene Möglichkeiten, eine Apple-ID anzulegen; am einfachsten geht es wohl über den App Store.

Klicken Sie also auf das App-Store-Symbol im Dock, oder wählen Sie *Apfel-Menü –> App Store*. Hier wählen Sie in der rechten Spalte den Eintrag *Anmelden* und klicken anschließend auf *Apple-ID erstellen*.

 Der Klammeraffe: Bei der Eingabe Ihrer E-Mail-Adresse benötigen Sie den „Klammeraffen", also das At-Zeichen @. Das erzeugen Sie auf der Mac-Tastatur mit **alt + L**.

Eine Apple-ID können Sie jederzeit über den App Store erstellen.

iCloud

Schon bei der Konfiguration Ihres Macs werden Sie dazu aufgefordert, einen kostenlosen iCloud-Account anzulegen. Falls Sie das noch nicht getan haben, sollten Sie es nun nachholen. Zwar müssen Sie iCloud nicht zwingend benutzen, um mit Ihrem Mac arbeiten zu können, doch iCloud erweitert die Fähigkeiten Ihres Macs ungemein.

Das ist iCloud

Mit iCloud bietet Apple einen kostenlosen Onlinedienst, über den Sie Ihre Daten zwischen verschiedenen Computern automatisch via Internet synchron halten können. Das funktioniert zwischen Macs, PCs und iOS-Geräten (iPhone, iPod touch, iPad).

Ändern Sie auf Ihrem Computer im Büro etwa einen Termin im Kalender, wird diese Änderung auch vom Mac daheim übernommen, ohne dass Sie sich darum kümmern müssen. Legen Sie unterwegs auf dem iPhone eine Notiz oder eine Erinnerung an, taucht diese dann automatisch auf Ihrem Mac auf.

Außerdem können Sie „in der Wolke" auch Dokumente speichern. Arbeiten Sie etwa mit TextEdit, bietet Ihnen das Programm als Speicherort „iCloud" an. Das Dokument wird dann nicht mehr lokal auf Ihrem Computer, sondern auf den Servern von Apple abgelegt.

In Zukunft bietet Apple via iCloud auch kostenlose Office-Programme, die Sie so im Browser benutzen können, als seien es regulär installierte Apps. Dazu gehören die Textverarbeitung *Pages*, die Tabellenkalkulation *Numbers* und das Präsentationsprogramm *Keynote*.

Standardmäßig bietet der kostenlose Dienst Ihnen 5 GByte Speicher für Ihre Daten. Möchten oder benötigen Sie mehr, werden Sie allerdings zur Kasse gebeten. Aktuell (Ende 2013) kosten zusätzliche 10 GByte 16 Euro im Jahr, für 25 GByte mehr werden 32 Euro pro Jahr fällig, und wenn Sie zu Ihren 5 GByte weitere 50 GByte buchen, zahlen Sie 80 Euro pro Jahr.

Einen iCloud-Account anmelden

Falls Sie sich noch nicht für iCloud angemeldet haben, können Sie dies einfach in den Systemeinstellungen tun. Klicken Sie dazu unten im Dock auf *Systemeinstellungen* (das ist das Zahnrad-Symbol), oder wählen Sie *Apfel-Menü —> Systemeinstellungen*.

Hier klicken Sie nun auf das iCloud-Symbol und können sich jetzt mit Ihrer Apple-ID bei iCloud anmelden.

Sollten Sie noch keine Apple-ID besitzen, klicken Sie auf *Neue Apple-ID erstellen* und füllen die folgenden kurzen Dialoge aus. Sie können sich hier mit Ihrer E-Mail-Adresse anmelden oder eine kostenlose Adresse von Apple bekommen. Diese Adresse endet auf „@icloud.com".

Die Nutzung von iCloud ist kostenlos. Sie benötigen zur Anmeldung nicht mehr als Ihre Apple-ID.

iCloud im Browser

Sie müssen nicht zwingend an Ihrem eigenen Computer sitzen, um auf Ihre mit iCloud gespeicherten Daten zugreifen zu können. Dafür genügt auch ein normaler Webbrowser und ein Computer mit Internetzugang, etwa bei einem Bekannten oder im Internetcafé. Rufen Sie im Webbrowser die Adresse *www.icloud.com* auf ,und melden Sie sich dort mit Ihrem iCloud-Account an. So können Sie praktisch mit jedem Computer auf Ihre Mails, Adressen, Termine und Kontakte zugreifen.

Die mit iCloud synchronisierten Daten sind auch über jeden Webbrowser verfügbar.

 **Vorsicht!** Wenn Sie sich an einem fremden Computer mit Ihrem iCloud-Account angemeldet haben, denken Sie daran, sich zum Abschluss explizit abzumelden. Ansonsten haben alle anderen Benutzer des Computers nach Ihnen Zugriff auf Ihren iCloud-Account – und das möchten Sie ja nicht, oder?

Risiken von iCloud

Der Einsatz von iCloud ist außerordentlich praktisch und erleichtert die Arbeit mit dem Mac enorm (ganz besonders dann, wenn Sie mit mehr als einem Computer arbeiten oder auch ein iPhone oder ein iPad besitzen).

Allerdings hat die Sache einen Haken: Alle Daten, die Sie bei iCloud speichern, liegen auf den Servern von Apple. Sie müssen also darauf vertrauen, dass Apple damit keinen Unfug treibt, sich um vernünftige Datensicherung kümmert und Hacker-Angriffen vorbaut.

> **Damit Privates privat bleibt:** Auch für iCloud gilt die Faustregel, die für alle Onlinedienste gilt: Vertrauliche, persönliche und sensible Daten sollten Sie auf keinen Fall unverschlüsselt auf fremden Servern speichern – auch dann nicht, wenn die Server Apple gehören.

Wenn Sie sich intensiver mit der iCloud von Apple beschäftigen wollen, dann empfehle ich Ihnen das Buch „iCloud – für iPhone, iPad, Mac und Windows" aus dem amac-buch Verlag.

Im iCloud-Buch (ISBN: 978-3-95431-011-1) finden Sie alle Raffinessen übersichtlich und klar erklärt.

Accounts einrichten

Natürlich bietet nicht nur Apple einen Onlinedienst an, mit dem Sie Kontakte, Termine und Mails verwalten können, Ähnliches stellen Ihnen etwa auch Google, Microsoft oder Yahoo kostenlos zur Verfügung. Falls Sie in Ihrem Unternehmen mit Microsoft Exchange arbeiten, können Sie auch die darüber verfügbaren Daten mit Ihrem Mac abrufen.

Damit Sie die Accountdaten nicht bei jedem Programm – etwa *Mail*, *Kontakte* oder *Kalender* – erneut eingeben müssen, können Sie die Daten an zentraler Stelle eintragen, nämlich unter *Apfel-Menü –> Systemeinstellungen –> Internetaccounts*.

Hier wählen Sie Ihren Anbieter aus – etwa Exchange, Google oder Yahoo – und tragen Ihre Accountdaten ein. Falls die Auswahl der verschiedenen Anbieter nicht angezeigt wird, klicken Sie unten links auf das Pluszeichen.

Sie können problemlos mehrere Accounts auf Ihrem Mac einrichten, etwa einen Google-Account, einen iCloud-Account und einen Mail-Account bei Ihrem Internetprovider.

Andere Accounts

Bei den namentlich aufgeführten Accounts nimmt OS X Ihnen die Konfiguration weitgehend ab; Sie müssen sich lediglich mit Ihrem Benutzernamen und Ihrem Kennwort ausweisen. Falls Sie einen Account bei einem Anbieter benutzen möchten, den OS X von Haus nicht unterstützt, wählen Sie hier *Anderen Account hinzufügen*. Allerdings benötigen Sie hier in der Regel einige zusätzliche technische Angaben, die Sie von dem jeweiligen Anbieter erfahren.

Sobald der Account eingerichtet ist, legen Sie per Mausklick fest, welche Daten Sie benutzen möchten, zum Beispiel Ihre Mails von Google und Ihre Termine von Exchange. Die Daten tauchen dann automatisch in den entsprechenden Programmen auf – in unserem Beispiel also in *Mail* und *Kalender*. Von diesen Programmen aus haben Sie zudem jederzeit Zugriff auf Ihre Accounts und können sie individueller konfigurieren, als es über die zentrale Einrichtung in den Systemeinstellungen möglich ist.

 **Soziale Netzwerke:** Bei den **Internetaccounts** können Sie auch (falls vorhanden) Ihre Zugangsdaten für Twitter, Facebook, LinkedIn, Vimeo und Flickr eintragen. Dann ist es zum Beispiel möglich, aus Safari heraus einen Eintrag an Twitter zu schicken oder über das Programm **Vorschau** ein Foto bei Flickr hochzuladen.

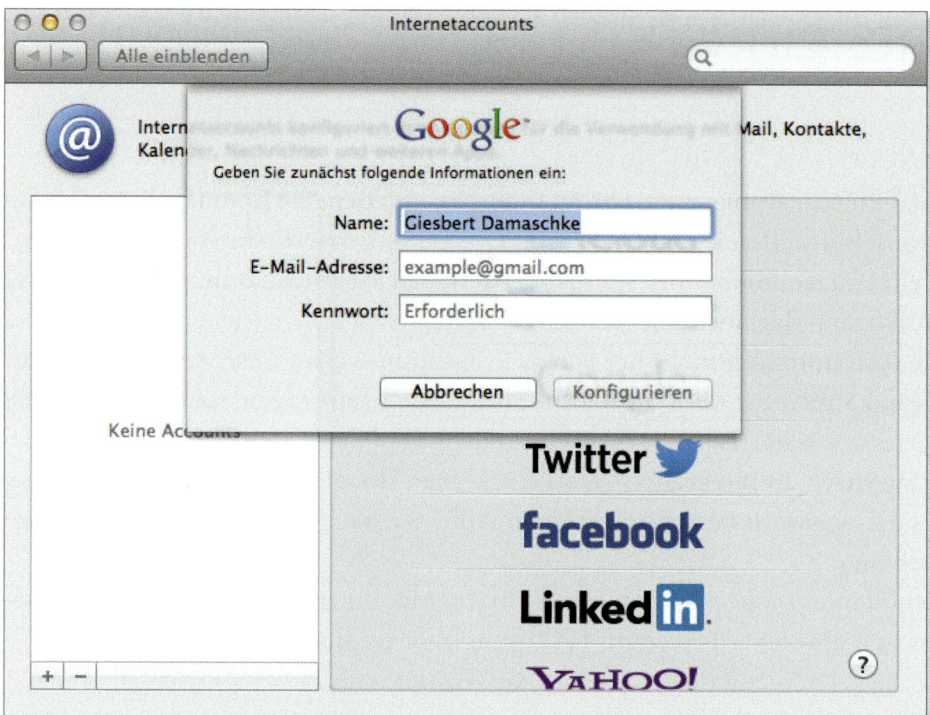

Ihre Accounts bei Google, Microsoft, Yahoo und anderen Anbietern können Sie an zentraler Stelle in den Systemeinstellungen einrichten.

Die Mitteilungszentrale

Die Mitteilungszentrale ist ein ständig aktiver Dienst, der im Hintergrund läuft und aktuelle Termine, Nachrichten, E-Mails, (verpasste) FaceTime-Anrufe, Erinnerungen und Ähnliches mehr sammelt.

Wird etwa ein Termin fällig oder trifft eine neue E-Mail ein, dann wird rechts oben ein Hinweis eingeblendet, der standardmäßig nach etwa fünf Sekunden wieder verschwindet. Gleichzeitig wird der Hinweis in die Mitteilungszentrale eingetragen.

Die Zentrale kann aber noch mehr. Haben Sie unter *Apfel-Menü –> Systemeinstellungen –> Internetaccounts* etwa Ihre Zugangsdaten für Twitter oder Facebook eingetragen oder benutzen Sie Apples kostenloses Nachrichten-System, können Sie direkt aus der Mitteilungszentrale eine Nachricht bei Twitter & Co posten.

Zentrale öffnen

Um die Mitteilungszentrale zu öffnen, klicken Sie oben rechts auf das Listensymbol. Der gesamte Bildschirm wird nach links verschoben und gibt den Blick auf die Zentrale frei. Sie können die Zentrale auch durch eine Geste auf dem Trackpad öffnen. Wischen Sie dazu vom äußeren rechten Rand mit zwei Fingern nach links. Beim MacBook setzen Sie dabei etwas außerhalb des Trackpads an.

Die Mitteilungszentrale blenden Sie ein, indem Sie in der Menüleiste oben rechts auf das Listensymbol klicken.

Konfigurieren

Wie ein Programm die Mitteilungszentrale nutzen soll, legen Sie unter *Apfel-Menü –> Systemeinstellungen –> Mitteilungen* fest, wo Sie das entsprechende Programm auswählen.

Es gibt zwei Hinweisstile: „Banner" und „Hinweise". Ein Banner wird für einige Sekunden angezeigt; ein Hinweis bleibt dagegen so lange auf dem Bildschirm stehen, bis Sie ihn explizit anklicken.

Neben den genannten Stilen kann ein Programm Sie auch noch auf andere Art über Neuigkeiten informieren, zum Beispiel durch einen Ton oder durch eine kleine Zahl am Programmsymbol. Haben Sie zum Beispiel drei neue, ungelesene Mails in Ihrem Posteingang, erscheint eine kleine rote 3 am Symbol des Programms *Mail*. Auch diese Formen der Benachrichtigung legen Sie unter *Mitteilungen* fest. Sie können die verschiedenen Optionen nahezu beliebig kombinieren.

In den Systemeinstellungen legen Sie fest, ob und wie eine Applikation die Mitteilungszentrale benutzen soll.

Nachrichten und mehr

Wenn Sie bei den Internetaccounts Ihre Twitter- oder Facebook-Daten hinterlegt haben, können Sie über die Mitteilungszentrale direkt Status-Updates an die sozialen Netzwerke schicken. Unterstützt wird hier natürlich auch Apples eigenes Nachrichten-System „iMessage", mit dem wir uns in Kapitel 14 beschäftigen.

Öffnen Sie dazu die Mitteilungszentrale, und klicken Sie auf den gewünschten Dienst, etwa das Twitter-Symbol. Schreiben Sie Ihre Nachricht, und klicken Sie auf *Senden* – fertig!

Falls Sie diese Option nicht nutzen möchten (oder falls sie bei Ihrem System nicht angezeigt wird), dann werfen Sie einmal einen Blick auf den Punkt *Freigabetasten* unter *Apfel-Menü –> Systemeinstellungen –> Mitteilungen*. Dort legen Sie fest, ob diese Tasten angezeigt werden sollen oder nicht.

Falls Sie Twitter & Co in den Internetaccounts konfiguriert haben, können Sie direkt aus der Mitteilungszentrale eine Nachricht verschicken.

„Nicht stören"

So praktisch die Mitteilungszentrale auch ist – wenn Sie konzentriert an einem Projekt arbeiten, kann sie sich zu einem echten Störfaktor entwickeln. Doch keine Sorge, OS X bietet auch einen „Nicht stören"-Modus, in dem es Sie nicht mit Mitteilungen belästigt.

Um die Mitteilungszentrale vorübergehend auszuschalten, öffnen Sie sie mit einem Klick auf das Listensymbol und ziehen den Bildschirm mit zwei Fingern auf dem Trackpad nach unten. Nun wird ein Schalter *Nicht stören* angezeigt, über den Sie die Mitteilungszentrale deaktivieren können. Arbeiten Sie ohne Trackpad, schalten Sie die Zentrale am schnellsten aus, indem Sie das Listensymbol bei gedrückter *alt*-Taste anklicken.

Als Zeichen für die Aktivierung von „Nicht stören" wird das Listensymbol in der Menüleiste ausgegraut. Damit Sie beim nächsten Start Ihres Rechners nicht vergessen, den „Nicht stören"-Modus wieder zu deaktivieren, übernimmt OS X das automatisch für Sie.

Die Mitteilungszentrale lässt sich bis zum nächsten Tag vorübergehend ausschalten.

Die Aktivierung des „Nicht stören"-Modus lässt sich auch automatisieren. Öffnen Sie dazu *Apfel-Menü –> Systemeinstellungen –> Mitteilungen*, und klicken Sie hier auf *Nicht stören*. Nun können Sie zum Beispiel festlegen, dass Ihr Mac in einem bestimmten Zeitraum keine Mitteilungen einblendet, wobei Sie für FaceTime-Anrufe auch Ausnahmen definieren können. Möchten Sie etwa nur für bestimmte Personen erreichbar sein, aktivieren Sie hier *FaceTime-Anrufe erlauben von Favoriten* (wie Sie in der Kontakte-App Favoriten definieren, erfahren Sie in Kapitel 9).

Der „Nicht stören"-Modus lässt sich in den Einstellungen auch automatisiert aktivieren.

Kapitel 3

Dateien und Dokumente

Auch bei OS X bilden Dateien und ihre Verwaltung das Rückgrat des Systems. In diesem Punkt unterscheidet sich OS X also nicht von Windows – wohl aber in der Art und Weise, wie das System Dateien verwaltet oder mit Dokumenten umgeht.

In diesem Kapitel widmen wir uns dem Finder (dem Pendant zum Windows-Explorer) und der Verwaltung von Dokumenten. Außerdem werfen wir einen Blick auf Funktionen wie *Versionen* und dem für Umsteiger ungewöhnlichen Verhalten von OS X, wenn es um das Speichern von Dokumenten geht.

Das ist der Finder

Was bei Windows der Explorer ist, das ist bei OS X der Finder: das Tor zu allen Dateien, Programmen, Ordnern und Laufwerken Ihres Computers.

Der Finder ist ein ständig aktives Programm, das untrennbar zu OS X gehört und nicht beendet werden kann – es sei denn, Sie schalten Ihren Mac aus. Der Finder verwaltet sämtliche Laufwerke, über den Finder greifen Sie auf Dateien und Ordner zu, legen neue Ordner an, kopieren, verschieben und löschen Dateien, benennen Dateien um und vieles mehr. Kurz: Sämtliche Dateioperationen werden im Finder ausgeführt.

Finder-Fenster

Um zum Finder zu wechseln, klicken Sie auf das freundlich lächelnde Logo links unten im Dock. Falls bereits ein Fenster geöffnet ist, wird es nach vorn geholt, falls nicht, wird eines geöffnet. Um ein neues oder ein weiteres Fenster zu öffnen, drücken Sie *cmd + N*.

Falls Ihnen die verschiedenen Finder-Fenster auf dem Bildschirm zu viel Platz wegnehmen, können Sie statt neuer Fenster auch einfach – wie Sie es vom Webbrowser gewohnt sind – neue Tabs öffnen. Dazu drücken Sie *cmd + T*. Ein Tab schließen Sie genau so wie ein normales Fenster. Mit *cmd + W* wird das aktuelle Tab geschlossen. Um ein beliebiges Tab zu schließen, zeigen Sie auf seinen Titel. Link wird nun ein kleines *x* eingeblendet, über das Sie das Tab schließen können, ohne dorthin wechseln zu müssen.

Möchten Sie ein Tab in ein eigenes Fenster verwandeln, ziehen Sie das gewünschte Tab aus dem Finder-Fenster heraus und legen es auf dem Schreibtisch ab.

Um verschiedene Finder-Fenster zu einem Fenster mit Tabs zusammenzufassen, wählen Sie *Fenster –>*
Alle Fenster zusammenführen.

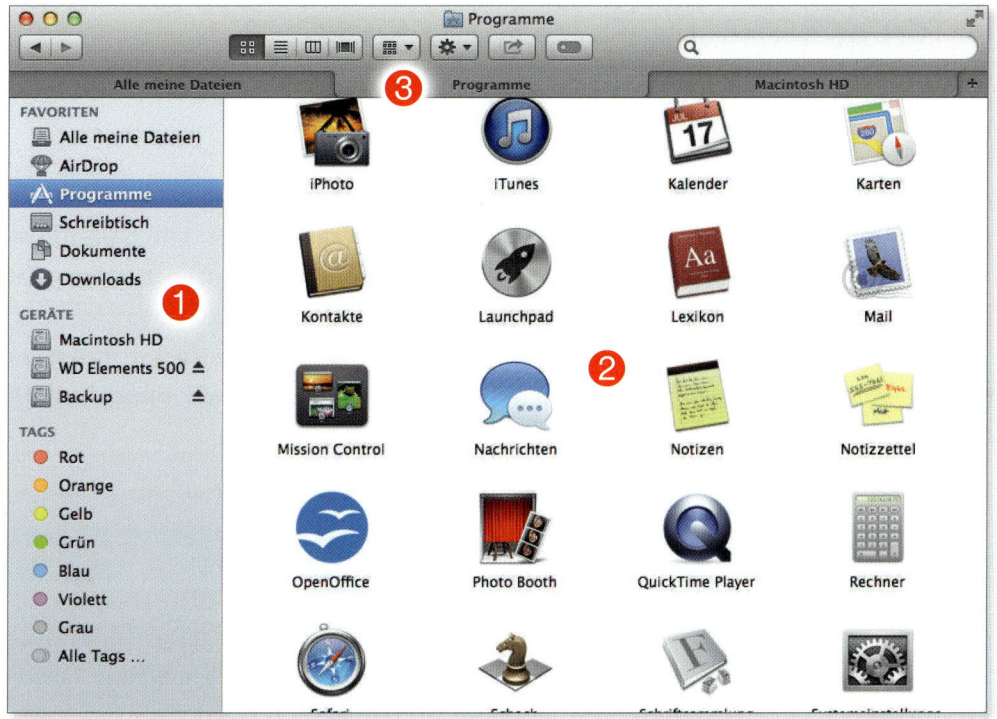

Ein typisches Fenster des Finders: Links sehen Sie die Seitenleiste ❶, über die Sie schnellen Zugriff auf wichtige Komponenten erhalten, rechts sehen Sie den Inhalt des gewählten Eintrags ❷ (hier den Inhalt des „Programme"-Ordners in der Symboldarstellung). Wie von anderen Programmen gewohnt, können Sie mehrere Fenster öffnen oder sich alle gewünschten Inhalte auf Tabs ❸ anzeigen lassen.

Fensterwahl: Standardmäßig öffnet der Finder in einem neuen Fenster automatisch **Alle meine Dateien**. Möchten Sie das ändern, rufen Sie **Finder –> Einstellungen** auf und wählen auf der Registerkarte **Allgemein** unter **Neue Finder-Fenster zeigen** den gewünschten Ordner.

Die Seitenleiste des Finders

Ein typisches Finder-Fenster ist zweigeteilt. Links sehen Sie die farblich abgesetzte Seitenleiste. Im rechten Teil wird der Inhalt des in der Seitenleiste gewählten Eintrags gezeigt. Die Seitenleiste bildet eine Ordnungsebene aus Verweisen auf Objekte, die sich nicht an den Strukturen der Festplatte orientiert, sondern an den Ansprüchen des Anwenders.

Die Breite der Seitenleiste legen Sie mit der Maus fest. Wenn Sie auf die Trennlinie zwischen der Seitenleiste und dem eigentlichen Fenster zeigen, wird der Mauszeiger zu einem Doppelpfeil. Halten Sie nun die rechte Maustaste gedrückt, und ziehen Sie die Seitenleiste auf bzw. zu.

Inhalte der Seitenleiste

Die Seitenleiste im Finder ist standardmäßig in drei Rubriken unterteilt:

- *Favoriten:* Damit sind Ordner und Dateien gemeint, auf die Sie häufig zugreifen und die Sie von hier aus mit einem Klick ansteuern können. Hier finden Sie von Haus aus etwa Verweise zu Programmen und Dokumenten, Bildern, Musik und so weiter.
- *Geräte:* Hier werden die angeschlossenen physikalischen und virtuellen Laufwerke aufgeführt, also interne und externe Festplatten, USB-Sticks, CDs und DVDs.
- *Tags:* In OS X können Sie allen Dateien Stichwörter zuweisen, über die Sie auf der Festplatte verstreute, aber thematisch zusammengehörende Dateien blitzschnell finden können. Diese Stichwörter heißen unter OS X „Tags" (was sich mit „Etikett" oder „Aufkleber" übersetzen lässt). Mit den Tags beschäftigen wir uns ausführlich in Kapitel 5.

Falls Sie in einem Netzwerk mit freigegebenen Ressourcen arbeiten, taucht hier noch ein vierter Punkt auf:

- *Freigaben:* Hier werden alle im Netzwerk zur gemeinsamen Nutzung freigegebenen Laufwerke angezeigt.

Alle Rubriken lassen sich zu- und wieder aufklappen. Wenn Sie mit der Maus auf den Namen einer Rubrik – etwa *Favoriten* – zeigen, erscheint rechts neben dem Namen der Eintrag *Ausblenden*. Nach einem Klick auf diesen Eintrag bleibt nur noch der Name in der Seitenleiste stehen. Kommen Sie diesem Eintrag mit dem Mauszeiger zu nahe, wird entsprechend *Einblenden* angezeigt.

Die Rubriken in der Seitenleiste lassen sich aus- und natürlich auch wieder einblenden.

Wie unter Windows gibt es auch unter OS X eine Reihe von Standardordnern, in denen die verschiedenen Inhalte verwaltet werden. Diese Ordner werden in der Rubrik *Favoriten* angezeigt, wobei die Namen selbsterklärend sind, etwa *Programme*, *Dokumente*, *Downloads*, *Filme* oder *Musik*.

 AirDrop: AirDrop dient dem direkten Austausch von Dateien zwischen zwei Macs. Mehr zu AirDrop finden Sie in Kapitel 6.

„Alle meine Dateien"

Ein Sonderfall ist der Eintrag *Alle meine Dateien*. Dabei handelt es sich nicht um den Verweis auf einen entsprechenden Ordner, sondern um eine fest gespeicherte Suchabfrage im Finder. Dieser Eintrag zeigt alle Dateien (Bilder, Dokumente, Musik, Filme …) in Ihrem Benutzerordner (mit dem wir uns weiter unten beschäftigen). Haben Sie etwa eine Word-Datei im Ordner *Dokumente* gespeichert, ein PDF-Dokument aus dem Internet heruntergeladen (das automatisch im Ordner *Downloads* landet), Fotos von Ihrer Kamera im Ordner *Bilder* oder Musikstücke im Ordner *Musik* abgelegt, dann tauchen diese unterschiedlichen Dateien unter *Alle meine Dateien* auf. Ein Klick auf *Dokumente* zeigt Ihnen dagegen nur das Word-Dokument, ein Klick auf *Downloads* nur die PDF-Datei und so weiter.

Seitenleiste konfigurieren

Was der Finder in welcher Reihenfolge in der Seitenleiste anzeigt, hängt ganz von Ihren Wünschen ab, schließlich lässt sich die Seitenleiste ganz nach Ihren Vorlieben konfigurieren.

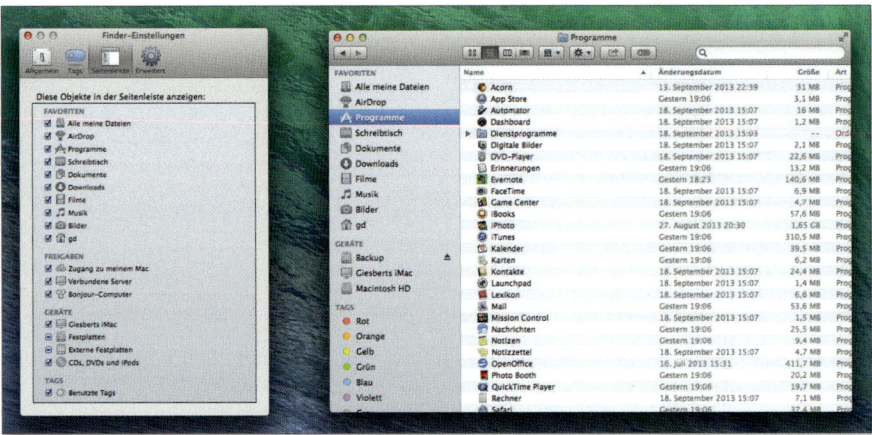

Welche Einträge der Finder in der Seitenleiste anzeigen soll, legen Sie in seinen Einstellungen fest. In diesem Beispiel sind sämtliche Optionen aktiviert; standardmäßig blendet OS X einige Punkte aus.

- *Standardeinträge ein-/ausblenden:* Um einen der Standardeinträge in der Seitenleiste ein- oder auszublenden, wählen Sie *Finder –> Einstellungen* und klicken auf *Seitenleiste*. Hier finden Sie alle Objekte, die der Finder in seiner Seitenleiste von Haus aus anzeigen kann. Standardmäßig ist der *Festplatten*-Eintrag unter *Geräte* nur halb markiert, das Kästchen zeigt also kein Häkchen, sondern einen Strich. Damit wird signalisiert. Dass nicht alle Festplatten in der Seitenleiste angezeigt werden, sondern lediglich die Festplatten, die extern an Ihren Mac angeschlossen sind. Möchten Sie das ändern und auch die interne Festplatte in der Seitenleiste sehen, entfernen Sie die Markierung mit einem Mausklick und setzen sie erneut.

- *Beliebige Ordner hinzufügen:* Neben den Standardeinträgen können Sie beliebige Ordner und auch Dateien der Seitenleiste hinzufügen. Dazu ziehen Sie den gewünschten Eintrag in die Seitenleiste.

- *Einträge verschieben:* Sowohl die einzelnen Einträge innerhalb einer Rubrik als auch komplette Rubriken lassen sich verschieben. Klicken Sie dazu den entsprechenden Eintrag an und ziehen Sie ihn mit gedrückter Maustaste an die gewünschte Position.

- *Einträge löschen:* Die Einträge in der Seitenleiste lassen sich mit der Maus aus der Leiste herausherausziehen und verpuffen dann in einem Wölkchen. Damit Sie nicht versehentlich einen Eintrag löschen, erscheint das Wölkchen am Symbol erst nach zwei Sekunden. Alternativ dazu klicken Sie einen Eintrag mit der rechten Maustaste an und wählen *Aus der Seitenleiste entfernen*.

Rechte Maustaste: Wie in Kapitel 1 erwähnt, erhalten Sie einen „rechten Mausklick" bzw. einen „Sekundärklick", wenn Sie beim Klick mit Maus oder Trackpad die **ctrl**-Taste drücken oder mit zwei Fingern auf das Trackpad tippen.

Seitenleiste ausblenden

Möchten Sie die Seitenleiste komplett ausblenden, ziehen Sie die Trennlinie mit der Maus entweder bis zum linken Rand oder wählen *Darstellung –> Seitenleiste ausblenden*. Mit *Darstellung –> Symbolleiste ausblenden* verschwinden sowohl die Seiten- als auch die Symbolleiste.

Orientierung im Finder

Im Umgang unterscheidet sich der Finder nicht wesentlich vom Windows-Explorer. Sie wählen in der Seitenleiste ein Objekt (also einen Ordner oder ein Laufwerk) und bekommen dessen Inhalt im rechten Fensterbereich angezeigt. Dabei merkt sich der Finder Ihren Weg durch Ihre Laufwerke und Ordner und bietet Ihnen über die Pfeiltasten oben links die Möglichkeit, sich im Verlauf vor- und zurückzubewegen. Einen Ordner öffnen Sie mit einem Doppelklick.

Normalerweise öffnet der Finder jeden Ordner im gleichen Fenster. Möchten Sie einmal einen Ordner in einem eigenen Tab öffnen, klicken Sie das Ordnersymbol bei gehaltener *cmd*-Taste doppelt an.

Darstellung

Bei der Orientierung im Finder helfen Ihnen die verschiedenen Darstellungen, die Sie über das Menü *Darstellung*, über die entsprechenden Symbole in der Symbolleiste oder über die Tastenkürzel *cmd + 1*, *cmd + 2*, *cmd + 3* oder *cmd + 4* wählen.

- *Symbole (cmd + 1):* Die Einträge werden in Form von Dateisymbolen dargestellt. Bei einem Programm ist dies das jeweilige Programmsymbol, bei einer Datei wird, wann immer möglich, eine Minivorschau auf den Inhalt der Datei gegeben. So können Sie etwa Fotos, Präsentationen, aber auch Textdateien bereits im Finder überfliegen, ohne die Datei öffnen zu müssen. Wenn Sie *Darstellung –> Statusleiste einblenden* aktivieren, lässt sich über einen Schieberegler in der Statusleiste die Größe der Symbole festlegen.
- *Liste (cmd + 2):* Die Einträge werden in Listenform untereinander dargestellt. Ordner innerhalb der Liste werden mit einem Klick auf den kleinen Pfeil links daneben geöffnet bzw. geschlossen. Dabei merkt sich der Finder den Zustand eines Ordners (geschlossen/offen). Schließen Sie etwa einen Ordner, dessen Unterordner geöffnet sind, dann werden diese Unterordner beim erneuten Öffnen des übergeordneten Ordners ebenfalls wieder geöffnet.

 **Alle Ordner schließen/öffnen:** Bei weitverzweigten Ordnerstrukturen wäre es sehr lästig, wenn Sie zum Aufräumen alle Ordner einzeln schließen müssten. Das müssen Sie auch nicht: Halten Sie beim Schließen eines Ordners die **alt**-Taste gedrückt, so werden automatisch auch sämtliche geöffneten Unterordner geschlossen. Entsprechend öffnen Sie sämtliche Unterordner, wenn Sie einen Ordner mit gedrückter **alt**-Taste öffnen.

- *Spalten (cmd + 3):* Bei der Spaltendarstellung werden Inhalte von Ordnern in einer neuen Spalte rechts aufgeführt. Die Spaltenbreite lässt sich mit der Maus festlegen, wobei Ihnen OS X helfen kann: Wenn Sie auf eine Trennlinie zwischen zwei Spalten doppelklicken, wird die Breite der linken Spalte optimiert; halten Sie dabei die *alt*-Taste gedrückt, werden alle Spaltenbreiten angepasst.
- *Cover Flow (cmd + 4):* Hier werden gewissermaßen Symbol- und Listendarstellung kombiniert. Im oberen Teil des Fensters sehen Sie das Symbol oder bei Dokumenten die Vorschau des aktuell ausgewählten Eintrags und im unteren Teil die Listendarstellung, in der Sie mit den Pfeiltasten nach oben und unten steuern können.

Ausrichten

Zusätzlich bietet der Finder die Möglichkeit, die angezeigten Objekte nach verschiedenen Kriterien zu gruppieren bzw. zu sortieren, etwa nach dem Dateinamen, der Kategorie, dem Dateityp, der Größe und Ähnlichem mehr. Die gewünschte Option wählen Sie entweder über die entsprechende Schaltfläche in der Symbolleiste oder unter *Darstellung –> Ausrichten nach*.

Jede Darstellung (hier: Liste) kann nach verschiedenen Kriterien geordnet werden.

Darstellung konfigurieren

Jede Darstellung im Finder hat eigene Konfigurationsmöglichkeiten. Wechseln Sie zur gewünschten Darstellung, und wählen Sie anschließend *Darstellung –> Darstellungsoptionen einblenden*. Alternativ dazu können Sie auch *cmd + J* drücken.

Die Darstellungsoptionen werden als Palette eingeblendet, die immer zu sehen ist und deren Inhalt sich der jeweils aktuellen Auswahl im Finder anpasst. Sobald Sie hier Änderungen vornehmen, also zum Beispiel die Schrift- oder Symbolgröße ändern, die Sortierung anpassen oder festlegen, welche Informationen angezeigt werden sollen, werden Ihre Änderungen sofort übernommen.

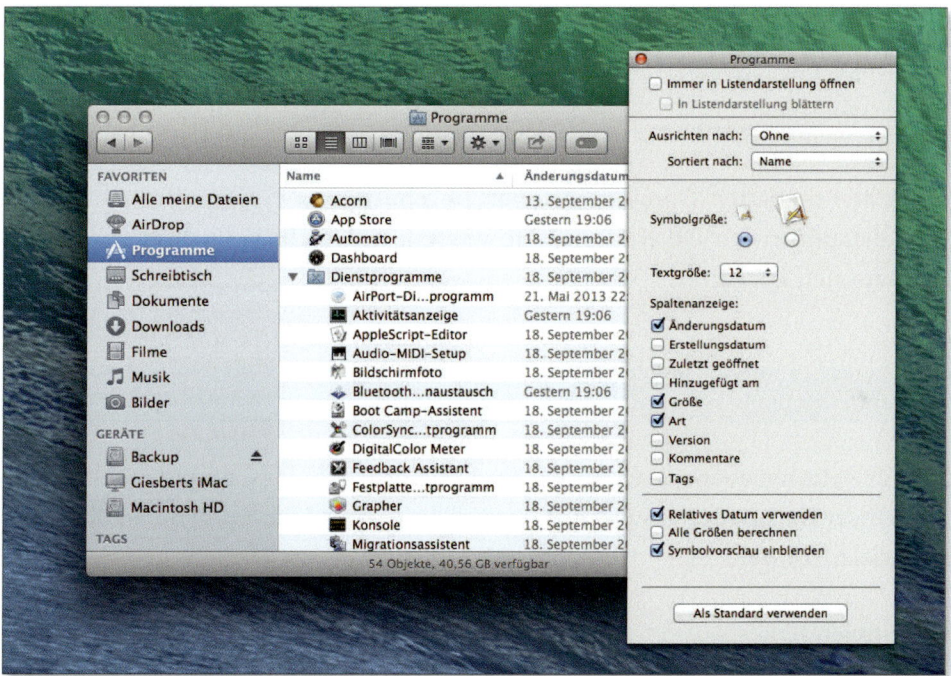

Über die Darstellungsoptionen lässt sich das Erscheinungsbild des Finders den eigenen Wünschen anpassen (hier: Listendarstellung).

Normalerweise speichert der Finder die gewählte Darstellung als neuen Standard eines Objekts und öffnet es in Zukunft immer in der zuletzt gewählten Darstellung. Möchten Sie das verhindern, deaktivieren Sie in den Darstellungsoptionen den Punkt *Immer in ...darstellung öffnen*.

Gehe zu

Über den Menüpunkt *Gehe zu* haben Sie schnellen Zugriff auf die Ordner in Ihrem Benutzerverzeichnis – auch dann, wenn die entsprechenden Einträge nicht in der Seitenleiste angezeigt werden. Besonders praktisch ist hier der Punkt *Benutzte Ordner*, über den Sie schnell zu einem Ordner wechseln, den Sie in der letzten Zeit geöffnet hatten, ohne dass Sie sich erst wieder mühsam durch die Ordnerhierarchie klicken müssen.

Geräte, Laufwerke, Ordner und Dateien

Bevor wir uns mit den täglichen Dateioperationen beschäftigen, werfen wir rasch einen Blick auf die Ordner- bzw. Dateistruktur von OS X, damit Sie wissen, in welchem Ordner Ihr Mac normalerweise bestimmte Informationen speichert.

Von oben nach unten

Auf der obersten Verwaltungsebene steht für das System natürlich der Computer selbst, zu dessen Betrieb es schließlich installiert ist. Angezeigt wird der Gerätename Ihres Macs, den Sie in den *Systemeinstellungen* unter *Freigaben* ändern können.

 Computer einblenden: Standardmäßig zeigt der Finder den Eintrag zum Computer nicht an. Über **Finder –> Einstellungen** kann er auf der Registerkarte **Seitenleiste** im Abschnitt **Geräte** jedoch eingeblendet werden.

In der Hierarchie folgen alle an den Computer angeschlossenen Laufwerke (die unter OS X „Volumes" heißen). Darunter werden alle internen und externen Festplatten, CD/DVD-Laufwerke (falls eine CD/DVD eingelegt ist), USB-Sticks, MP3-Player, Netzlaufwerke und Ähnliches verstanden.

Um sich diese oberste Ebene anzeigen zu lassen, drücken Sie im Finder entweder *Shift + cmd + C* (C für „Computer"), klicken (falls eingeblendet) in der Seitenleiste auf den Eintrag zu Ihrem Computer oder wählen *Gehe zu –> Computer*.

Angeschlossene Laufwerke

Externe Laufwerke oder USB-Sticks werden beim Anschluss an den Mac automatisch erkannt und nach einem kurzen Moment im Finder angezeigt. Soll ein Laufwerk auch als Symbol auf dem Schreibtisch angezeigt werden, aktivieren Sie unter *Finder –> Einstellungen* im Register *Allgemein* den entsprechenden Eintrag. Ein externes Laufwerk sollten Sie nicht einfach abziehen, da hier Datenverlust droht. Das Risiko ist zwar relativ gering, aber es besteht – und bei Daten sollte man lieber auf Nummer sicher gehen und nicht auf sein Glück zu vertrauen.

Melden Sie ein externes Laufwerk vor der Trennung von Ihrem Mac also immer beim System ab. Dazu klicken Sie im Finder auf das Auswurfsymbol ⏏ neben dem Laufwerkseintrag.

 Die ⏏-Taste auf der Tastatur: Auf der Tastatur gibt es ebenfalls eine Taste zum Auswerfen eines Laufwerks, doch diese bezieht sich ausschließlich auf den Auswurf von CDs oder DVDs.

Falls Sie gerade kein Finder-Fenster geöffnet haben, markieren Sie das Laufwerkssymbol auf dem Schreibtisch und drücken *cmd + E* (E für „eject", auswerfen).

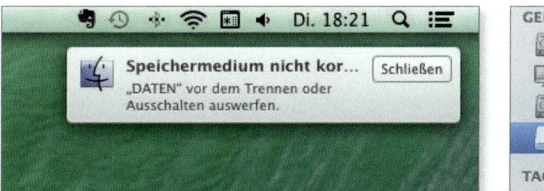 

Wenn Sie ein externes Laufwerk kurzerhand vom Mac abziehen, warnt das System Sie, da hier immer Datenverlust droht. Externe Laufwerke sollten Sie daher immer über einen Klick auf das Auswurfsymbol vom System abmelden, bevor Sie sie vom Mac trennen.

Virtuelle Laufwerke

Neben den Laufwerken, die Sie physikalisch an Ihren Mac anschließen, kennt OS X noch virtuelle Laufwerke. Dabei handelt es sich zwar um Dateien, doch werden diese Dateien vom System so behandelt wie physikalische Laufwerke.

Virtuelle Laufwerke heißen auch Disk Images und liegen als DMG-Datei vor (DMG = Disk Image). Wenn Sie eine solche Datei mit einem Doppelklick öffnen, erkennt OS X ein neues Laufwerk, das auch in der Seitenleiste des Finders angezeigt wird. Bevor Sie eine DMG-Datei löschen können, müssen Sie das virtuelle Laufwerk wie ein physikalisches auswerfen.

DMG-Dateien (links) sind Dateien, die nach dem Öffnen so behandelt werden, als seien es reale Laufwerke (rechts).

Das Startvolume

Das wichtigste Laufwerk ist natürlich das Startvolume, also das Laufwerk, auf dem das System installiert ist und von dem aus der Mac gebootet wird. In der Regel wird das die lokale Festplatte des Computers sein (die üblicherweise „Macintosh HD" heißt). Es ist allerdings auch möglich, von einer externen Festplatte, einer anderen Partition, einer System-DVD, via Netzwerk oder von einem USB-Stick zu booten (dazu lesen Sie mehr im Zusammenhang mit den Systemeinstellungen in Kapitel 17).

Standardmäßig zeigt Ihnen der Finder diese Festplatte nicht an (es gibt im Arbeitsalltag üblicherweise nur wenige Situationen, in denen Sie auf diese oberste Ebene zugreifen müssen), sie lässt sich aber über *Finder –> Einstellungen –> Seitenleiste* einblenden.

Die Ordner im Root

Die oberste Ebene auf dem Startvolume ist das „Rootverzeichnis" oder auch kurz „Root" genannt (root = Wurzel). Hier sind vor allem vier Ordner für das System lebenswichtig:

 *Benutzer:* OS X ist ein Mehrbenutzersystem (wie Sie Ihren Mac mit anderen Personen gemeinsam nutzen, erfahren Sie in Kapitel 17). Hier finden Sie (mindestens) zwei Ordner.

- *Benutzerordner:* Ihr Benutzerordner wird durch ein kleines Haus symbolisiert und trägt den Namen, den Sie bei der Konfiguration Ihres Macs als Ihren Kurznamen gewählt haben. Hier werden Ihre sämtlichen Dokumente und Dateien verwaltet. Jeder Benutzer hat einen eigenen Benutzerordner, den er mit einem Kennwort sichert. Im Benutzerordner finden Sie weitere Ordner für *Bilder, Dokumente, Downloads, Filme* und *Musik*.
- *Für alle Benutzer:* Daneben finden Sie hier den Ordner *Für alle Benutzer*, in dem Dateien abgelegt werden, auf die alle Benutzer des Macs Zugriff haben sollen.

 *Library:* Hier legt das System die verschiedensten Informationen, Einstellungen und Daten zum System ab. Normalerweise müssen Sie sich um diesen Ordner nicht kümmern – und sollten es auch erst dann tun, wenn Sie genau wissen, was Sie tun.

Benutzer-Library: Neben der System-Library gibt es auch in jedem Benutzer-Ordner eine Library. Dort wird sie allerdings standardmäßig ausgeblendet. Wie Sie die Benutzer-Library sichtbar machen, erfahren Sie in Kapitel 17.

 *Programme:* Der Name sagt alles – in diesem Ordner landen alle Programme, die auf Ihrem Mac von Haus aus installiert sind und die Sie in Zukunft noch installieren werden. Wie Sie Programme installieren (und auch wieder loswerden), erfahren Sie in Kapitel 4.

 *System:* Der Systemordner enthält die eigentlichen Betriebssystemdaten. Auch hier sollten Sie sich nur tummeln, wenn Sie wissen, was Sie tun. Im Zweifelsfall lassen Sie einfach die Finger davon. Und die Maus natürlich erst recht.

 **Weitere Ordner:** Neben diesen vier Ordnern, die Sie auf jeden Fall im Root finden, können hier auch noch weitere Ordner auftauchen. Installieren Sie etwa zu einem späteren Zeitpunkt einmal die Entwicklerwerkzeuge von OS X, dann kommt hier zum Beispiel noch der Ordner **Developer** hinzu.

Proxy-Icon und Pfade

Jeder Ordner kann beliebig verzweigte Ordnerstrukturen besitzen, also weitere Unter- und Unterunterordner. Da kann es beim Stöbern im Finder schon einmal passieren, dass man sich ein wenig verheddert und nicht mehr so genau weiß, an welcher Stelle in den Systemstrukturen man sich eigentlich befindet. Hier bietet der Finder verschiedene Orientierungshilfen.

Das kleine Symbol in der Titelzeile eines Finder-Fensters ist das „Proxy-Icon". Darüber erhalten Sie raschen Zugriff auf die Ordnerstruktur.

- *Proxy:* Da ist zum einen das kleine Symbol in der Titelleiste eines Fensters, das „Proxy-Icon" genannt wird. Das Wort „Proxy" lässt sich mit „Stellvertreter" übersetzen, und dieses Symbol ist ein Stellvertreter für den aktuellen Inhalt eines Fensters, über das sich verschiedene Dateioperationen erledigen lassen. Wenn Sie das Proxy-Icon mit gehaltener *cmd*-Taste oder mit der rechten

Maustaste anklicken, öffnet sich ein kleines Fenster, in dem der vollständige Pfad zum aktuellen Ordner angezeigt wird. Mit einem Klick auf einen Eintrag wechseln Sie auf eine übergeordnete Ebene.

- *Pfadleiste:* Zur weiteren Orientierung können Sie sich über *Darstellung –> Pfadleiste einblenden* den genauen Pfad zum aktuellen Ordner anzeigen lassen. Der Pfad wird am unteren Rand des Fensters eingeblendet. Mit einem Doppelklick auf eine der übergeordneten Stufen wechseln Sie zum entsprechenden Ordner.

- *Symbolleiste:* Schließlich können Sie den Pfad zum aktuellen Ordner auch über ein Symbol in der Symbolleiste einblenden. Rufen Sie dazu *Darstellung –> Symbolleiste anpassen* auf, und ziehen Sie das *Pfad*-Symbol an die gewünschte Stelle in der Symbolleiste. Wenn Sie dieses Symbol anklicken, wird der aktuelle Pfad angezeigt. Mit einem Klick auf einen Eintrag wechseln Sie auch hier zu übergeordneten Ordnern.

Die tägliche Dateiarbeit

Im Prinzip arbeiten Sie im Finder in OS X so wie im Explorer unter Windows. Hier können Sie also Ihre Dateien verwalten. Es gibt allerdings kleinere Unterschiede.

Öffnen

Um unter OS X einen Ordner, eine Datei oder ein Programm zu öffnen, klicken Sie den entsprechenden Eintrag im Finder entweder doppelt an oder klicken mit der rechten Maustaste darauf und wählen *Öffnen*.

Umbenennen

Falls Sie versucht haben, einen Ordner oder ein Programm mit der Eingabetaste zu öffnen, dann sind Sie schon über einen der kleinen Unterschiede zwischen OS X und Windows gestolpert. Denn wenn Sie unter OS X einen Eintrag im Finder markieren und anschließend die Eingabetaste drücken, dann wird die Datei nicht geöffnet, sondern der Dateiname wird zu einem Eingabefeld und Sie können die Datei umbenennen.

Wie unter Windows gewohnt, öffnen Sie auch unter OS X einen Eintrag mit einem Doppelklick. Doch anders als bei Windows wird ein Eintrag im Finder nach dem Drücken der Eingabetaste nicht geöffnet, sondern der Dateiname wird zu einem Eingabefeld, über das Sie den Namen ändern können.

Das Dateinamensuffix

Auch unter OS X haben Dateien eine Dateiendung, an der man den Typ der Datei erkennt (etwa „dokument.pdf" oder „musik.mp3"). In OS X heißt diese Endung „Dateinamensuffix". Unter *Finder –> Einstellungen –> Erweitert* legen Sie fest, ob das Suffix immer aus- bzw. immer eingeblendet werden soll. Hier legen Sie auch fest, ob der Finder bei der Umbenennung der Dateiendung nachfragen soll. Wenn Sie die Suffixe standardmäßig ausblenden, die Endung aber für eine bestimmte Datei einblenden möchten, aktivieren Sie die entsprechende Option in den *Infos* der Datei (mehr dazu finden Sie weiter unten).

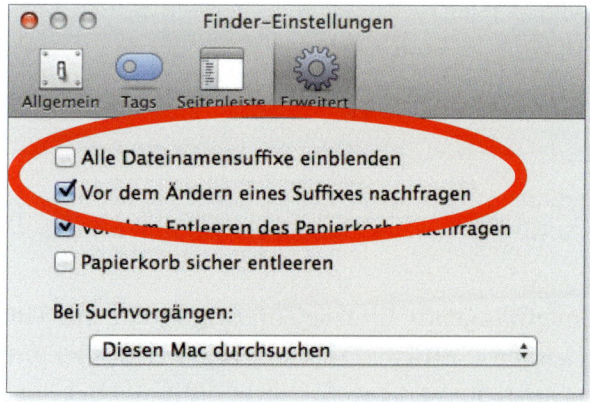

Normalerweise blendet der Finder alle Dateinamensuffixe aus – das können Sie aber ändern.

Markierungen

Einträge im Finder lassen sich – wie von Windows her gewohnt – mit der Tastatur oder Maus markieren.

- Eine Markierung lässt sich in der Listenansicht bei gehaltener *Shift*-Taste mit und den *Pfeiltasten nach oben/unten* erweitern bzw. einschränken. In der Symbolansicht können Sie mit allen vier Pfeiltasten arbeiten; eine Markierung wird dabei allerdings nur erweitert, nicht wieder eingeschränkt.
- Um einen zusammenhängenden Bereich zu markieren, klicken Sie in der Listenansicht den ersten Eintrag an und klicken dann mit gehaltener *Shift*-Taste auf den letzten Eintrag. Möchten Sie in der Symbolansicht mehrere Einträge zusammenhängend markieren, ziehen Sie mit der Maus ein Rechteck um diese Dateien.

Um in der Symbolansicht mehrere Dateien auf einen Streich zu markieren, ziehen Sie mit der Maus ein Rechteck auf, das die gewünschten Einträge umfasst bzw. berührt.

- Mehrere, nicht zusammenhängende Einträge markieren Sie mit Mausklick bei gehaltener *cmd*-Taste auf die entsprechenden Einträge. Das funktioniert in jeder Ansicht.
- Um markierte Einträge eines Bereichs gezielt abzuwählen, klicken Sie den gewünschten Eintrag mit gedrückter *cmd*-Taste an. Auch diese Technik können Sie in jeder Ansicht im Finder einsetzen.

Kopieren & Co

So kopieren, verschieben, duplizieren oder löschen Sie einen markierten Eintrag:

- *Kopieren und einfügen (Tastatur):* Mit *cmd + C* schieben Sie eine Kopie der markierten Datei(en) in die Zwischenablage von OS X. Wechseln Sie in den Zielordner, und fügen Sie sie dort mit *cmd + V* ein.
- *Kopieren und einfügen (Maus):* Markierte Dateien lassen sich mit der Maus kopieren und an anderer Stelle einfügen. Halten Sie dazu die *alt*-Taste gedrückt, und ziehen Sie die Dateien an die gewünschte Stelle. Als Zeichen dafür, dass kopiert (und nicht verschoben) wird, wird der Mauszeiger um ein grünes Pluszeichen ergänzt. Werden mehrere Dateien kopiert, erscheint eine entsprechende Ziffernanzeige neben dem Mauszeiger.
- *Bewegen (Tastatur):* Kopieren Sie mit *cmd + C* die gewünschten Dateien in die Zwischenablage. Wechseln Sie in den Zielordner, und drücken Sie dort *alt + cmd + V.* Die Datei wird nun nicht kopiert, sondern vom Quell- in den Zielordner bewegt, also verschoben.
- *Bewegen (Maus):* Eine Datei bewegen Sie wie gewohnt mit der Maus, wobei auch hier bei mehreren Dateien eine kleine Ziffer erscheint, die die Zahl der zu verschiebenden Dateien angibt. Halten Sie eine Datei über einen Ordner, ohne sie loszulassen, öffnet sich nach kurzer Zeit der Ordner.

 Externe Laufwerke: Eine Datei, die Sie von einem Laufwerk auf ein anderes ziehen – also zum Beispiel vom USB-Stick auf den Schreibtisch (und damit von einem externen Laufwerk auf Ihre Festplatte) –, wird mit dieser Aktion lediglich kopiert, nicht verschoben.

- *Duplizieren:* Mit der Tastenkombination *cmd + D* erzeugen Sie im gleichen Ordner eine Kopie der markierten Datei(en). Dabei wird der ursprüngliche Dateiname um das Wort „Kopie" ergänzt, dem bei Bedarf ein Zähler hinzugefügt wird.
- *Löschen (Tastatur):* Markieren Sie die Einträge, die Sie löschen möchten, und drücken Sie anschließend die Tastenkombination *cmd + Backspace.*
- *Löschen (Maus):* Klicken Sie die markierte(n) Datei(en) mit der rechten Maustaste an, und wählen Sie *In den Papierkorb legen.* Oder wählen Sie *Ablage –> In den Papierkorb legen.*

Neue Ordner anlegen

Natürlich liegen auch unter OS X die einzelnen Dateien nicht kreuz und quer auf der Festplatte verstreut herum, sondern werden in Ordnern verwaltet. Und natürlich können (und sollten) Sie auch für Ihre eigenen Dateien Ordner verwenden, die Sie ganz nach Gutdünken strukturieren und benennen können.

Spielen wir die verschiedenen Arten, einen Ordner anzulegen, an einer Standardsituation durch, und legen wir einen neuen Ordner auf dem Schreibtisch an. Denn auch wenn es nicht so aussieht: Der komplette Schreibtisch ist im Grunde nichts anderes als ein Finder-Fenster.

Schreibtisch

Wechseln Sie gegebenenfalls zuerst zum Schreibtisch, indem Sie ihn kurz anklicken. Da der Schreibtisch wie gesagt nur ein spezielles Finder-Fenster ist, erscheint in der Menüleiste oben links als Name des aktuell aktiven Programms der Eintrag *Finder*. Nun haben Sie folgende Möglichkeiten, einen neuen Ordner anzulegen:

- *Menü:* Wählen Sie den Menüpunkt *Ablage –> Neuer Ordner*.
- *Tastatur:* Drücken Sie *Shift + cmd + N*.
- *Kontextmenü:* Klicken Sie mit der rechten Maustaste auf eine leere Fläche des Schreibtischs, und wählen Sie *Neuer Ordner*.

Listenansicht

Ebenso funktioniert die Anlage neuer Ordner auch im Finder-Fenster. Allerdings kann hier eine Eigenschaft anfangs für Verwirrung sorgen: Der Befehl *Neuer Ordner* bezieht sich immer auf den aktuell geöffneten Ordner – und das ist in der Listenansicht nicht unbedingt der Ordner, den Sie gerade markiert haben.

Das klingt vielleicht etwas verwirrend, ist im Grunde aber recht einfach und soll am folgenden Bildschirmfoto erläutert werden:

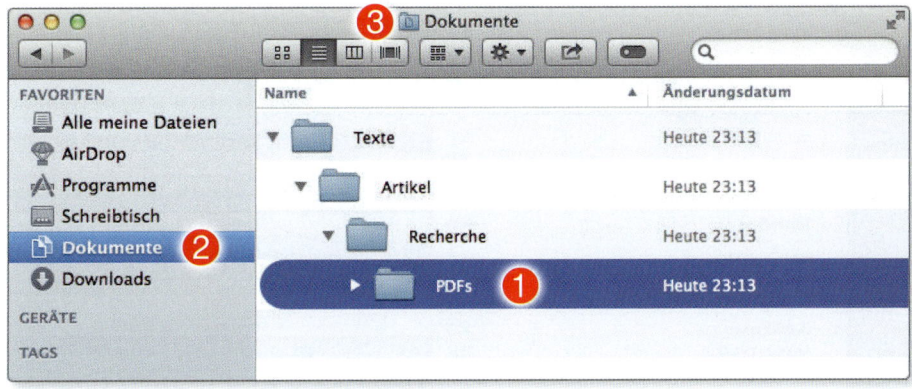

Auf den ersten Blick scheint man sich hier im markierten Ordner „PDFs" ❶ zu befinden, doch das täuscht. Tatsächlich ist der aktive Ordner der Ordner „Dokumente", der in der Seitenleiste markiert ist ❷ und in der Titelzeile genannt ❸ wird. Der Befehl zum Anlegen eines neuen Ordners fügt also in „Dokumente" einen neuen Ordner hinzu – nicht im Ordner „PDFs".

Bevor man also in einem Ordner einen Unterordner anlegen kann, muss man in diesen Ordner wechseln. Das geht am schnellsten, indem man den Ordner doppelt anklickt. In unserem Beispiel doppelklicken Sie also zuerst auf *PDFs* und legen erst dann einen neuen Ordner an.

Aus Auswahl

Schließlich gibt es noch die Möglichkeit, Dateien im Finder zu markieren und einen neuen Ordner mit den markierten Dateien anzulegen.

Dazu markieren Sie die Dateien, die Sie zusammen in einen neuen Ordner stecken möchten. Anschließend wählen Sie *Ablage –> Neuer Ordner mit Auswahl* bzw. klicken die markierten Einträge mit der rechten Maustaste an und wählen den entsprechenden Eintrag im Kontextmenü.

Der Finder kann einen neuen Ordner auch automatisch mit markierten Dateien füllen.

Der Papierkorb

Ein Eintrag, den Sie im Finder löschen, wird nicht sofort von der Platte geputzt, sondern landet zunächst im Papierkorb. Dabei notiert sich OS X, woher eine Datei ursprünglich stammt, und kann sie auf Wunsch dorthin zurücklegen.

Zurücklegen

Um eine Datei aus dem Papierkorb zu fischen, öffnen Sie den Papierkorb mit einem Klick auf das Symbol im Dock und ziehen die Datei an die gewünschte Stelle, etwa auf den Schreibtisch. Soll die Datei wieder an ihren ursprünglichen Platz zurückgelegt werden, klicken Sie sie mit der rechten Maustaste an und wählen im Kontextmenü den Eintrag *Zurücklegen*.

Das funktioniert auch mit einer auf Anhieb etwas verwirrenden Tastenkombination, nämlich mit *cmd + Backspace*. Damit löschen Sie normalerweise eine Datei und bewegen sie in den Papierkorb. Liegt die Datei aber bereits im Papierkorb, wird durch das nochmalige Löschen die erste Löschaktion widerrufen; die Datei wandert aus dem Papierkorb also wieder zurück an ihre ursprüngliche Position.

Papierkorb leeren

Der Papierkorb ist im Prinzip ein Ordner wie jeder andere auch. Er hat keine maximale Größe, sondern belegt auf der Festplatte so viel Platz, wie er zur Speicherung der gelöschten Dateien benötigt.

Das erlaubt zwar einerseits, dass Sie versehentlich gelöschte Dateien jederzeit zurückholen können, es kann aber auch dazu führen, dass Sie Ihre Festplatte mit längst nicht mehr relevanten Dateien zumüllen.

Das gilt insbesondere dann, wenn Sie Dateien von temporär angeschlossenen Laufwerken (wie einem USB-Stick) löschen möchten. Denn solange die gelöschten Daten im Papierkorb liegen, gelten sie zwar als gelöscht, bleiben aber auf dem Stick (bzw. der Festplatte) und belegen dort Speicherplatz. Wenn Sie zum Beispiel einen fast vollen Speicherstick löschen, den Papierkorb anschließend aber nicht leeren, werden Ihnen die gelöschten Dateien auf dem Stick zwar nicht mehr angezeigt – aber der von den (vermeintlich) gelöschten Dateien belegte Speicherplatz steht Ihnen trotzdem nicht zur Verfügung.

Wenn Sie den Papierkorb nicht regelmäßig leeren, füllt er immer größere Bereiche auf der Festplatte oder einem Speicherstick.

Soll der Inhalt des Papierkorbs endgültig von Ihrer Festplatte bzw. dem Stick gelöscht werden, wählen Sie *Finder –> Papierkorb entleeren*. Alternativ dazu können Sie den Papierkorb auch mit der rechten Maustaste anklicken und *Papierkorb entleeren* wählen. Möchten Sie vor dieser Löschaktion noch einmal einen Blick auf den Inhalt des Papierkorbs werfen, öffnen Sie ihn und klicken dann, wenn Sie sich davon überzeugt haben, dass Sie die Dateien nicht mehr benötigen, auf die Taste *Entleeren*.

 **Nachfrage:** Standardmäßig schiebt OS X beim Entleeren des Papierkorbs eine Sicherheitsabfrage ein, die auf Dauer vielleicht etwas nervig ist. Diese Abfrage können Sie unter **Finder –> Einstellungen –> Erweitert** ausschalten. Allerdings gilt dann: Was weg ist, ist weg!

Sicher entleeren

Bislang war beim Leeren des Papierkorbs die Rede davon, dass die Daten damit endgültig von der Festplatte gelöscht werden. Doch streng genommen ist das so nicht ganz richtig: OS X löscht die Dateien nicht, sondern markiert den von ihnen belegten Platz als „leer" und überschreibt ihn bei nächster Gelegenheit.

Doch solange das nicht geschehen ist, sind die scheinbar gelöschten Daten immer noch auf der Festplatte vorhanden. Das Betriebssystem selbst kann mit ihnen nichts mehr anfangen, doch mit den passenden Tools lassen sich die gelöschten Daten unter Umständen rekonstruieren.

Das ist im Notfall zwar als letzte Rettung recht praktisch, aber wenn Sie sensible Daten von der Festplatte löschen, dann wollen Sie auch sicher sein, dass diese Daten tatsächlich verschwunden sind und nicht unverhofft wieder auftauchen können.

Für diesen Fall bietet OS X die Option *Papierkorb sicher entleeren*. Dabei werden die Dateien durch Überschreiben vollständig von der Festplatte entfernt und sind auch mit den üblichen Rettungstools nicht mehr zurückzuholen.

Um diese Option zu nutzen, gibt es zwei Möglichkeiten:

- *Einzelfall:* Möchten Sie nur gelegentlich sicher sein, dass die gelöschten Daten wirklich gelöscht sind, dann wählen Sie *Finder –> Papierkorb sicher entleeren*. Alternativ dazu können Sie den Papierkorb auch bei gedrückter *cmd*-Taste mit der rechten Maustaste anklicken. Aus dem Eintrag *Papierkorb entleeren* im Kontextmenü wird so *Papierkorb sicher entleeren*.
- *Dauerhaft:* Soll der Papierkorb bei jedem Löschen mit dieser Option arbeiten, dann wählen Sie *Finder –> Einstellungen –> Erweitert* und markieren hier *Papierkorb sicher entleeren*.

 Sicherheit dauert: Das sichere Entleeren des Papierkorbs kann zum Teil ganz erheblich länger dauern als das einfache Löschen.

Dokumente: ZIP und PDF inklusive

Die beiden Dateiformate ZIP (für Archive) und PDF (für Dokumente) sind ein weit verbreiteter Standard, den OS X von Haus aus unterstützt. Sie brauchen weder ein spezielles Archivierungsprogramm noch einen PDF-Viewer, um diese Dateien zu öffnen. Ja, mehr noch: OS X kann sowohl ZIP-Archive als auch PDF-Dokumente direkt erzeugen.

ZIP-Archive

Um mehrere Dateien zu einem ZIP-Archiv zusammenzufassen, markieren Sie die Dateien und wählen *Ablage –> Objekte komprimieren*. Dieses Kommando finden Sie auch im Kontextmenü, das Sie mit einem Rechtsklick in die Markierung aufrufen.

Wenn Sie nur eine Datei komprimieren, übernimmt OS X den Dateinamen auch für das Archiv; bei mehreren Dateien wird eine Datei namens „Archiv.zip" angelegt, die Sie natürlich nach Belieben umbenennen können (bei Archivdateien zeigt OS X das Dateinamensuffix ausnahmsweise an).

OS X kann von Haus aus ZIP-Archive anlegen (und natürlich auch öffnen).

Um eine ZIP-Datei zu öffnen, klicken Sie sie doppelt an. Der Inhalt des Archivs wird in einen eigenen Ordner entpackt, die Archivdatei selbst bleibt davon unberührt. Und damit Sie wissen, zu welcher ZIP-Datei ein Ordner gehört, legt OS X den Ordner halb über die ZIP-Datei.

PDF-Dateien

Eine PDF-Datei können Sie, wie jede andere Datei unter OS X auch, mit einem Doppelklick öffnen. Daraufhin wird das Programm *Vorschau* gestartet (mit dem wir uns in Kapitel 13 noch ausführlich beschäftigen werden) und die PDF-Datei angezeigt.

Viele Programme besitzen den Menübefehl *Ablage –> Als PDF exportieren*. Doch selbst dann, wenn dieser Befehl fehlt, können Sie mit jedem Programm, mit dem Sie drucken können, auch PDF-Dateien erzeugen.

Dazu rufen Sie über *Ablage –> Drucken* den Druckdialog auf und klicken dort auf die Schaltfläche *PDF*. Den Druckdialog können Sie auch dann aufrufen, wenn überhaupt kein Drucker angeschlossen ist. Sie können also jederzeit auf Ihrem Mac PDF-Dokumente erzeugen. Mit dem Thema „Drucken" beschäftigen wir uns in Kapitel 15.

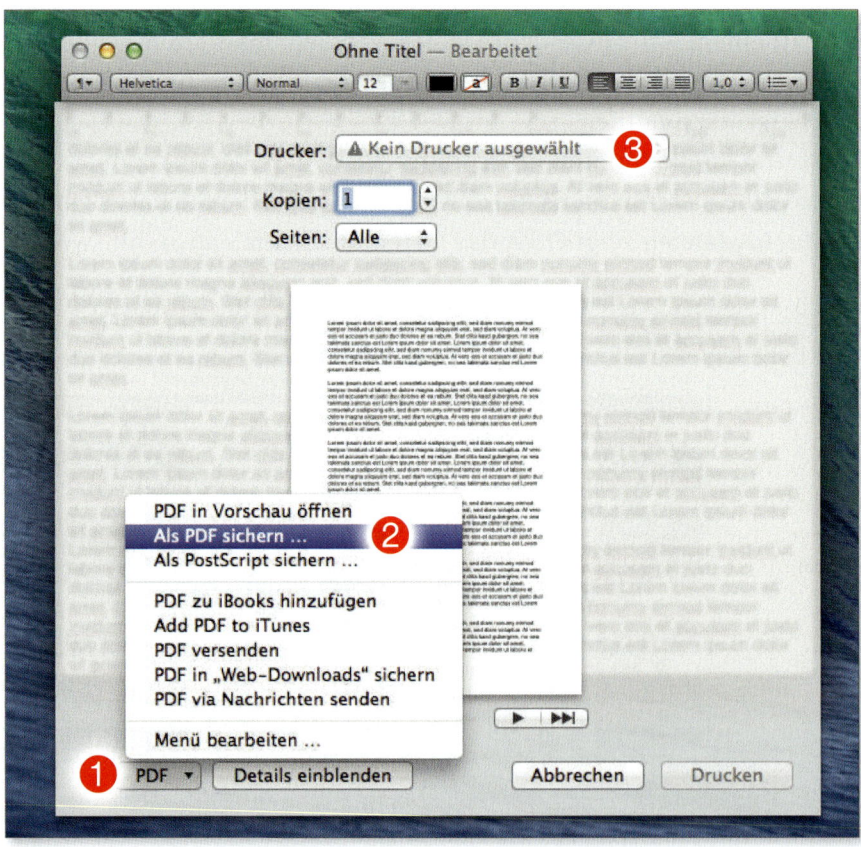

Die Option „PDF" ❶ findet sich in jedem Druckdialog unter OS X und bietet immer die Option, das aktuelle Dokument als PDF-Datei zu speichern ❷. Den Druckdialog können Sie auch dann aufrufen, wenn überhaupt kein Drucker zur Verfügung steht ❸.

Dateipakete: Der Vollständigkeit halber soll noch ein besonderes Dateiformat von OS X erwähnt werden: das „Bundle" oder Paket. Dabei handelt es sich zwar um einen Ordner, der beliebige Dateien und Ordner enthalten kann, der Finder zeigt ein solches Bundle aber wie eine einzige Datei an. Unter OS X sind zum Beispiel alle Programme derartige Bundles.

Die Datei-Infos

Jede Datei (oder allgemeiner: jedes Objekt) unter OS X hat eine ganze Reihe von Eigenschaften: einen Namen, einen Speicherort, eine bestimmte Größe, ein Datum, an dem es angelegt oder zuletzt benutzt wurde, und so weiter und so fort.

Alle diese Eigenschaften eines Objekts können Sie sich über die Datei-Infos anzeigen lassen. Dazu markieren Sie den entsprechenden Eintrag im Finder (oder das Symbol auf dem Schreibtisch) und drücken *cmd + I*.

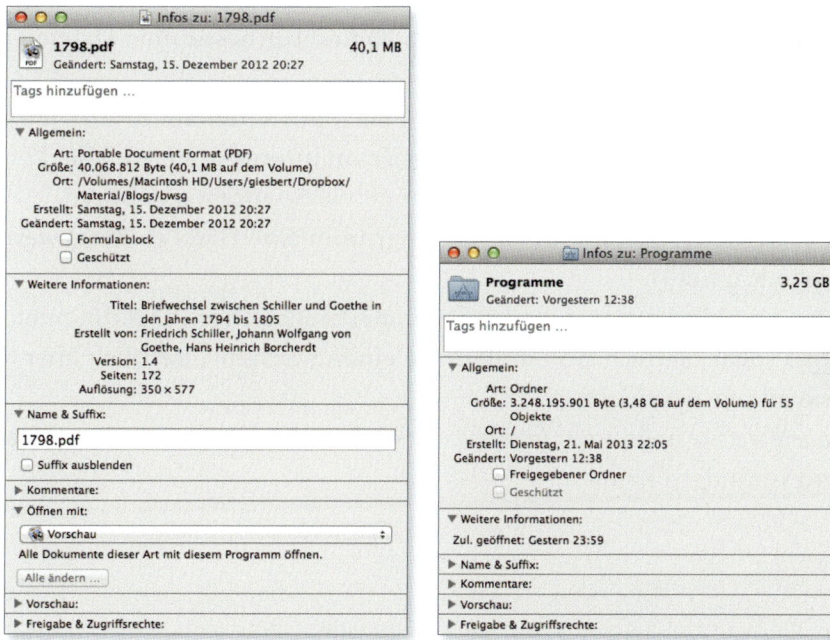

Die Datei-Infos geben Ihnen ausführlich Auskunft über die verschiedenen Eigenschaften einer Datei oder eines Ordners.

Welche Eigenschaften in dieser Übersicht angezeigt werden, hängt natürlich stark vom jeweiligen Objekt ab, aber die Struktur bleibt die gleiche:

- Am Anfang stehen Dateisymbol, Name, Größe und Datum, gefolgt von einem Textfeld *Tags hinzufügen*. Dieses Feld können Sie für Stichwörter benutzen, anhand derer der Finder sie automatisch zusammenfasst und die systemweite Dateisuche Spotlight sie schnell wiederfindet (mit Tags und Spotlight werden wir uns in Kapitel 5 ausführlicher beschäftigen).

- *Allgemein:* Hier finden Sie Angaben zur genauen Größe, zum Speicherort, zum Erstellungsdatum der Datei und Ähnliches. Aktivieren Sie hier den Punkt *Geschützt*, um die Datei vor versehentlichem Löschen zu bewahren. Ein geschütztes Objekt wird mit einem Schloss markiert. Wenn Sie versuchen, ein solches Objekt zu löschen, erscheint eine Sicherheitsabfrage, die ein versehentliches Löschen verhindert. Ein geschütztes Objekt lässt sich auch nicht bewegen, sondern lediglich kopieren.

- *Weitere Informationen:* Dieser Abschnitt enthält objektspezifische Angaben. Bei Fotos erfahren Sie etwa die Bildgröße in Pixel, das Kameramodell, die Brennweite und Ähnliches mehr; bei PDF-Dateien erhalten Sie hier Informationen zur Auflösung, Seitenzahl oder zu einem vorhandenen Passwortschutz.

- *Name & Suffix:* Hier lässt sich der Objektname ändern und festlegen, ob für dieses Objekt das Dateinamensuffix angezeigt werden soll oder nicht. Die hier gewählte Einstellung überschreibt für das gewählte Objekt die generelle Einstellung im Finder. So können Sie das Suffix üblicherweise ausblenden (Standardeinstellung von OS X) und für bestimmte Dateien gezielt Ausnahmen festlegen.

- *Kommentare:* Wie der Name schon sagt, können Sie hier Kommentare zum jeweiligen Objekt hinterlegen. Das ist vor allem für die Arbeit im Team interessant („An alle: Letzte Fassung, kann gedruckt werden!"). Kommentare lassen sich auch via Spotlight aufspüren.

- *Öffnen mit:* Hier legen Sie fest, mit welchem Programm eine Datei geöffnet werden soll. Mehr dazu lesen Sie in Kapitel 17.

- *Vorschau:* Bietet eine Miniaturansicht der Datei. Bei mehrseitigen Dokumenten können Sie in dieser Vorschau sogar blättern. So erhalten Sie einen raschen Überblick über den Inhalt einer Datei, ohne sie öffnen zu müssen.

- *Freigabe & Zugriffsrechte* definieren im Netzwerk, ob andere Benutzer eine Datei oder einen Ordner öffnen und verändern können.

Zusammengefasste Infos

Sie können sich auch die Infos zu mehreren Dateien anzeigen lassen. So erfahren Sie etwa, wie viel Speicherplatz mehrere markierte Objekte belegen. Auch ist es hier möglich, mehreren Dateien gemeinsame Tags zu verpassen oder festzulegen, ob das Dateinamensuffix angezeigt werden soll oder nicht.

Um diese Informationen aufzurufen, markieren Sie die gewünschten Dateien und drücken anschließend die Tastenkombination *alt + cmd + I*. Es wird eine Palette *Zusammengefasste Infos* eingeblendet, die die Informationen des aktuell angezeigten Ordners oder der aktuell markierten Datei zeigt. Ändern Sie die Markierung ändern, also zum Beispiel Dateien hinzufügen oder entfernen, werden die Informationen automatisch angepasst. Wenn Sie unterschiedliche Dateien verschiedenen Typs markiert haben, nennen die Infos die Art und Anzahl, etwa „2 Dokumente, 3 Ordner".

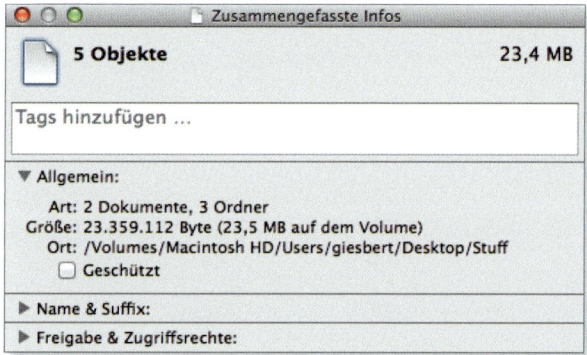

Die zusammengefassten Infos geben Ihnen einen raschen Überblick über die Größe ganzer Ordner und mehrerer Dateien.

Der Dialog *Zusammengefasste Infos* ist aber auch dann praktisch, wenn Sie sich die Informationen zu nur einer Datei ansehen. Denn da das Fenster eine Palette ist, wird sein Inhalt automatisch aktualisiert. Das Fenster liegt also immer im Vordergrund, ist immer sichtbar und passt seinen Inhalt an, sobald Sie im Finder eine neue Datei auswählen. So können Sie rasch die Informationen verschiedener Dateien nachschlagen und vergleichen, ohne dass Sie für jede Datei immer wieder *cmd + I* drücken müssen.

Kapitel 4

Programme (Apps) und Widgets

Ohne Programme ist selbst ein so schöner Computer wie ein Mac kaum mehr als ein Türstopper oder Briefbeschwerer. Erst Programme hauchen der Hardware Leben ein. In diesem Kapitel widmen wir uns der Frage, wie Sie Programme – die bei Apple „Apps" genannt werden – auf Ihrem Mac installieren, verwalten und bei Nichtgefallen wieder loswerden. Außerdem lernen Sie die Widgets kennen, also die kleinen Hilfsprogramme im Dashboard.

Programme finden und starten

Wie Sie Programme starten und wieder beenden, haben Sie bereits im ersten Kapitel kurz erfahren. Im Folgenden werden wir dieses Thema und alle verwandten Aspekte rund um „Programme" ausführlich behandeln.

> **Apps:** Unter OS X werden Programme auch „Apps" genannt. App ist die Abkürzung für das englische Wort „Application", das mit „Anwendung" oder „Programm" übersetzt wird.

Es gibt verschiedene Arten, Programme zu verwalten, zu finden und zu starten:

 *Dock:* Oft benutzte Programme können Sie im Dock ablegen, um sie jederzeit sofort griffbereit zu haben. Hier genügt zum Starten ein Klick auf das Programmsymbol. Wie Sie das Dock nach Ihren Wünschen konfigurieren, erfahren Sie in nächsten Abschnitt.

 *Launchpad:* Das Launchpad zeigt Ihnen die installierten Programme in einer übersichtlichen Darstellung, die Sie an Ihre Anforderungen anpassen und in der Sie die Programme zum Beispiel nach bestimmten Kriterien gruppieren können.

 *Programme:* Ein Programm lässt sich aber auch aus dem Ordner *Programme* im Finder starten. Diesen Weg werden Sie wohl nur bei selten benutzten Programmen einschlagen, erweisen sich die anderen Methoden in der Praxis doch als flexibler.

 *Spotlight:* Wenn Sie nicht mehr so genau wissen, wo Sie ein Programm abgelegt haben, hilft Ihnen die systemweite Suche *Spotlight* weiter – vorausgesetzt, Sie können sich noch an den Namen des gesuchten Programms erinnern. (Mit Spotlight beschäftigen wir uns in Kapitel 5 noch etwas ausführlicher.)

Programme im Dock

 Das Dock haben Sie bereits in Grundzügen kennengelernt. Es dient als Starthilfe für Programme, die Sie oft benötigen und auf die Sie daher möglichst schnell und unkompliziert zugreifen möchten. Außerdem erscheinen hier alle Programme, die aktuell aktiv sind.

Wie Sie das Dock benutzen, zeige ich Ihnen am Beispiel der Textverarbeitung TextEdit (mit der wir uns ausführlich in Kapitel 13 beschäftigen). Das Programm gehört zwar zum Lieferumfang von OS X, standardmäßig jedoch nicht zum normalen Bestand des Docks. Aber das macht nichts, Sie können es natürlich jederzeit selbst hinzufügen.

Das Dock organisieren

- *Symbol hinzufügen:* Möchten Sie ein bestimmtes Programm im schnellen Zugriff haben, ziehen Sie das Programmsymbol aus dem Ordner *Programme* ins Dock.
- *Symbole verschieben:* Um die Anordnung der Symbole im Dock zu ändern, bewegen Sie sie mit der Maus an die gewünschte Position.
- *Symbol entfernen:* Möchten Sie ein Symbol aus dem Dock entfernen, ziehen Sie es mit der Maus auf den Schreibtisch und warten ein wenig, bis das Symbol um eine Wolke ergänzt wird. Lassen Sie es nun los, verpufft es in einer netten Animation. Damit Sie nicht versehentlich ein Symbol entfernen, müssen Sie es ein Stück vom Dock wegziehen.

Fügen wir nun also TextEdit dem Dock hinzu und entfernen es wieder:
1. Öffnen Sie ein Finder-Fenster, und klicken Sie in der Seitenleiste auf *Programme*.
2. Ziehen Sie den Eintrag *TextEdit* auf das Dock, und lassen Sie ihn an der gewünschten Position los.
3. Ein Verweis auf TextEdit wird im Dock eingefügt. Sie können das Programm nun mit einem einfachen Mausklick auf sein Symbol im Dock starten.

Sie können für jedes Programm einen Verweis im Dock ablegen, indem Sie das Programmsymbol in das Dock ziehen und dort ablegen.

Denken Sie daran, dass die Programmdatei selbst ihre Position nicht verändert hat. Sie haben das Programm also nicht aus seinem angestammten Ordner ins Dock verschoben, sondern nur einen Verweis auf das Programm im Dock hinterlegt.

Um den Eintrag wieder zu entfernen, ziehen Sie ihn auf den Schreibtisch. Sobald das Symbol weit genug vom Dock entfernt ist und Sie ein klein wenig warten, wird das Symbol um ein Wölkchen ergänzt. Lassen Sie nun die Maustaste los, verpufft der Eintrag.

 **Ein laufendes Programm dem Dock hinzufügen:** Wenn Sie ein Programm über einen anderen Weg als über das Dock gestartet haben (etwa über das Launchpad), dann erscheint sein Programmsymbol im Dock, solange das Programm aktiv ist. Möchten Sie es dauerhaft im Dock behalten, klicken Sie das Symbol mit der rechten Maustaste an und wählen **Optionen –> Im Dock behalten**.

Programme im Launchpad

Alle Programme, die im *Programme*-Ordner installiert werden, tauchen automatisch im Launchpad auf. Entsprechend verschwindet ein Programmsymbol aus dem Launchpad, wenn das Programm gelöscht wird.

Launchpad starten

 Das Launchpad starten Sie mit einem Klick auf das *Launchpad*-Symbol im Dock. Falls Sie mit einem Trackpad arbeiten, können Sie das Launchpad auch aufrufen, indem Sie auf dem Trackpad vier Finger zusammenziehen.

Das Launchpad blendet den aktuellen Bildschirminhalt aus und die Symbole aller verfügbaren Programme groß ein. Um ein Programm zu starten – in unserem Beispiel also die Textverarbeitung TextEdit –, genügt ein Klick auf das entsprechende Programmsymbol.

Das Launchpad bietet einen schnellen und komfortablen Weg zum gesuchten Programm. Programme können in Ordnern ❶ und auf mehreren Bildschirmseiten ❷ organisiert werden. Über die Suche ❸ finden Sie schnell jedes Programm.

Vielleicht halten Sie das Launchpad nun für eine zwar nette, aber letztlich doch sinnlose Spielerei – doch das täuscht. Denn im Launchpad werden Programme nicht nur gestartet, sondern auch auf eine sehr intuitive Art organisiert.

Die Anordnung der Symbole lässt sich ändern, Apps können in Ordnern sortiert werden, neue Bildschirmseiten können problemlos eingefügt werden, und Programme, die Sie im App Store gekauft haben, lassen sich über das Launchpad auch wieder löschen. Mit anderen Worten: Sie können klassische Dateioperationen vornehmen, ohne mit dem Finder oder dem Dateisystem in Berührung zu kommen – und ohne, dass Sie versehentlich etwas verschieben oder verändern, was Sie besser in Ruhe gelassen hätten.

Das Launchpad organisieren

Und so geht's:

- *Symbole verschieben:* Um die Reihenfolge der Symbole zu ändern, ziehen Sie das Symbol mit der Maus an die gewünschte Position.
- *Ordner anlegen:* Ziehen Sie ein Symbol über ein anderes, wird automatisch ein Ordner mit den beiden Symbolen erzeugt. Weitere Symbole fügen Sie auf die gleiche Weise hinzu. Ordner lassen sich wie Programmsymbole verschieben, es ist allerdings nicht möglich, Ordner in Ordnern anzulegen.

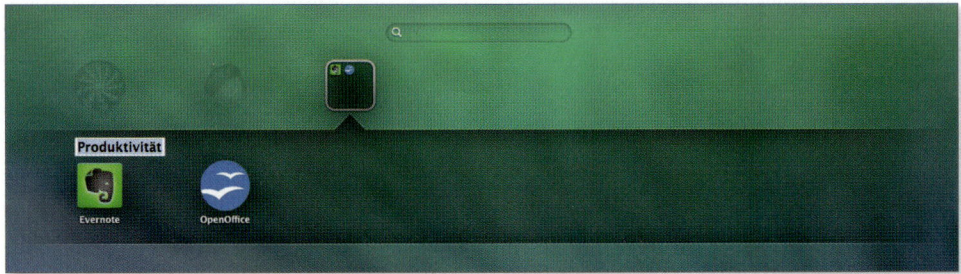

Ordner lassen sich im Launchpad bequem mit der Maus anlegen, indem Sie ein Symbol über ein anderes ziehen.

- *Ordner öffnen:* Einen Ordner öffnen Sie mit einem einfachen Mausklick auf sein Symbol.
- *Ordner umbenennen:* OS X schlägt automatisch einen Namen für einen Ordner vor, den Sie natürlich ändern können. Dazu klicken Sie den Namen bei der Neuanlage an und geben den gewünschten Namen ein. Möchten Sie einen Ordner später einmal umbenennen, öffnen Sie ihn und klicken anschließend auf den Namen. Der Name wird zu einem Eingabefeld und kann nun geändert werden.
- *Ordner löschen:* Um einen Ordner zu löschen, ziehen Sie alle Apps aus diesem Ordner. Sobald ein Ordner nur noch eine App enthält, wird er aufgelöst.
- *Neue Seiten einfügen:* Um weitere Seiten für Programmsymbole einzufügen, ziehen Sie ein Symbol mit der Maus über den rechten Bildschirmrand hinaus. Nach einer kurzen Pause wird eine neue Seite angelegt, auf der Sie das Symbol ablegen können. So lassen sich schnell und einfach alle zusammengehörenden Programme sortieren.
- *Zwischen Seiten wechseln:* Den Seitenwechsel erledigen Sie mit einem Fingerwisch nach rechts bzw. links. Beim Trackpad benutzen Sie dazu zwei Finger, bei der Magic Mouse reicht einer. Bei einer klassischen Maus oder einem Trackball ziehen Sie die Seiten mit gedrückter Maustaste nach links bzw. rechts. Über die Tastatur wechseln Sie mit den Pfeiltasten nach links bzw. rechts bei gleichzeitig gedrückter *cmd*-Taste von einer Seite zur nächsten.

Das Launchpad durchsuchen

Wenn Sie sehr viele Programme installiert haben, dann hilft Ihnen auch die beste Ordnung im Launchpad bei der Suche nach einem bestimmten Programm nicht immer weiter. Doch keine Sorge, das Launchpad verfügt über eine leistungsfähige Suchfunktion, mit der Sie jedes Programm blitzschnell finden.

Klicken Sie dazu im Launchpad einfach in das Suchfeld, und geben Sie den Namen des gesuchten Programms ein. Sobald Sie den ersten Buchstaben eintippen, präsentiert das Launchpad Ihnen bereits eine erste Trefferliste, die mit jedem weiteren Buchstaben verfeinert wird.

Sobald Sie in das Suchfeld ❶ Text eingeben – und sei es auch nur ein einziger Buchstabe –, zeigt Ihnen das Launchpad blitzschnell passende Apps an ❷. Mit einem Klick auf das „x" ❸ löschen Sie Ihre Sucheingabe. Dabei sucht das Launchpad auch im englischen Namen einer App, mit dem OS X intern arbeitet. Die Schlüsselbund-Verwaltung ❹ wird bei der Eingabe eines „k" deshalb gezeigt, weil das Programm intern „Keychain" heißt.

Programme-Ordner und Spotlight

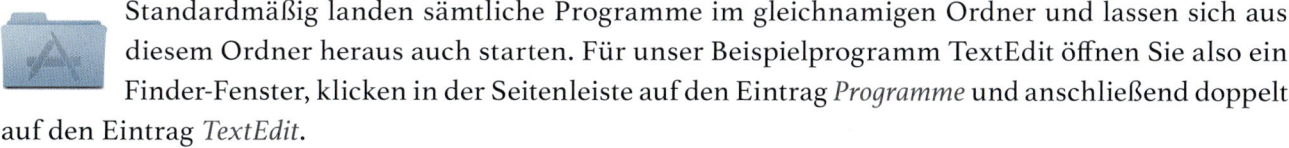

Standardmäßig landen sämtliche Programme im gleichnamigen Ordner und lassen sich aus diesem Ordner heraus auch starten. Für unser Beispielprogramm TextEdit öffnen Sie also ein Finder-Fenster, klicken in der Seitenleiste auf den Eintrag *Programme* und anschließend doppelt auf den Eintrag *TextEdit*.

Schließlich können Sie ein Programm auch über die systemweite Suche namens *Spotlight* starten. Mit den Möglichkeiten von Spotlight beschäftigen wir uns in Kapitel 5; hier geht es nur darum, die Suchfunktion als Schnellstarter einzusetzen und das Beispielprogramm TextEdit aufzurufen.

Spotlight als Schnellstartfunktion

Um Spotlight zu nutzen, klicken Sie entweder oben rechts auf das Lupensymbol oder drücken die Tasten-kombination *cmd + Leertaste*. Geben Sie nun den Namen des gesuchten Programms ein, also „TextEdit". Sie werden bemerken, dass Spotlight bereits nach der Eingabe des ersten Buchstabens damit beginnt, eine Trefferliste aufzubauen. Spätestens nach der Eingabe „Tex" sollte in unserem Beispiel das Programm auftauchen. Sie können den entsprechenden Eintrag nun mit der Maus anklicken oder mit den Cursor-Tasten ansteuern und das Programm mit der *Return*-Taste starten. Oft sortiert Spotlight das gesuchte Programm bereits als „Top-Treffer" und markiert es, sodass Sie nur noch die *Return*-Taste drücken müssen.

Die systemweite Suche Spotlight kann auch als Schnellstarter für Programme eingesetzt werden.

Zwischen Programmen wechseln

Um zwischen aktiven Programmen zu wechseln, gehen Sie bei OS X ähnlich vor wie unter Windows:
- *Dock:* Während Sie bei Windows ein Programm über die Startleiste auswählen, klicken Sie bei OS X auf das entsprechende Programmsymbol im Dock.
- *Tastatur:* Auch der von Windows her vertraute Wechsel zwischen den Programmen über die *Tab*-Taste funktioniert unter OS X, hier jedoch in Kombination mit der *cmd*-Taste.

Der Programmumschalter

Mit *cmd + Tab* rufen Sie den Programmumschalter auf. Das ist eine halbtransparente Leiste, in der alle Symbole der laufenden Programme angezeigt werden. Halten Sie die *cmd*-Taste gedrückt und bewegen

Sie sich mit *Tab* von links nach rechts durch das Band mit den Symbolen aller laufenden Applikationen. Mit *Shift + Tab* bewegen Sie sich bei weiterhin gedrückter *cmd*-Taste von rechts nach links. Sie können die *Tab*-Taste auch loslassen und mit der Maus oder den Pfeiltasten im Umschalter navigieren.

Das aktuell markierte Programm wird farblich hervorgehoben, umrandet und zusätzlich mit seinem Namen versehen. Sobald Sie die Tasten loslassen, wechselt OS X zum markierten Programm.

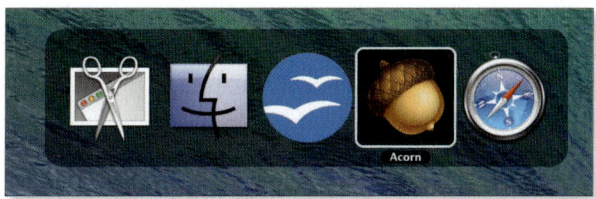

Mit dem Programmumschalter wechseln Sie schnell zwischen aktiven Applikationen. Das aktuelle Programm steht links außen (hier: Bildschirmfoto, ein Dienstprogramm von OS X, mit dem deiser Screenshot gemacht wurde). Zum markierten Programm (hier: Acorn, eine Bildbearbeitung) wird gewechselt, sobald die Tasten losgelassen werden.

Symbolanordnung

Die Platzierung der Symbole im Programmumschalter ist nicht statisch, sondern passt sich Ihrer Programmnutzung an. Ganz links steht immer das aktuell benutzte Programm, rechts daneben wird das Programm angezeigt, mit dem Sie zuvor gearbeitet haben. So ist es möglich, blitzschnell zwischen zwei Programmen hin- und herzuwechseln. Das klingt so abstrakt vielleicht etwas seltsam, also machen wir uns das Verfahren rasch an einem praktischen Beispiel klar.

Schneller Wechsel

Nehmen wir an, Sie arbeiten an einem Text und recherchieren dazu im Internet. Dabei müssen Sie während der Arbeit immer wieder zwischen Ihrer Textverarbeitung und dem Browser wechseln. Beginnen wir mit der Textverarbeitung. Der erste Schritt führt also von der Textverarbeitung zum Browser:

1. Mit *cmd + Tab* rufen Sie den Programmumschalter auf und wechseln von der Textverarbeitung zum Browser. Dort lesen Sie nach, was Sie nachlesen wollten. Nun möchten Sie zur Textverarbeitung zurückkehren.
2. Rufen Sie mit *cmd + Tab* erneut den Programmumschalter auf. Der Browser steht nun an erster Stelle, die Textverarbeitung als zuletzt aktives Programm folgt an zweiter Stelle. Jetzt genügt ein weiterer Druck auf *cmd + Tab*, um vom Browser zur Textverarbeitung zurückzukehren.

3. Nun steht im Programmumschalter die Textverarbeitung wieder an erster, der Browser an zweiter Stelle. Der Browser ist jetzt seinerseits nur ein *cmd + Tab* entfernt.

Und so weiter. Schneller ist ein Wechsel zwischen zwei Programmen wohl kaum zu realisieren.

Programme beenden

Beim Starten von und beim Wechsel zwischen Programmen sind sich Windows und OS X also sehr ähnlich, beim Beenden von Programmen unterscheiden sich die beiden Systeme allerdings ein wenig.

Bei Windows wird ein Programm dann beendet, wenn Sie das letzte Programmfenster schließen. Unter OS X ist das nicht unbedingt der Fall: Manche Programme bleiben bei OS X auch fensterlos aktiv. Es ist in der Regel jederzeit möglich, zu einem fensterlosen Programm zu wechseln und über *cmd + N* ein neues Programmfenster zu öffnen.

Aktive Programme

Wenn Sie im Blick behalten möchten, ob ein Programm aktiv ist oder nicht, kann Ihnen das Dock helfen. Rufen Sie in den *Systemeinstellungen* den Eintrag *Dock* auf, und aktivieren Sie hier den Punkt *Anzeige für geöffnete Programme einblenden*.

Ab sofort blendet das Dock einen dezenten Leuchtpunkt unter einem Programmsymbol ein, wenn das entsprechende Programm aktiv ist.

Apps schließen

- Um nicht nur ein Fenster zu schließen, sondern ein Programm tatsächlich zu beenden, gibt es verschiedene Wege:
- *Menü:* Wechseln Sie zum Programm, wählen Sie im Menü den Programmeintrag links (also den Menüpunkt mit dem Namen des Programms) und dort den letzten Eintrag: *[Programm] beenden*.
- *Tastatur:* Wechseln Sie zum Programm, und drücken Sie *cmd + Q* (das Q für „quit").
- *Dock:* Klicken Sie mit der rechten Maustaste auf das Programmsymbol im Dock, und wählen Sie *Beenden*.

- *Umschalter:* Rufen Sie den Programmumschalter auf, und markieren Sie das gewünschte Programm. Bewegen Sie nun Ihren Finger von der *Tab*-Taste nach rechts, und drücken Sie – bei gehaltener *cmd*-Taste – das *Q*. Das System erkennt jetzt ein *cmd + Q* und beendet das Programm, ohne den Programmumschalter zu verlassen.

Sobald ein Programm beendet ist, wechselt OS X automatisch zum zuletzt benutzten Programm. Ein Beispiel: Starten Sie Ihren Mac, läuft auf jeden Fall der Finder (ohne den bei OS X überhaupt nichts geht). Starten Sie nun der Reihe nach *Safari*, *Mail* und *Kalender*. Wenn Sie jetzt *Kalender* beenden, befinden Sie sich automatisch in *Mail*. Beenden Sie *Mail*, landen Sie in *Safari*, beenden Sie auch *Safari*, sind Sie wieder am Ausgangspunkt, also im *Finder*.

Resume: Dokumente merken

Beim Schließen eines Programms bietet OS X auf Wunsch ein besonderes Feature: *Resume*, was sich mit „Fortsetzen", „Weitermachen" übersetzen lässt. Wenn eine Applikation Resume unterstützt, dann sind Sie fein raus: Denn in diesem Fall speichert das Programm vor dem Beenden seinen aktuellen Zustand und den Inhalt aller aktuell geöffneten Dokumente. Starten Sie es dann später erneut, wird genau der Zustand wiederhergestellt, in dem Sie das Programm beendet haben, und Sie können genau an der Stelle weitermachen, an der Sie aufgehört haben.

Damit das funktioniert, müssen Sie die Funktion allerdings zuerst aktivieren. Dazu wählen Sie in den *Systemeinstellungen* den Eintrag *Allgemein* und entfernen das Häkchen bei *Fenster beim Beenden eines Programms schließen*.

Soll Resume ausnahmsweise beim Beenden nicht genutzt, das Programm also beendet werden, ohne sich die aktuell geladenen Dokumente zu merken, dann beenden Sie das Programm mit gedrückter *alt*-Taste, also mit *alt + cmd + Q*.

Das funktioniert auch andersherum. Wenn die Option *Fenster beim Beenden eines Programms schließen* aktiviert ist (wenn sich eine App also beim Beenden die geöffneten Dokumente standardmäßig nicht merkt), dann können Sie mit *alt + cmd + Q* ausnahmsweise Resume aktivieren.

Programmabstürze

Es kommt selten vor, aber es passiert auch unter OS X: Gelegentlich stürzt ein Programm derart hoffnungslos ab, dass Sie es nur noch auf die harte Tour beenden können.

Das bedeutet, dass Sie ein Programm nicht über das Menü verlassen und dabei eventuell noch ungesicherte Daten speichern können, sondern dass Sie das Betriebssystem anweisen müssen, einen laufenden Prozess kurzerhand und ohne Rücksicht auf Verluste für beendet zu erklären.

Nur für den Notfall: Das Beenden eines Programms über das Betriebssystem ist eine Notmaßnahme, die Sie auch nur in Notfällen benutzen sollten. Wenn Sie ein Programm über diesen Notausgang verlassen, besteht immer die Gefahr des Datenverlusts. Greifen Sie also nur dann zu diesem Mittel, wenn die üblichen Maßnahmen nicht fruchten. Versuchen Sie immer, ein Programm über sein Menü, **cmd + Q** oder über das Kontextmenü im Dock zu beenden, bevor Sie zu drastischen Maßnahmen greifen.

Abwarten

Manchmal ist ein Programm einfach nur zu sehr mit sich selbst beschäftigt – warten Sie also ein wenig ab, bevor Sie eingreifen. Mitunter reagiert ein Programm nach ein paar Minuten wieder wie gewohnt.

Programme sofort beenden

Wenn ein Programm auch nach einer Wartezeit nicht mehr reagiert, gibt zwei Möglichkeiten, um es sofort zu beenden.

Wählen Sie *Apfel-Menü –> Sofort beenden*. Falls das störrische Programm auch die Menüleiste blockiert, drücken Sie die Dreier-Kombination *alt + cmd + esc*. Die Tastenkombination sieht etwas wild aus, ist aber mit einer Hand zu greifen. Sie müssen lediglich den Daumen etwas abspreizen, dann können Sie die Kombination *alt + cmd* mit dem Daumen drücken, während der Zeigefinger wie von selbst *esc* erreicht. Es öffnet sich ein kleines Fenster, in dem Sie das störrische Programm auswählen und beenden können.

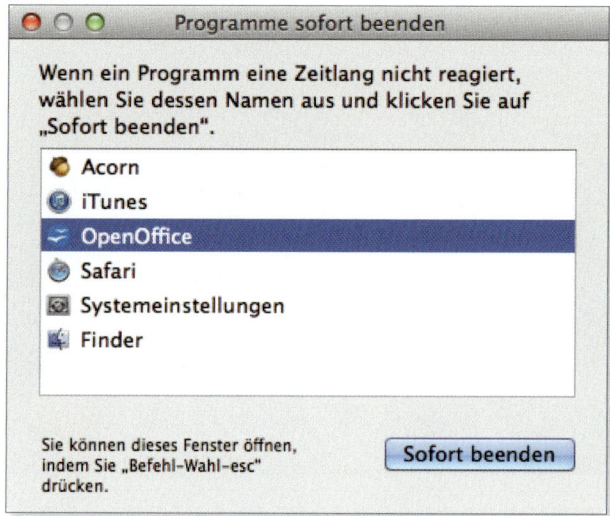

Über den Dialog „Programme sofort beenden" können Sie normalerweise jedes störrische Programm schließen.
Das sollten Sie allerdings erst dann tun, wenn ein Programm wirklich nicht mehr reagiert.

Bei besonders hartnäckigen Fällen schlägt der Weg über das Menü allerdings fehl, weil das Menü selbst nicht mehr reagiert. In diesem Fall bleibt nur noch der Weg über das Programmsymbol im Dock. Rufen Sie das Kontextmenü des widerspenstigen Programms auf, indem Sie mit der rechten Maustaste auf das Programmsymbol im Dock klicken. Bei einem aktuell nicht reagierenden Programm zeigt das Kontextmenü nun statt des Standardeintrags *Beenden* den Eintrag *Sofort beenden*. Sollte das nicht der Fall sein, können Sie das Menü auch durch einen Druck auf die *alt*-Taste ändern.

Den Finder neu starten

Mitunter kann es passieren, dass nicht irgendein Programm, sondern der Finder selbst aus dem Tritt gekommen ist und neu gestartet werden sollte. Um den Finder neu zu starten, gibt es zwei Möglichkeiten:

- Sie können unter *Apfel-Menü –> Sofort beenden* den Eintrag *Finder* auswählen und auf *Neu starten* klicken.
- Oder Sie halten die *alt*-Taste gedrückt und klicken mit der rechten Maustaste auf das *Finder*-Symbol im Dock. Das Kontextmenü wird damit um den Punkt *Neu starten* ergänzt.

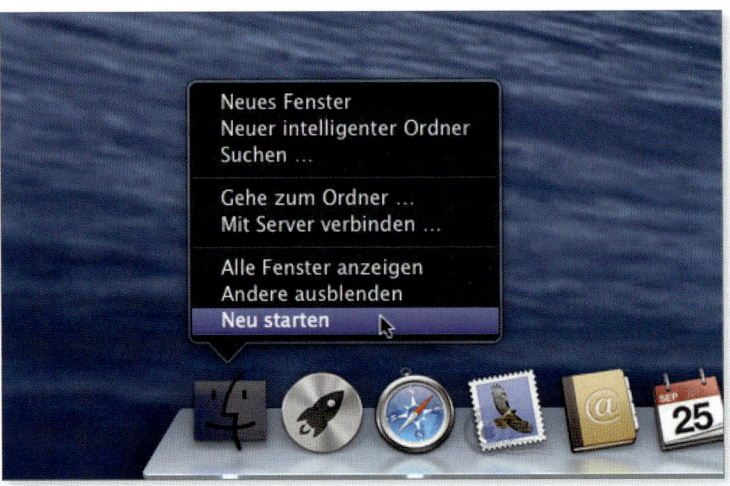

Mit gedrückter alt-Taste und einem Rechtsklick auf das Finder-Symbol können Sie auch den Finder neu starten.

Programme aus dem App Store laden

Der bequemste (aber nicht der einzige) Weg, ein Programm zu installieren, führt über den App Store. Hier haben Sie Zugriff auf eine sehr umfangreiche Auswahl an Programmen aus allen möglichen Kategorien und für die unterschiedlichsten Einsatzgebiete. Im App Store finden Sie nur Programme, die von Apple geprüft und zugelassen wurden. Um Programme aus dem App Store laden bzw. kaufen zu können, benötigen Sie eine Apple-ID (s. dazu Kapitel 2). Probieren wir den Download und die Installation eines Programms via App Store einfach mal mit einem kostenlosen Angebot aus.

Ein Programm aus dem App Store laden

Starten Sie also den App Store mit einem Klick auf das App-Store-Symbol im Dock. Falls Sie das Symbol aus dem Dock entfernt haben, erreichen Sie den App Store immer über *Apfel-Menü –> App Store*. In der rechten Spalte sehen Sie verschiedene Kästen, darunter auch die zehn beliebtesten Gratis-Angebote im App Store. Mit einem Klick auf *Alle* lassen Sie sich eine Übersicht über alle kostenlosen Apps anzeigen. Suchen Sie sich ein Programm aus, das Sie interessiert (über einen Klick auf den Namen bzw. das Symbol des Programms können Sie sich weitere Informationen zeigen lassen), klicken Sie auf *Gratis* und anschließend auf *App installieren*.

Geben Sie nun Ihre Apple-ID und Ihr Kennwort ein. OS X beginnt sofort mit dem Download und der anschließenden Installation – Sie müssen sich um nichts mehr kümmern.

Der App Store ist der wohl bequemste Weg, um neue Programme zu installieren.

Während des Downloads zeigt das Launchpad-Symbol im Dock einen Fortschrittsbalken. Bei sehr umfangreichen Programmen kann das schon mal eine Weile dauern. Wenn Sie sich hier über den Fortschritt informieren möchten, klicken Sie im App Store auf *Einkäufe*. Hier sehen Sie, wie weit der Download bereits fortgeschritten ist und wie lange er vermutlich noch dauern wird.

Sobald das neue Programm verfügbar ist, macht das Launchpad mit einem Hüpfer im Dock auf sich aufmerksam. Wenn Sie nun zum Launchpad wechseln, sehen Sie, dass das neu installierte Programm von kleinen Sternchen umgeben ist.

Während des Ladevorgangs zeigt das Launchpad-Symbol einen Fortschrittsbalken, und ein neu installiertes Programm wird im Launchpad von animierten Sternchen umgeben.

Einkäufe und Updates

Der App Store informiert Sie auch, wenn ein Programm aktualisiert wurde. Updates im App Store sind kostenlos und werden im Register *Updates* des App Stores angezeigt.

Standardmäßig sucht OS X eigenständig nach Updates und informiert Sie darüber, wenn ein Update installiert werden kann. Wenn Sie das jedoch selbst in die Hand nehmen möchten, dann wählen Sie *Apfel-Menü –> Softwareaktualisierung*. OS X startet daraufhin den App Store und sucht nach Updates.

Erneutes Laden ist kostenlos: Im Register **Einkäufe** werden sämtliche Käufe und Downloads verwaltet, die Sie im App Store getätigt haben. Haben Sie ein Programm gelöscht und möchten es erneut installieren, laden Sie es hier einfach erneut. Wenn Sie einen zweiten Mac benutzen oder sich einen neuen Mac zugelegt haben, können Sie über dieses Register alle bereits gekauften/geladenen Programme ebenfalls erneut laden – ohne nochmals zur Kasse gebeten zu werden, versteht sich.

Programme ohne App Store installieren

Nicht alle Anbieter oder Programmierer bieten ihre Programme über den App Store an. Viele Programme werden traditionell auf einem Datenträger verkauft oder als Installationsdatei im Internet bereitgestellt.

Fragt sich nur, wie man ein Programm installiert, bei dem der App Store einem nicht die Arbeit abnimmt. Unter Windows wird eine Installationsroutine entweder durch Einlegen einer CD automatisch oder durch einen Doppelklick auf eine Datei wie „setup.exe" gestartet. Unter OS X ist das anders. Ganz anders.

- *Kein Autostart:* Zum einen gibt es hier die von Windows her vertraute Autostart-Funktion nicht. Legen Sie eine CD oder DVD ein, wird sie als neues Symbol auf dem Schreibtisch angezeigt und eventuell wird ein Finder-Fenster geöffnet – aber es wird nicht automatisch ein Programm gestartet.
- *Kein Installer:* Zum anderen gibt es bei einer typischen Mac-Applikation keinen Installer bzw. kein Installationsprogramm.

„Wenn es typische Applikationen gibt", werden Sie jetzt vielleicht denken, „gibt es wohl auch untypische". Das stimmt. Und bei diesen (wenigen) Ausnahmen finden Sie mitunter einen Installer. Aber der Reihe nach. Widmen wir uns zuerst dem Standardfall.

DMG-Dateien

Die meisten Programme liegen zur Installation in Form einer DMG-Datei vor. Wie im dritten Kapitel erläutert wurde, handelt es sich dabei um ein virtuelles Laufwerk (DMG = Disk Image), also um eine Datei, die vom System wie ein reales Laufwerk behandelt wird. Bevor Sie das Programm von der DMG-Datei auf Ihrem Mac installieren können, müssen Sie die Datei also mit einem Doppelklick öffnen.

Viele Umsteiger sind allerdings verwirrt, wenn sie sehen, wie sich eine DMG-Datei anschließend präsentiert. Denn hier lassen sich die Entwickler nicht lumpen und machen mitunter ausgiebig Gebrauch von den grafischen Fähigkeiten des Macs. Da werden dann farbige Hintergründe oder Bildmotive benutzt, und das Programmsymbol selbst wird sehr groß dargestellt.

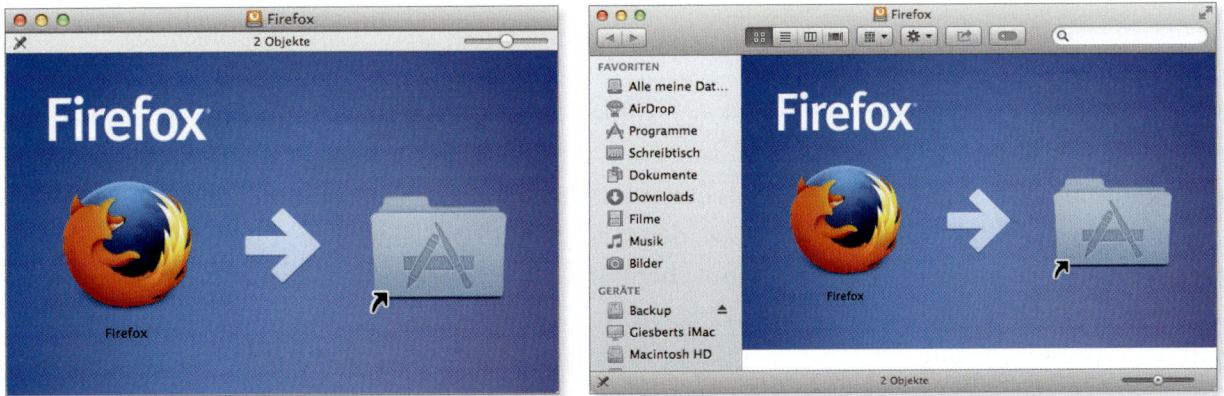

Manche DMG-Dateien mit neuen Programmen wirken auf den ersten Blick verwirrend, entpuppen sich aber rasch als normale Finder-Fenster in Symboldarstellung mit Hintergrundbild.

Aber lassen Sie sich von den grafischen Anstrengungen der Anbieter nicht irritieren – was Sie zu sehen bekommen, ist immer ein ganz normales Finder-Fenster. Das merken Sie sofort, wenn Sie sich mit *alt + cmd + T* die Seiten- und Symbolleiste einblenden lassen.

Installation mit Drag & Drop

Das empfiehlt sich schon deshalb, weil Sie so bequem auf den Eintrag *Programme* in der Seitenleiste zugreifen können. Denn um ein typisches Mac-Programm zu installieren, müssen Sie nicht mehr tun, als das Programmsymbol in den *Programme*-Ordner zu ziehen. Den Rest erledigt OS X. Je nachdem, wie umfangreich das Programm ist, erscheint kurz ein Dialog, der über den Fortgang der Installation informiert (die im Prinzip ein einfacher Kopiervorgang ist), meistens ist die Sache aber so schnell vorbei, dass man das kaum mitbekommt.

Eine Programminstallation ist unter OS X meist nichts anderes als ein simpler Kopiervorgang.

Manche Hersteller – in unserem Beispiel der Anbieter von Firefox – machen es Ihnen noch einfacher und ersparen es Ihnen, den *Programme*-Ordner im Finder anzeigen zu lassen. Stattdessen wird der Programmdatei ein Alias für den Standardordner mit auf den Weg gegeben. (Bei einem Alias handelt es sich um einen Verweis auf die Originaldatei bzw. den Originalordner.) Ziehen Sie die Installationsdatei auf diese Alias-Verknüpfung, wird das Programm ebenfalls in den *Programme*-Ordner kopiert, also: installiert.

Installer

 Das Laden aus dem App Store und das Kopieren der Programmdatei sind die Standardverfahren zur Installation von Programmen unter OS X. Doch es geht auch anders: Manche Programme müssen nämlich, ähnlich wie unter Windows, über eine eigene Routine installiert werden.

Hierbei handelt es sich oft um Programme, die nicht speziell für OS X, sondern systemübergreifend für mehrere Betriebssysteme (Windows, Linux, OS X) entwickelt wurden oder die sehr stark ins System eingreifen.

Auch diese Programme werden oft als DMG-Datei weitergegeben, aber das virtuelle Laufwerk enthält dann keine mit Drag & Drop installierbare Programmdatei, sondern ein Paket mit der Dateiendung PKG oder MPKG. Als Symbol wird in diesem Fall keine Festplatte, sondern ein Paket benutzt. Nach einem Doppelklick auf diese Datei startet die Installation.

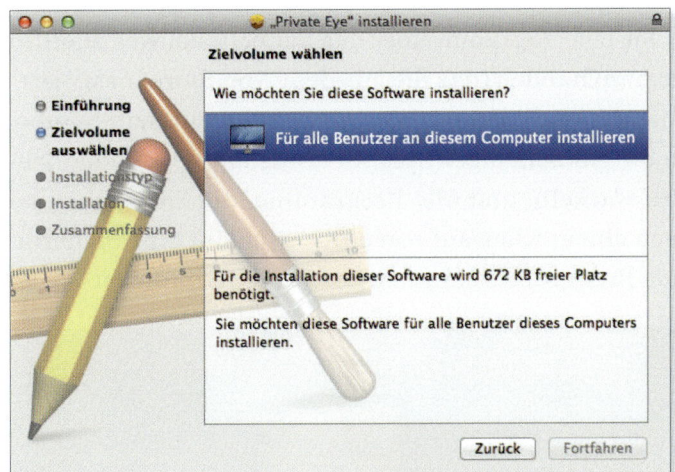

Manche Programme benötigen auch unter OS X einen eigenen Installer.

Vorsicht bei Kennwortabfragen! Manche Programme fragen während der Installation nach Ihrem Kennwort. Sobald das passiert, sollten Sie misstrauisch werden. In diesem Fall will das Programm auf geschützte System-bereiche zugreifen und braucht dazu Ihre Genehmigung, die Sie ihm nicht leichtfertig gewähren sollten. Geben Sie Ihr Kennwort nur ein, wenn Sie sich sicher sind, dass es sich um ein legales und seriöses Programm handelt – andernfalls laufen Sie Gefahr, Schadsoftware auf Ihrem Mac zu installieren. Mehr zum Thema Schadsoftware finden Sie in Kapitel 16

So werden Sie Programme wieder los

So einfach wie die Installation ist in aller Regel auch die Deinstallation eines Programms. Einen dezidierten Uninstaller werden Sie unter OS X, anders als unter Windows, nur bei sehr wenigen Programmen finden, denn dergleichen wird nur selten benötigt.

> **!** **Uninstaller:** Einige Programme, die stark ins System eingreifen, werden mit einem Uninstaller geliefert, der zum Entfernen des Programms unbedingt benutzt werden sollte. Nur so können Sie sicher sein, dass alle Eingriffe und Änderungen, die das Programm vorgenommen hat, auch wieder rückgängig gemacht werden.

Launchpad

Am einfachsten entfernen Sie ein Programm über das Launchpad, was allerdings nur dann funktioniert, wenn es sich um ein Programm handelt, das Sie aus dem App Store installiert haben.

Rufen Sie das Launchpad auf, und blättern Sie zu der Seite mit dem Symbol des Programms, das Sie löschen möchten. Klicken Sie ein beliebiges Symbol etwas länger an oder drücken Sie die *alt*-Taste: Die Symbole fangen nun an zu wackeln, und alle Programme, die Sie löschen können, werden mit einem schwarzen *x* markiert. Nach einem Klick auf son ein *x* erscheint eine Sicherheitsabfrage. Bestätigen Sie sie, wird das entsprechende Programm rückstandslos vom Mac entfernt.

Programme, die Sie aus dem App Store geladen haben, lassen sich sehr einfach und schnell über das Launchpad löschen.

Finder

Programme lassen sich auch im Finder löschen. Hier genügt es in der Regel, das entsprechende Programmsymbol in den Papierkorb zu ziehen. Alternativ dazu können Sie das Programm auch mit der Tastenkombination *cmd + Backspace* löschen – und dann den Papierkorb leeren.

Dabei werden allerdings nicht sämtliche Spuren des Programms von der Festplatte entfernt, es finden sich noch kleinere Konfigurationsdateien in den Libraries. Diese können Sie allerdings einfach ignorieren – sie belegen praktisch keinen Speicherplatz und stören das System nicht.

Möchten Sie auf diese Weise ein Programm löschen, das Sie aus dem App Store geladen haben, müssen Sie sich mit Ihrem Kennwort ausweisen. Programme aus anderen Quellen werden in der Regel ohne Rückfrage entfernt.

Gatekeeper, der Pförtner im Mac

Auf dem Mac ist es nicht anders als bei einem Windows-PC: Wenn man alles, was einem so unter den Mauszeiger kommt, ohne genauer hinzuschauen installiert, dann kann man sich im Internet Schadsoftware einfangen. Allerdings werden Sie auf dem Mac vom „Gatekeeper" (also dem „Pförtner") davor geschützt, ein dubioses Programm auch tatsächlich zu starten.

Eingangskontrolle

Standardmäßig lässt dieser Pförtner nur Programme passieren, die Sie entweder aus dem App Store geladen oder von einem Entwickler mit gültiger Entwicklerlizenz von Apple bezogen haben. Das hat seinen guten Grund und sorgt für mehr Sicherheit.

Apple lässt nur Programme in den App Store, die bestimmten, strengen Spielregeln gehorchen. Die Gefahr, sich hier Schadsoftware einzufangen, geht gegen null.

Ähnlich verhält es sich mit Programmen, die mit einer gültigen Entwicklerlizenz signiert sind. Hier sind zwar Funktionen enthalten, die Apple im App Store nicht akzeptiert, doch durch die Signatur ist der Weg zum Entwickler eindeutig zurückzuverfolgen. Auch hier läuft man kaum Gefahr, ein Schadprogramm zu installieren. Beim ersten Start dieser Programme wird zudem ein Warnhinweis eingeblendet.

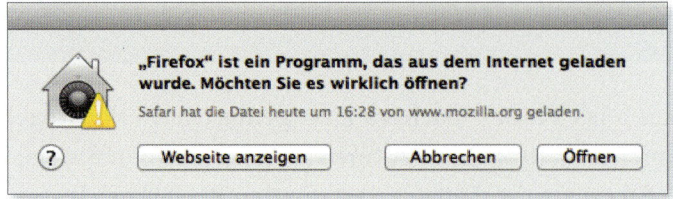

Beim ersten Start von Programmen, die Sie nicht aus dem App Store bezogen haben, erscheint eine Sicherheitsabfrage.

Daneben gibt es aber noch eine dritte Gruppe an Entwicklern, die völlig unabhängig von Apple Programme für OS X anbieten. Auch deren Programme können Sie natürlich auf dem Mac installieren. Doch es wird Ihnen auf Anhieb nicht gelingen, ein solches Programm auch zu starten.

Auch das hat seinen guten Grund: Wenn Sie überhaupt Schadsoftware auf Ihrem Mac installieren, dann sind dies mit an Sicherheit grenzender Wahrscheinlichkeit Programme, die weder aus dem App Store kommen noch eine gültige Signatur besitzen. Aus diesem Grund wird der Start eines solchen Programms abgeblockt.

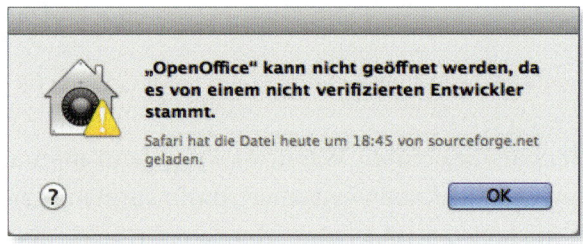

Programme von „nicht verifizierten Entwicklern" werden von Gatekeeper gestoppt – vorausgesetzt, Sie haben das Programm aus dem Internet geladen.

> **!** **Nur Internet:** Der Pförtner kontrolliert nur Programme, die Sie aus dem Internet geladen haben. Programme, die Sie aus anderen Quellen – etwa von einer DVD – installieren, passieren unkontrolliert.

Den Pförtner überlisten

Nun gibt es natürlich jede Menge Programme dieser Art, die völlig harmlos und nützlich sind und die dennoch vom Pförtner aufgehalten werden. Was tun? Nun, ganz einfach: Klicken Sie ein solches Programm mit der rechten Maustaste an, und wählen Sie *Öffnen*. In diesem Fall drückt der Pförtner ein Auge zu und lässt das Programm nach einer erneuten Warnung passieren. Außerdem merkt sich Gatekeeper Ihre Entscheidung und startet das Programm in Zukunft wie gewohnt.

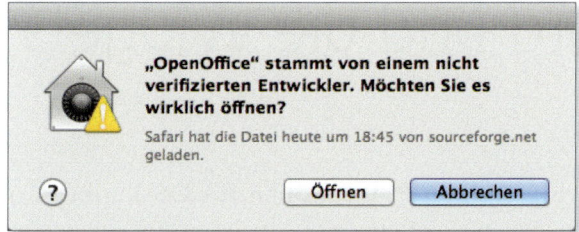

Öffnen Sie ein Programm eines „nicht verifizierten Entwicklers" über das Kontextmenü, warnt der Pförtner Sie zwar auch, bietet Ihnen aber nun die Möglichkeit, das Programm zu starten.

Einstellungen

Wie genau *Gatekeepeer* bei einem Programm hinschauen soll, definieren Sie in den Systemeinstellungen. Rufen Sie in den *Systemeinstellungen* den Punkt *Sicherheit* auf. Klicken Sie hier auf das Schloss unten links, und geben Sie Ihr Kennwort ein, um die Sicherheitseinstellungen bearbeiten zu können. Nun haben Sie unter *Apps-Download erlauben von* die Wahl:

- *Mac App Store:* Es werden nur Programme ausgeführt, die Sie aus dem App Store geladen haben. Das ist die rigideste Einstellung.
- *Mac App Store und verifizierte Entwickler:* Dies ist die vernünftige Standardeinstellung, bei der Programme aus dem App Store und von Entwicklern, die sich bei Apple registriert haben, akzeptiert werden.
- *Keine Einschränkung:* Damit schicken Sie den Pförtner in den Ruhestand. Es gibt keine Warnung und kein Hindernis mehr, wenn Sie ein x-beliebiges Programm starten. Diese Einstellung sollten Sie nur in sehr gut begründeten Ausnahmefällen aktivieren.

Das Dashboard und die Widgets

Neben den bisher vorgestellten Programmen für OS X gibt es noch eine andere Art von Programmen, die auf eigene Art installiert und entfernt werden: die Widgets im Dashboard.

Bei den Widgets handelt es sich um kleine Programme, die aus HTML, CSS und jeder Menge JavaScript bestehen. Im Grunde sind es kleine Webapplikationen, die aber lokal auf dem Mac und außerhalb eines Webbrowsers ausgeführt werden.

Dashboard aufrufen

Um auf diese Prográmmchen zuzugreifen, rufen Sie das Dashboard auf. Standardmäßig bildet das Dashboard einen eigenen „Space", also eine eigene Bildschirmseite (mehr zu Spaces finden Sie in Kapitel 5).

Es gibt verschiedene Wege, sich das Dashboard anzeigen zu lassen:

- Drücken Sie die *F12*-Taste.
- Drücken Sie die Tastenkombination *ctrl + Pfeil nach links*.
- Wischen Sie mit drei (Trackpad) bzw. zwei (Magic Mouse) Fingern von links nach rechts über das Trackpad bzw. die Magic Mouse.

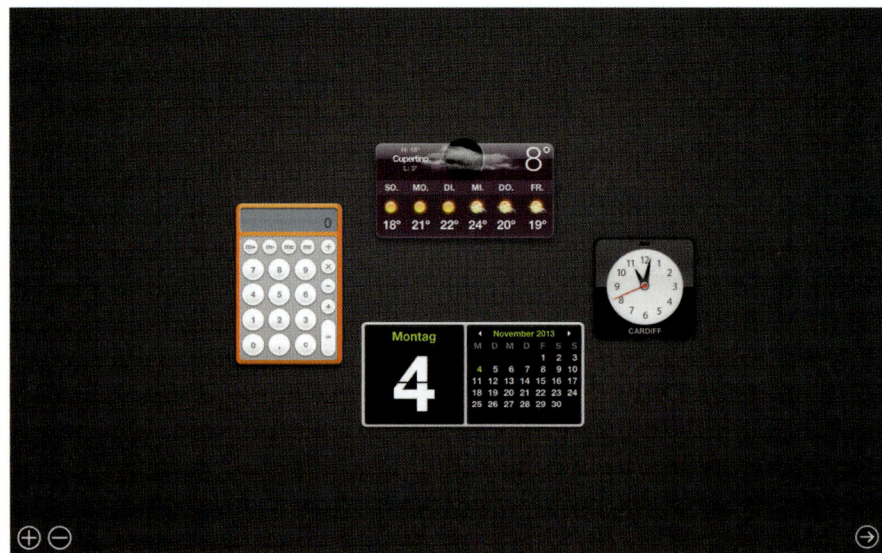

Das Dashboard beherbergt Apps (Widgets) für kleine Aufgaben oder auch für ein Spielchen zwischendurch.

Das Dashboard verlassen

Auch beim Verlassen des Dashboards haben Sie mehrere Möglichkeiten:

- Drücken Sie die *esc*-Taste.
- Klicken Sie auf den Pfeil rechts unten.
- Drücken Sie die Tastenkombination *ctrl + Pfeil nach rechts*.
- Wischen Sie mit drei (Trackpad) bzw. zwei (Magic Mouse) Fingern von rechts nach links über das Trackpad bzw. die Magic Mouse.

Widgets

Von Haus aus finden Sie im Dashboard vier Standardprogramme: einen Taschenrechner, einen Kalender, eine Wettervorschau und eine Uhr. Die Widgets lassen sich mit der Maus auf dem Dashboard beliebig platzieren. Falls eines dieser Programme Konfigurationsmöglichkeiten bietet, kann man diese über einen Klick auf ein kleines *i* öffnen. Dieses *i* wird eingeblendet, wenn sich der Mauszeiger der rechten unteren Ecke eines Widgets nähert.

Die kleinen Tools sind in der Regel selbsterklärend, zum Kalender möchte ich Ihnen aber einen kleinen Tipp geben: Normalerweise zeigt der Kalender das Tagesdatum, daneben eine Monatsübersicht. Wenn Sie auf das Tagesdatum klicken, wird ein weiteres Fenster mit aktuellen Terminen angezeigt. Ein weiterer Klick verkleinert den Kalender auf das Datum, und mit einem dritten Klick sehen Sie wieder die Monatsübersicht.

 Nachgefragt: Damit das Kalender-Widget Ihre Termine anzeigen kann, muss das Dashboard auf die Programme **Kalender** und **Erinnerungen** zugreifen. Beim ersten Aufruf müssen Sie diesen Zugriff explizit erlauben.

Widgets hinzufügen

OS X enthält von Haus aus eine Auswahl an Widgets, die Sie mit wenigen Mausklicks aktivieren können. Klicken Sie dazu im Dashboard unten links auf das Pluszeichen. Sie sehen nun die verfügbaren Widgets in einer ähnlichen Darstellung wie die der normalen Apps im Launchpad.

Wie im Launchpad können Sie die Anordnung der Widgets im Dashboard mit der Maus verändern oder sie in Ordnern organisieren. Auch im Dashboard werden Ordner erzeugt, indem Sie ein Symbol über ein anderes ziehen. Dank einer Suchfunktion behalten Sie auch bei sehr vielen Widgets den Überblick.

Um ein Widget ins Dashboard aufzunehmen, klicken Sie es einfach an.

Widgets lassen sich mit einem einfachen Klick dem Dashboard hinzufügen.

 Mehrfach nutzen: Widgets lassen sich normalerweise beliebig oft dem Dashboard hinzufügen. So können Sie etwa die Uhrzeit und Wettervorhersage für verschiedene Orte gleichzeitig im Dashboard nachschlagen.

Widgets entfernen

Um ein Widget aus dem Dashboard zu entfernen, klicken Sie unten links auf die Minus-Taste. Alle aktuell im Dashboard vorhandenen Widgets werden nun mit einem schwarzen *x* versehen. Klicken Sie das Zeichen bei dem Widget an, das Sie entfernen möchten. Fertig.

Weitere Widgets

Die Widget-Auswahl, die OS X Ihnen von Haus aus bietet, zeigt zwar den generellen Einsatzzweck des Dashboards, ist aber überwiegend auf den US-Markt zugeschnitten.

Doch das macht nichts: Es gibt zahlreiche Widgets, die nicht nur für mehr Abwechslung sorgen, sondern auch hierzulande nützliche Dienste leisten. Eine sehr umfangreiche Auswahl finden Sie bei Apple.

Um in dieser Auswahl zu stöbern, klicken Sie unten links auf das Pluszeichen und anschließend auf die Taste *Weitere Widgets*. Damit startet der Browser Safari und ruft eine Webseite bei Apple auf, von der aus Sie Widgets herunterladen können. (Mit Safari beschäftigen wir uns in Kapitel 7 ausführlicher.)

Eine Widget-Datei erkennen Sie meist an zwei Dingen: zum einen an dem schwarzen Symbol mit vier kleinen Icons, zum anderen an der Endung WDGT. (Ausnahmen bestätigen auch hier die Regel: Manche Widgets haben eigene Symbole.)

Obwohl die Widgets von Apples Website geladen werden, sind viele von ihnen nicht signiert, weshalb *Gatekeeper* einen Start verhindert. Klicken Sie sie also mit der rechten Maustaste an, wählen Sie *Öffnen*, und bestätigen Sie, dass Sie die Datei öffnen möchten. Das Widget wird installiert und steht anschließend im Dashboard zur Verfügung.

Sie können problemlos weitere Widgets aus dem Internet installieren.

Widgets löschen

Um ein Widget nicht nur aus dem Dashboard zu entfernen, sondern tatsächlich zu löschen, klicken Sie zuerst auf das Pluszeichen unten links. Klicken Sie nun ein Widget-Symbol so lange mit der Maus an, bis die Symbole zu wackeln beginnen. Alternativ dazu können Sie auch einfach die *alt*-Taste drücken.

Nun erscheint bei den aus dem Internet installierten Widgets ein schwarzes *x* (Widgets, die zum Lieferumfang von OS X gehören, können nicht gelöscht werden). Nach einem Klick auf dieses *x* wird eine Sicherheitsabfrage eingeblendet. Bejahen Sie diese Frage, wird die Datei in den Papierkorb befördert.

Nur Widgets, die Sie selbst installiert haben, lassen sich restlos löschen. Die Widgets, die zum System gehören, können lediglich ausgeblendet werden.

Kapitel 5

Den Überblick behalten

Der Mac hat kein Problem damit, mehrere Dinge gleichzeitig zu erledigen und mit zahlreichen Fenstern zu jonglieren. Unsereins tut sich da schon etwas schwerer und verläuft sich mitunter im Fensterdschungel. Doch keine Sorge, in diesem Kapitel lernen Sie die Tools kennen, die OS X Ihnen bereitstellt, damit Sie immer den Überblick behalten. Außerdem erfahren Sie, wie Sie jede Datei auf Ihrem Mac blitzschnell finden und wie Sie sich Dateien anzeigen lassen können, ohne sie öffnen zu müssen.

Mission Control

 Wie jedes moderne Betriebssystem kann auch OS X verschiedene Programme gleichzeitig ausführen. Diese Fähigkeit wird im Arbeitsalltag natürlich weidlich genutzt: Programme wie *Safari* (der Webbrowser von OS X), *Mail*, *Kalender*, *Kontakte*, *iTunes* oder *Notizen* sind fast auf jedem Mac im ständigen Einsatz. Hinzu kommen die verschiedenen Programme, mit denen Sie Ihre tägliche Arbeit erledigen, also zum Beispiel Textverarbeitung, Tabellenkalkulation oder Grafikprogramm.

Jedes Programm besitzt dabei ein oder mehrere Fenster, weshalb sich der Schreibtisch schon nach kurzer Zeit mit zahllosen Fenstern füllt. Da stellt sich natürlich die Frage, wie man am Mac arbeiten kann, ohne in der Fensterflut zu versinken.

Hier wartet OS X mit leistungsfähiger Unterstützung auf, die auf den etwas pompösen Namen „Mission Control" hört und verschiedene Techniken bietet, mit denen Sie den Überblick behalten.

 **Steuerung:** Mission Control wird mit verschiedenen Tasten, Tastenkombinationen oder Wischgesten gesteuert. Die genaue Steuerung von Mission Control kann sich von Mac zu Mac je nach Modell und benutzten Eingabegeräten unterscheiden. In diesem Kapitel gehe ich von den Standardeinstellungen eines iMacs mit Standardtastatur und Trackpad aus. In den Systemeinstellungen können Sie die Steuerung von Mission Control Ihren Wünschen anpassen. Mehr dazu lesen Sie in Kapitel 17.

Alle Fenster aller Programme

Um die Fähigkeiten von Mission Control kennenzulernen, öffnen Sie am besten zuerst ein paar Programme und Fenster. Klicken Sie zum Beispiel auf das Finder-Symbol im Dock, und öffnen Sie mit *cmd + N* einige Fenster. Starten Sie zudem durch einen Klick auf die entsprechenden Symbole den App Store, die

Kontakte, den *Kalender* und die *Systemeinstellungen*. Nun ist der Bildschirm bereits ganz schön voll, und die verschiedenen Fenster verdecken sich gegenseitig.

Das lässt sich aber leicht ändern: Drücken Sie *F3* (oder *ctrl + Pfeil nach oben*), oder wischen Sie auf dem Trackpad mit drei Fingern nach oben. Wie von Zauberhand werden der Schreibtisch und die Fenster aller aktiven Programme verkleinert – Sie haben nun den vollen Überblick. Außerdem sehen Sie oben Miniaturen des Dashboards und des Schreibtischs, die als „Space" dargestellt werden (mit Spaces beschäftigen wir uns weiter hinten in diesem Kapitel).

Mission Control sorgt für Übersicht über alle geöffneten Programme und Fenster.

Möchten Sie nun zu einem bestimmten Fenster bzw. einem bestimmten Programm wechseln, klicken Sie es in der Übersicht an. Sie kehren zur Standardansicht zurück, und das gewählte Fenster liegt nun auf der obersten Ebene.

Mehrere Fenster

Wenn eine Applikation mehrere Fenster geöffnet hat (wie in unserem Beispiel der Finder), dann werden diese Fenster in der Gesamtübersicht von Mission Control gestaffelt angezeigt. Möchten Sie diese Fenster etwas besser im Überblick haben, so zeigen Sie mit der Maus auf die Fenster und wischen auf dem Trackpad mit zwei Fingern nach oben. Die Fenster werden nun aufgefächert, sodass Sie besser erkennen können, welchen Inhalt ein Fenster bietet.

Alle Programmfenster

Was mit allen Fenstern aller laufenden Programme geht, geht natürlich auch mit allen Fenstern eines bestimmten Programms. In unserem Beispiel sind verschiedene Fenster des Finders geöffnet. Möchten Sie diese Fenster fein säuberlich in einem Gitter angeordnet überblicken, so wechseln Sie zum Finder und drücken *ctrl + Pfeil nach unten* oder wischen auf dem Trackpad mit drei Fingern nach unten. Alternativ dazu können Sie das Symbol des Programms im Dock mit der rechten Maustaste anklicken und *Alle Fenster anzeigen* wählen.

Nun sehen Sie eine geordnete Ansicht mit allen Fenstern des aktuellen Programms. Fenster, die Sie minimiert im Dock abgelegt haben, werden dabei als Miniatur gezeigt.

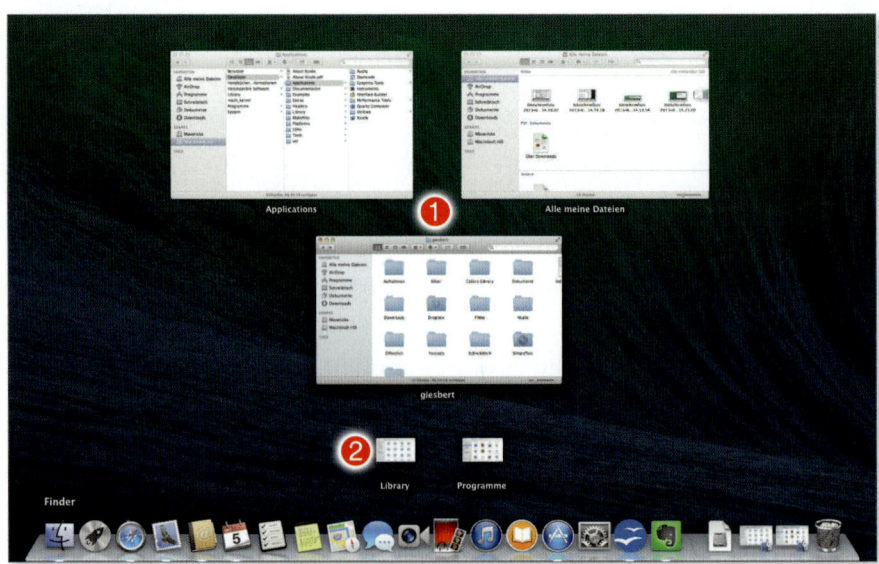

Hat ein Programm (hier: Finder) mehrere Fenster geöffnet, können Sie mit Mission Control für Übersicht sorgen ❶. Minimierte Fenster werden als Miniaturen angezeigt ❷.

Damit nicht genug: Sie können sich diese Übersicht auch für andere Programme anzeigen lassen, ohne diese Darstellung verlassen zu müssen. Drücken Sie dazu die *Tab*-Taste, bis das gewünschte Programm erscheint.

Der Schreibtisch

Je mehr Fenster und Programme Sie geöffnet haben, desto voller wird der Schreibtisch und desto eher verdeckt ein Fenster ein Symbol auf dem Schreibtisch, das Sie just im Moment benötigen. Auch hier hilft Mission Control: Drücken Sie *F11*, so werden rasch alle Fenster aus dem Weg geräumt und Sie haben freien Blick auf den Schreibtisch. Alternativ dazu können Sie auch *cmd + F3* wählen oder vier Finger auf dem Trackpad auseinanderziehen.

Spaces: Schafft zwei, drei, viele Schreibtische

Beim Aufruf des Dashboards (Kapitel 4) und von Mission Control haben Sie bereits Bekanntschaft mit einer Besonderheit von OS X gemacht: den Spaces. Dabei handelt es sich um virtuelle Schreibtische, zwischen denen Sie blitzschnell wechseln können. So ist es zum Beispiel möglich, auf dem einen Schreibtisch mit der Tabellenkalkulation zu arbeiten, auf einem anderen den Browser geöffnet zu haben und auf einem dritten ein kleines Spielchen laufen zu lassen, mit dem man sich in kurzen Arbeitspausen zwischendurch entspannt.

Jeder Space kann ein eigenes Hintergrundbild besitzen, was für mehr Übersichtlichkeit sorgt. Insgesamt kann OS X bis zu 16 Spaces verwalten. In der Praxis werden Sie wohl mit zwei oder drei zusätzlichen Bildschirmen auskommen.

Spaces anlegen

Einen neuen Space legen Sie in der Gesamtübersicht von Mission Control an. Zeigen Sie dort mit der Maus in die obere rechte Ecke, so erscheint eine Fläche mit dem aktuellen Hintergrundbild und einem Pluszeichen. Mit einem Klick auf diese Fläche fügen Sie einen weiteren Space hinzu. Die verschiedenen Spaces werden einfach durchnummeriert: „Schreibtisch 1", „Schreibtisch 2", „Schreibtisch 3" und so weiter.

Unter OS X können Sie mit bis zu 16 virtuellen Schreibtischen, den „Spaces", arbeiten, die Mission Control am oberen Rand in Miniaturen anzeigt ❶. Über die Plus-Taste rechts legen Sie neue Spaces an ❷. Der aktuelle Space wird mit allen Programmen und Fenstern übersichtlich angezeigt ❸.

Spaces löschen

Um einen Space zu löschen, zeigen Sie in der Übersicht von Mission Control mit der Maus auf den entsprechenden Space. Es wird ein kleines *x* eingeblendet, über das Sie den Space entfernen. Falls sich auf diesem virtuellen Bildschirm Fenster befinden, werden sie auf den zuletzt aktiven Space verschoben.

Zwischen Spaces wechseln

Um zwischen diesen Spaces zu wechseln, gibt es verschiedene Möglichkeiten. Am einfachsten ist es wohl, sich mit einer Wischbewegung auf dem Trackpad bzw. der Magic Mouse zwischen den virtuellen Bildschirmen zu bewegen. Wischen Sie dazu beim Trackpad mit drei bzw. vier (je nach Konfiguration) und bei der Magic Mouse mit zwei Fingern in die gewünschte Richtung. Alternativ dazu können Sie auch mit *ctrl + Pfeil links* bzw. *ctrl + Pfeil nach rechts* zwischen den Spaces hin- und herschalten. Schließlich ist es auch möglich, in der Gesamtübersicht von Mission Control den gewünschten Space anzuklicken. Damit verlassen Sie die Übersicht in Mission Control und befinden sich dann auf dem gewünschten virtuellen Schreibtisch.

 Spaces in Mission Control wechseln: Auch in der Gesamtübersicht von Mission Control wechseln Sie mit einer Wischbewegung bzw. Tastenkombination zwischen den Spaces, ohne Mission Control zu verlassen.

Gemeinsamkeiten

Die verschiedenen virtuellen Arbeitsflächen sind nicht vollständig voneinander unabhängig, sondern haben einige Gemeinsamkeiten. So bleibt das Dock und der rechte Bereich der Menüleiste in allen Spaces gleich, und auch die Symbole auf dem Schreibtisch sind in allen Arbeitsbereichen identisch. Wenn Sie also in einem Space auf dem Schreibtisch einen neuen Ordner anlegen, ist dieser Ordner auch in den anderen Spaces vorhanden.

Fenster verschieben

Bis auf die erwähnten Gemeinsamkeiten verhält sich jeder Space wie ein eigener Schreibtisch. Das heißt, Sie können auf jeder virtuellen Arbeitsfläche Programme starten und Fenster ablegen, anschließend zu einer anderen virtuellen Arbeitsfläche wechseln und dort andere Programme starten.

Um ein Fenster von einem Bildschirm auf einen anderen zu bewegen, gibt es zwei Möglichkeiten. Sie können das Fenster mit der Maus über den rechten bzw. linken Rand des Bildschirm hinausziehen. Nach einer kurzen Pause wechselt OS X den Space, und Sie können das Fenster dort ablegen (das funktioniert natürlich nur, wenn es an der Seite einen entsprechenden Space gibt).

In der Gesamtübersicht von Mission Control ist das ebenfalls möglich. Ziehen Sie dort das gewünschte Fenster einfach auf den gewünschten Space.

Fenster in neuem Space ablegen

Falls Sie aktuell nur mit einem Space arbeiten, ein Fenster aber gern auf einem zweiten Bildschirm ablegen möchten, können Sie dies mit einer Mausbewegung erledigen: Ziehen Sie das Fenster in Mission Control nach rechts oben, und legen Sie es auf der Fläche mit dem Pluszeichen ab, die jetzt erscheint. Mission Control verschiebt das Fenster daraufhin in einen neuen Space.

Alle Fenster verschieben

Hat ein Programm aktuell mehrere Fenster geöffnet (wie in unserem Beispiel weiter oben etwa der Finder), dann können Sie entweder eines dieser Fenster in einen anderen Space verschieben – oder alle auf einmal, ohne dass Sie dazu jedes Fenster einzeln verschieben müssten. In diesem Fall ziehen Sie einfach das Programmsymbol, das am unteren Rand der Fenster angezeigt wird, in den gewünschten Space.

Vollbild als Space

In OS X können Applikationen bildschirmfüllend betrieben werden. Dabei verschwinden sowohl Dock als auch Menü, und der Bildschirm wird vollständig mit dem Fensterinhalt der Applikation gefüllt.

Diese Vollbilddarstellung wird ebenfalls als Space ausgeführt. Sie können also mit einer einfachen Wischbewegung zum nächsten Space und damit zum gewohnten Schreibtisch wechseln, ohne die Vollbilddarstellung verlassen zu müssen.

Auch eine App in Vollbilddarstellung (hier: iBooks) wird als Space behandelt.

Neue Fenster und Spaces

Wenn Sie auf diese Weise mehrere Programme auf verschiedene virtuelle Arbeitsflächen verteilt haben, dann wechseln Sie mit einem Klick auf das Programmsymbol im Dock automatisch in den Space, in dem das Programm läuft.

Das ist natürlich einerseits sehr praktisch, weil man sich schließlich nicht immer merken kann, auf welchem Schreibtisch nun gerade das gewünschte Programm läuft. Doch andererseits ist das mitunter auch kontraproduktiv.

Haben Sie zum Beispiel auf dem ersten Schreibtisch ein Finder-Fenster geöffnet, wechseln dann zu Schreibtisch 2 und möchten dort ebenfalls ein Fenster im Finder öffnen, dann haben Sie ein Problem. Denn ein Klick auf das Finder-Symbol im Dock katapultiert Sie umstandslos aus Ihrem aktuellen Arbeitsumfeld Schreibtisch 2 zurück zum Schreibtisch 1.

Um diesen ungewollten Wechsel zu vermeiden, klicken Sie das Programmsymbol (in unserem Beispiel also den Finder) mit der rechten Maustaste an und wählen im Kontextmenü den Eintrag *Neues Fenster*. Das neue Fenster wird nun im aktuellen Space geöffnet.

Mit mehreren Monitoren arbeiten

Wer mit einem MacBook arbeitet, der schließt das Gerät mitunter an einen externen Monitor an. In diesem Fall verwaltet OS X die angeschlossenen Monitore separat. Jeder Monitor hat seine eigene Menüleiste, sein eigenes Mission Control und seine eigenen Spaces. Auch hat der Vollbildmodus einer App auf dem einen Monitor keinen Einfluss auf den Inhalt oder das Verhalten des anderen. Obendrein ist es möglich, in Mission Control eine App vom einen Display auf das andere zu verschieben.

Sie können also beispielsweise auf dem Bildschirm des MacBooks den Kalender geöffnet haben und auf dem externen Monitor den Finder und eine Textverarbeitung.

Falls Sie ein Apple TV besitzen, können Sie Ihren Fernseher obendrein als weiterer Monitor einsetzen.

Stapel im Dock

Bislang haben wir das Dock vor allem als Schnellstartleiste kennengelernt und den durch eine Linie abgetrennten rechten Bereich ein wenig außer Acht gelassen. Nun ist es höchste Zeit, sich darum zu kümmern. Denn dabei handelt es sich um den Bereich, in dem Sie Ordner ablegen können, um schneller und übersichtlicher Zugriff auf Daten und Dokumente zu bekommen.

Stapel

Diese Ordner im Dock heißen unter OS X „Stapel". Sie werden mit einem Mausklick geöffnet, und ihr Inhalt kann in verschiedenen Formen angezeigt werden: als Fächer, Gitter oder Liste. So können Sie bei wichtigen und oft benutzten Ordnern wie etwa *Dokumente* oder *Downloads* sofort auf bestimmte Dokumente und Dateien zugreifen, ohne erst den Finder bemühen zu müssen. Welche Darstellungsform ein Stapel einnehmen soll, legen Sie über sein Kontextmenü fest, das Sie mit einem Rechtsklick auf den Stapel aufrufen.

- *Fächer:* Bei der Fächerdarstellung wird der Inhalt des Ordners mit einer eleganten Animation aufgeblättert. Das funktioniert allerdings nur, wenn im Ordner nur einige wenige Dateien abgelegt sind, andernfalls wird es etwas unübersichtlich.
- *Gitter:* Die Gitterdarstellung sortiert die Dateisymbole schön ordentlich neben- und untereinander. Sie können sich in diesem Fenster wie in einem normalen Finder-Fenster bewegen, also Unterordner öffnen und über einen Rollbalken durch einen umfangreichen Datenbestand navigieren. Diese Darstellung wird von OS X gewählt, sobald mehr als acht Dateien angezeigt werden.
- *Liste:* Die Listendarstellung ist, wie der Name schon sagt, eine nüchterne Auflistung der Ordnerinhalte.

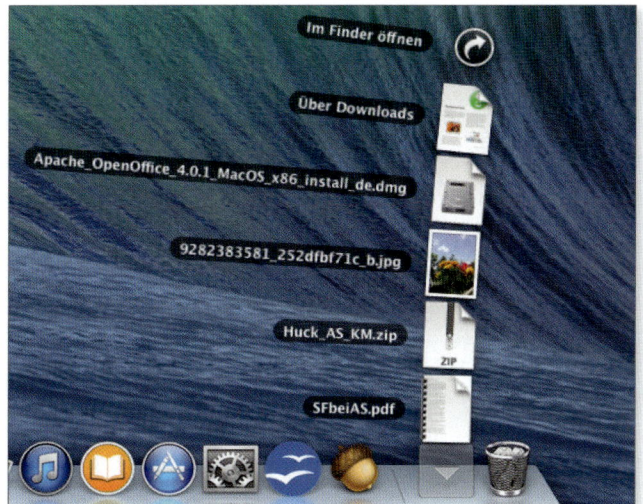 

Stapel lassen sich in verschiedenen Darstellungen öffnen. Links sehen Sie die Fächervariante, rechts die Gitterdarstellung.

Anders als beim Finder genügt zum Öffnen einer Datei in einem Stapel ein einfacher Klick. Sie können jede Datei aus einem Stapel auf den Schreibtisch oder in einen anderen Ordner ziehen. Falls Sie doch noch zum Finder wechseln möchten, können Sie sich über *Im Finder öffnen* den Stapel als normalen Ordner im Finder anzeigen lassen.

Sortierung

Wie bei einem echten Stapel, bei dem das neueste Dokument immer zuoberst liegt, zeigt auch das Symbol eines Stapels im Dock standardmäßig immer die Datei, die zuletzt hinzugefügt wurde. Bei der Fächerdarstellung wird die Reihenfolge allerdings umgekehrt: Hier stehen die jüngsten Dateien unten, sie werden also gewissermaßen unter den Stapel geschoben. Das hat seinen guten Grund: Denn so ist der Mausweg vom Klick zum neuesten Eintrag im Stapel so kurz wie möglich. Und genau das ist normalerweise auch gewünscht, etwa wenn man auf einen gerade abgeschlossenen Download zugreifen möchte, der automatisch im Ordner *Downloads* landet, der als Stapel im Dock platziert ist.

Natürlich können Sie die Sortierreihenfolge im Stapel auch ändern. Klicken Sie dazu den Stapel mit der rechten Maustaste an, und wählen Sie im Abschnitt *Sortiert nach* die gewünschte Ordnung.

Stapel verwalten

Von Haus aus finden Sie nur einen Stapel im Dock: *Downloads*. Aber natürlich können Sie sich auch jeden anderen Ordner als Stapel anzeigen lassen. Ziehen Sie ihn dazu aus dem Finder oder vom Schreibtisch in den rechten Bereich des Docks. Dabei wird der Ordner selbst nicht verschoben oder kopiert, sondern im Dock wird lediglich ein Verweis auf ihn angelegt.

Die Reihenfolge der Stapel legen Sie so fest wie die Reihenfolge der Programmsymbole im Dock – Sie verschieben sie mit der Maus.

Um einen Stapel zu löschen, gehen Sie so vor wie beim Dock üblich: Ziehen Sie den nicht mehr benötigten Stapel einfach heraus, warten Sie, bis eine kleine Wolke angezeigt wird, und lassen Sie den Stapel los – er verpufft in einer kleinen Bitwolke. Da es sich dabei nur um einen Verweis auf den echten Ordner handelt, müssen Sie nicht befürchten, bei dieser Aktion versehentlich Dateien zu löschen.

Fenster im Dock

Im rechten Bereich des Docks werden nicht nur Ordner abgelegt, sondern auch die Fenster, die Sie über einen Klick auf die mittlere, gelbe Murmel links oben oder mit *cmd + M* minimiert haben. Solange Sie nur ein oder zwei Fenster verkleinern, ist das eine feine Sache, da Sie über einen Klick auf die Miniaturen im Dock sofort ein bestimmtes Fenster wieder nach vorn holen können. Doch sobald Sie drei, vier oder mehr Fenster auf diese Weise im Dock ablegen, bekommen Sie ein Platzproblem: Denn mit jedem abgelegten Fenster wird das Dock länger, die Symbole werden kleiner, und schon bald herrscht im Dock ein ziemlich unübersichtliches Gedränge.

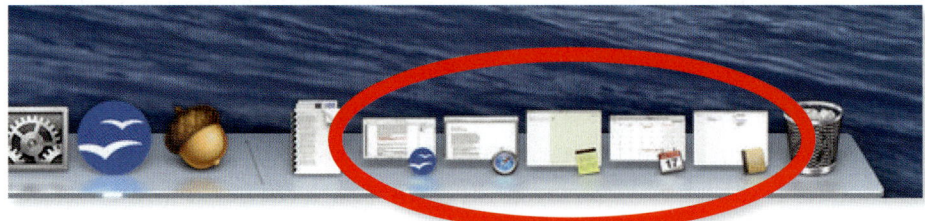

Je mehr Fenster Sie im Dock ablegen, desto kleiner werden die Symbole und desto unübersichtlicher wird es.

Das muss nicht sein: Lassen Sie die verkleinerten Fenster hinter dem jeweiligen Programmsymbol im Dock verschwinden, und holen Sie sie bei Bedarf mit Mission Control hervor.

Rufen Sie *Apfel-Menü –> Systemeinstellungen* auf, und wählen Sie den Eintrag *Dock*. Hier aktivieren Sie den Punkt *Fenster hinter Programmsymbol im Dock ablegen*.

Ab sofort nehmen minimierte Fenster keinen Platz im Dock mehr weg, sondern verschwinden hinter dem jeweiligen Programmsymbol. Um zu einem bestimmten Fenster zu wechseln, öffnen Sie mit einem Rechtsklick auf das Programmsymbol das Kontextmenü. Hier werden alle aktuellen Fenster des Programms aufgelistet (minimierte Fenster sind mit einer Raute markiert), und Sie können mit einem Mausklick zum gewünschten Fenster wechseln.

Ein rascher Blick auf den Inhalt einer Datei

Eine der häufigsten Aktionen bei der täglichen Arbeit am Mac ist der Blick in eine Datei, um sich einen Überblick über deren Inhalt zu verschaffen. Was genau zeigt die Datei „urlaub-2012-05-01_b.jpg"? Was steht in „vertrag_01.rtf"? Und welche Informationen bietet „entwurf.pdf"?

Übersicht vs. Öffnen

Nun, nichts leichter als das – wir öffnen die Datei halt rasch per Doppelklick und schauen nach. Das ist natürlich richtig. Aber es ist auch etwas lästig, erst darauf warten zu müssen, dass etwa die Textverarbeitung startet, nur weil man schnell einen Blick in ein Dokument werfen möchte.

Hier hat Apple mit der Funktion *Übersicht* für Abhilfe gesorgt. Auf Englisch heißt sie *Quick Look*, was die Sache etwas besser trifft. Denn dabei handelt es sich um eine schnelle Dateivorschau, mit der Sie rasch einen Blick auf den Inhalt einer Datei werfen können.

Dabei kann die Übersicht mit den unterschiedlichsten Dateitypen umgehen und zeigt Ihnen Bilder und Dokumente aller Art umstandslos an. Selbst mit Musik oder Filmen hat diese Funktion kein Problem.

Ein rascher Blick

Für den raschen Einblick markieren Sie die gewünschte Datei und drücken die *Leertaste*. Der Inhalt der Datei wird (fast) sofort angezeigt. Durch einen Klick auf den Doppelpfeil rechts oben wird die Anzeige bildschirmfüllend vergrößert. Mit einem Klick auf die Taste *Öffnen mit …* oben rechts übergeben Sie das Dokument an die passende Applikation, in der Sie es auch bearbeiten können. Falls Sie mehrere Programme installiert haben, die mit dem Format der Datei etwas anzufangen wissen, können Sie sich mit einem etwas längeren Klick auf *Öffnen mit …* die Liste der verfügbaren Programme zeigen lassen.

Mit der Übersicht-Funktion werfen Sie per Tastendruck einen Blick auf den Inhalt einer Datei.

Die rasche Übersicht funktioniert nicht nur mit Bildern und Dokumenten, sondern auch mit Video- und Musikdateien. In diesem Fall gibt die Übersicht den Inhalt wieder und blendet zusätzliche Elemente zur Wiedergabe der Datei ein.

Ordnerinhalte

Die Übersicht bleibt so lange aktiv, bis Sie sie explizit wieder schließen. Wählen Sie im Finder ein anderes Objekt, zeigt die Übersicht den Inhalt des neu gewählten Objekts an. Das ist dann besonders praktisch, wenn Sie sich rasch einen Überblick über den Inhalt eines ganzen Ordners verschaffen möchten, etwa über eine Fotosammlung. In diesem Fall wählen Sie den ersten Eintrag im Ordner an, drücken die *Leertaste* und können sich nun mit den Pfeiltasten durch das gesamte Verzeichnis bewegen und die gewünschten Dateien der Reihe nach markieren. Sobald Sie eine Datei markieren, wird sie sofort in der Übersicht angezeigt.

Ordner: Wenn Sie einen Ordner im Finder markieren und anschließend mit der Leertaste die Übersicht aufrufen, dann sehen Sie keine Inhalte des Ordners, sondern nur das Ordnersymbol. Aber dafür verrät Ihnen die Übersicht sofort, wie viele Dateien sich in diesem Ordner befinden, wie viel Speicherplatz er belegt und wann er zuletzt geändert wurde.

Mehrere Dateien

Was mit einer Datei geht, geht natürlich auch mit mehreren. Wenn Sie mehrere Dateien markieren, dann zeigt Ihnen die Übersicht nach einem Druck auf die *Leertaste* zunächst den Inhalt der ersten Datei. Über die Pfeilsymbole in der Titelzeile können Sie sich durch die verschiedenen Dateien bewegen. Möchten Sie alle Dateien im Überblick sehen, klicken Sie auf das Index-Symbol. Anschließend werden alle Dateien fein säuberlich als Miniaturen angezeigt, und Sie können die gewünschte Datei mit einem Mausklick auswählen.

Markieren Sie mehrere Dateien ❶, können Sie im Überblick über die Pfeiltasten ❷ durch alle markierten Dateien blättern oder sich mit einem Klick auf das Index-Symbol ❸ Miniaturen der Dateien anzeigen lassen.

Schließen

Sie verlassen die Übersicht durch einen Klick auf das *X* links oben oder durch einen Druck auf *esc* bzw. die *Leertaste*.

> **!**
>
> **Weitere Inhalte:** Falls die Übersicht mit einem Dateiformat nichts anzufangen weiß, wird lediglich das Datei-symbol gezeigt. Von Haus aus kommt die Übersicht mit den gängigsten Grafik- und Dokumentenformaten klar, sie verweigert aber zum Beispiel den Blick in ein ZIP-Archiv. Doch hier gibt es inzwischen Abhilfe. Die Übersicht kann über zusätzliche Filter um beliebige Formate erweitert werden. Suchen Sie im Internet einfach mal nach „OS X Quick Look Plugins".

Tags: Stichwörter für Dateien

Bei einem prall gefüllten Aktenordner sind farbige Markierungen und Stichwörter ein probates Mittel, um Wichtiges von Unwichtigem zu unterscheiden und zusammengehörige Dokumente auf einen Blick zu erfassen. Das ist bei digitalen Dingen nicht anders. Auch hier helfen Ihnen Markierungen und Stichwörter dabei, Zusammenhänge zu erkennen und bestimmte Dateien mit einem Blick wiederzufinden. Diese werden bei OS X „Tags" genannt.

Das sind Tags

Ein Tag ist ein Stichwort, das Sie einer Datei zuordnen können. Wenn Sie zum Beispiel die Dokumente und Dateien, die zu einem bestimmten Projekt gehören, mit dem gleichen Stichwort versehen, können Sie alle zusammengehörenden Dateien im Finder auf Mausklick gruppieren. Dabei müssen Sie sich nicht mit nur einem Stichwort pro Datei begnügen, sondern können jeder Datei beliebig viele Stichwörter zuweisen.

Von Haus bietet der Finder sieben farbig markierte Tags, die standardmäßig nach ihren Farbwerten benannt sind („Rot", „Orange", „Gelb", „Grün" und so weiter). Zudem gibt es die farblosen Stichwörter „Büro", „Privat" und „Wichtig".

Das ist für ein Schlagwortsystem allerdings ein wenig dürftig, doch keine Sorge. Die Vorgaben von OS X sind nur als Anregung zu verstehen. Sie können alle Tags nach Belieben umbenennen und natürlich auch beliebig viele, eigene Stichwörter vergeben.

Tags vergeben

Um einer Datei oder mehrerere Dateien ein Tag zuzuweisen, gibt es verschiedene Wege. Dabei ist es auch möglich, Stichwörter direkt bei der Vergabe neu zu definieren. Bei den sieben farbigen Tags versieht der Finder die entsprechenden Dateien mit einem kleinen Farbpunkt neben dem Dateinamen.

Tags vergeben Sie im Finder über das Tag-Symbol ❶. Dabei können Sie aus Ihren Standard-Tags wählen ❷ oder neue Tags definieren ❸.

- *Im Finder:* Markieren Sie die gewünschte(n) Datei(en) im Finder ‚und klicken Sie auf das Tag-Symbol. Hier können Sie nun per Mausklick eines der vorgegebenen Tags auswählen oder ein neues Tag vergeben.
- *Datei-Infos:* Markieren Sie die Datei, und rufen Sie mit *cmd + I* die Datei-Infos auf. Im Feld *Tags hinzufügen* tippen Sie nun die gewünschten Stichwörter ein. Bei der Eingabe werden Ihnen zum einen die bereits vordefinierten Tags gezeigt, die Sie mit einem Mausklick auswählen. Natürlich können Sie auch hier eigene Tags definieren.

Auch in den Datei-Infos lassen sich Tags vergeben, und zwar für eine oder, wie hier im Beispiel, für mehrere Dateien.

- *Zusammengefasste Infos:* Möchten Sie mehrere Dateien mit den gleichen Stichwörtern versehen, markieren Sie die Dateien und rufen mit *alt + cmd + I* die zusammengefassten Infos auf. Auch hier können Sie über das Feld *Tags hinzufügen* die gewünschten Stichwörter vergeben.
- *Datei speichern:* Im Speichern-Dialog eines Programms tragen Sie die gewünschten Tags im Feld *Tags* ein. Auch hier können Sie aus den Standard-Tags wählen oder eigene Tags definieren.

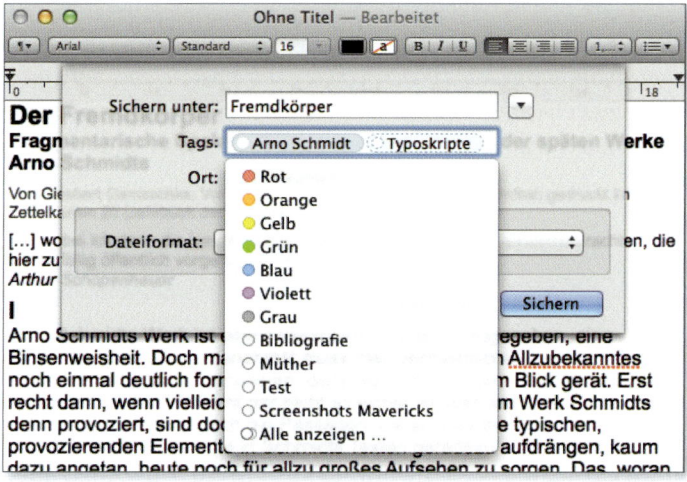

Bereits beim Speichern – hier ein Text im Programm TextEdit – können Sie einer Datei die gewünschten Stichwörter mit auf den Weg geben.

Tags definieren

Die Definition eines Tags ist denkbar simpel: Sie tippen das gewünschte Stichwort ein und schließen die Definition mit einem Komma ab. Dabei müssen Sie sich nicht auf einzelne Wörter beschränken, sondern können auch mehrere zusammen als ein Tag speichern. Möchten Sie etwa Ihre Urlaubsfotos mit Stichwörtern versehen, geben Sie beispielsweise „Urlaub, Urlaub 2013, Sommer 2013" oder Ähnliches ein. So erzeugen Sie automatisch die drei Tags „Urlaub", „Urlaub 2013" und „Sommer 2013", unter denen Sie die Fotos problemlos wiederfinden.

Ein neues Tag definieren Sie, indem Sie das gewünschte Stichwort eintippen. Dabei wird die Definition mit einem Komma abgeschlossen. In diesem Beispiel wird etwa das Tag „Ein Tag wird mit einem Komma abgeschlossen" definiert. Zugegeben, das ist nicht sehr sinnvoll, zeigt Ihnen aber, dass Sie beliebig viele Stichwörter zu einem Tag zusammenfassen können.

Mit Tags arbeiten

Alle Tags werden in der Seitenleiste des Finders im Abschnitt *Tags* gezeigt. Klicken Sie hier einen Eintrag an, werden die Dateien, die mit dem entsprechenden Stichwort versehen sind, im Finder-Fenster angezeigt.

Um ein Tag umzubenennen, klicken Sie den Eintrag in der Seitenleiste mit der rechten Maustaste an und wählen *„{Tag-Name}" umbenennen*. Das funktioniert mit allen Tags, also auch mit denen, die OS X von Haus aus mitbringt. Schließlich sind Benennungen wie „Dringend" oder „Abgeschlossen" aussagekräftiger als „Rot" und „Grün".

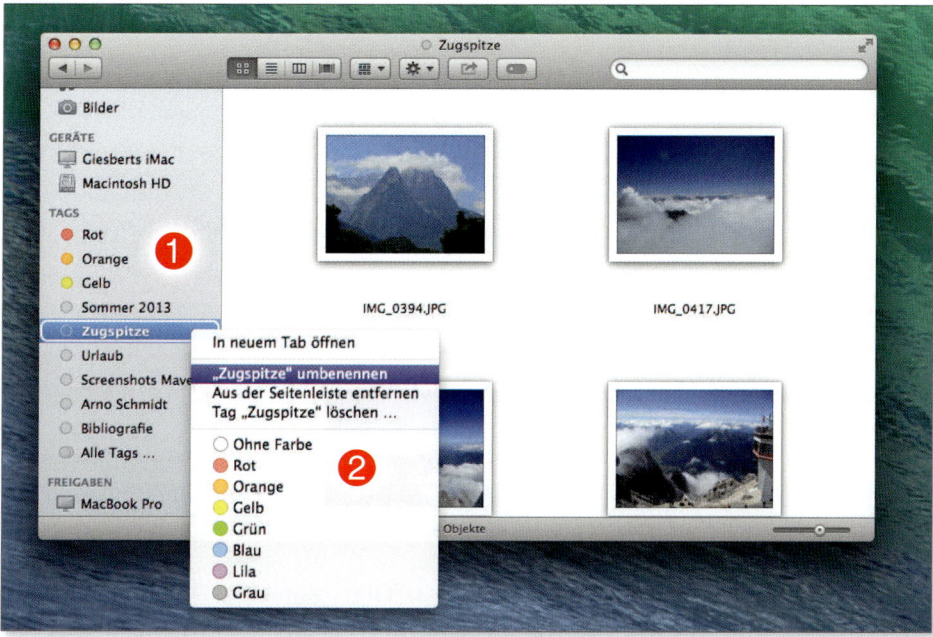

Sobald Sie Tags vergeben haben, genügt ein Klick in die Seitenleiste des Finders ❶, um alle Dateien mit einem bestimmten Stichwort anzeigen zu lassen. Klicken Sie ein Tag mit der rechten Maustaste an, können Sie es im Kontextmenü bearbeiten ❷, aber auch weitere Tags vergeben.

Mitunter werden Tags nicht für die Ewigkeit, sondern nur im Rahmen eines bestimmten Projekts benötigt. Sobald das Projekt abgeschlossen ist, können diese Tags gelöscht werden. Am einfachsten geht dies, wenn Sie das entsprechende Tag im Finder mit der rechten Maustaste anklicken und *{Tag-Name} löschen* wählen. Nach einer Sicherheitsabfrage wird das entsprechende Tag bei allen betroffenen Dateien gelöscht.

Möchten Sie zwar ein Tag von einer Datei entfernen, das Tag selbst aber behalten, markieren Sie die Dateien und klicken auf das Tag-Symbol in der Symbolleiste des Finders. Hier können Sie nun das entsprechende Tag ganz einfach löschen.

Sie können Tags im Finder auch als Kriterium für die Gruppierung von Dateien einsetzen. So wird zusammen angezeigt, was zusammengehört. Dazu klicken Sie in der Symbolleiste auf das Symbol für *Ausrichten nach* und wählen den Eintrag *Tags*.

Um die Anzeige im Finder nach Tags zu gruppieren, klicken Sie auf das „Ausrichten"-Symbol ❶ *und wählen „Tags"* ❷.

Tags konfigurieren

In der Seitenleiste des Finders und bei der Vergabe von Tags bietet OS X Ihnen eine Tag-Auswahl an. Welche Tags Ihnen hier gezeigt werden, definieren Sie unter *Finder –> Einstellungen –> Tags*.

Die Tags, die in der Seitenleiste gezeigt werden sollen, markieren Sie mit einem Häkchen. Die Tags, die in den verschiedenen Tag-Dialogen zur Auswahl stehen, markieren Sie, indem Sie sie aus der Liste aller Tags in das Feld *Tags (Favoriten)* ziehen. Um ein Tag aus den Favoriten zu entfernen, ziehen Sie es einfach aus dem Feld heraus, wo es dann in einem Wölkchen verpufft.

In den Finder-Einstellungen legen Sie fest, welche Tags in der Seitenleiste angezeigt und welche als Favoriten angeboten werden. Dazu ziehen Sie das gewünschte Tag einfach auf das Favoritenfeld.

Suchen und finden mit Spotlight

 Die systemweite Suche mit Spotlight haben Sie schon im dritten Kapitel in Zusammenhang mit dem Starten von Programmen kurz kennengelernt. Jetzt wird es Zeit, sich diese hilfreiche Funktion von OS X etwas genauer anzusehen.

Buchführung mit Spotlight

Das Programm läuft seit dem ersten Einschalten Ihres Macs still und (fast immer) unauffällig im Hintergrund und führt eifrig Buch. Jede Datei wird intern verschlagwortet und einem Volltextindex hinzugefügt, über den Sie eine gesuchte Datei blitzschnell wiederfinden. Dabei gibt es kaum etwas, das Spotlight entgeht; lediglich einige bestimmte, systemnahe Bereiche werden gemieden.

Die Indexierung der Festplatte dauert beim ersten Mal naturgemäß einige Zeit, später erfolgt dieser Vorgang praktisch in Echtzeit.

Die erste Indexierung Ihres Computers kann einige Zeit dauern, aber keine Sorge: Anschließend läuft Spotlight schnell und unauffällig im Hintergrund.

Sobald Sie eine Datei auf Ihrem Mac speichern, eine E-Mail empfangen, einer Datei Tags hinzufügen oder ein Programm installieren, fügt Spotlight die entsprechenden Daten seinem Index so schnell hinzu, dass Sie keine Verzögerung wahrnehmen werden.

 **Lüfter:** Die einmalige Indizierung der gesamten Festplatte verlangt von Ihrem Mac eine hohe Rechenleistung. Dabei wird es dem Computer unter Umständen ziemlich warm, und der Lüfter läuft auf Hochtouren. Das ist normal und kein Grund zur Sorge.

Bei der Suche berücksichtigt Spotlight nicht nur den Namen einer Datei, sondern auch deren Inhalt und die Tags einer Datei. So findet Spotlight etwa E-Mails oder Dokumente, in denen das gesuchte Stichwort auftaucht.

Menü und Fenster

OS X unterscheidet zwei Arten , wie Sie Spotlight aufrufen:

- *Spotlight-Menü:* Hier suchen Sie über das Spotlight-Symbol in der Menüleiste, also die Lupe rechts oben. Das ist der Standardeinsatz von Spotlight und eine sehr schnelle Methode, das Gesuchte zu finden.
- *Spotlight-Fenster:* Das ist die Suchfunktion im Finder, die Ihnen erheblich mehr Möglichkeiten zur Verfügung stellt als die Suche mit dem Spotlight-Menü.

Suchen im Spotlight-Menü

Spotlight ist nicht nur schnell, sondern auch sehr einfach zu benutzen. Probieren Sie's aus!

1. Drücken Sie *cmd + Leertaste*, oder klicken Sie auf die Lupe oben rechts. Es öffnet sich ein blaues Eingabefeld, in das Sie den Namen der gesuchten Datei oder ein Stichwort zu ihr eintragen.
2. Noch während Sie tippen, durchstöbert Spotlight seinen Index nach passenden Einträgen und zeigt sie Ihnen an.
3. Sie müssen nicht warten, bis Spotlight seine Suche vollständig beendet hat, sondern können jederzeit auf einen Eintrag in der Trefferliste klicken.

Spotlight markiert automatisch den Eintrag, den es für den vermutlich gesuchten hält, und platziert ihn als *Top-Treffer.*

Vielfach stimmt diese Einschätzung, was die Suche sehr schnell und effizient werden lässt: Aufrufen von Spotlight über das Tastenkürzel, Eintippen des Suchbegriffs, Drücken der *Return*-Taste – und die gesuchte Datei wird geöffnet.

Die Treffer werden dabei nach der Art sortiert, also unter *Programme, Ordner, E-Mail-Nachrichten* und so weiter zusammengefasst.

Vorschau auf eine Datei

Mitunter kommt es vor, dass in der Trefferliste mehrere sehr ähnliche, wenn nicht gar gleichnamige Einträge auftauchen und man sich nicht ganz sicher sein kann, welcher Eintrag denn nun der gesuchte ist.

Doch keine Sorge, auch hier hilft Spotlight Ihnen. Wenn Sie mit der Maus auf einen Eintrag in der Trefferliste zeigen, wird eine kleine Vorschau des Treffers eingeblendet. So können Sie noch vor dem Klick entscheiden, ob es sich um die gesuchte Datei handelt.

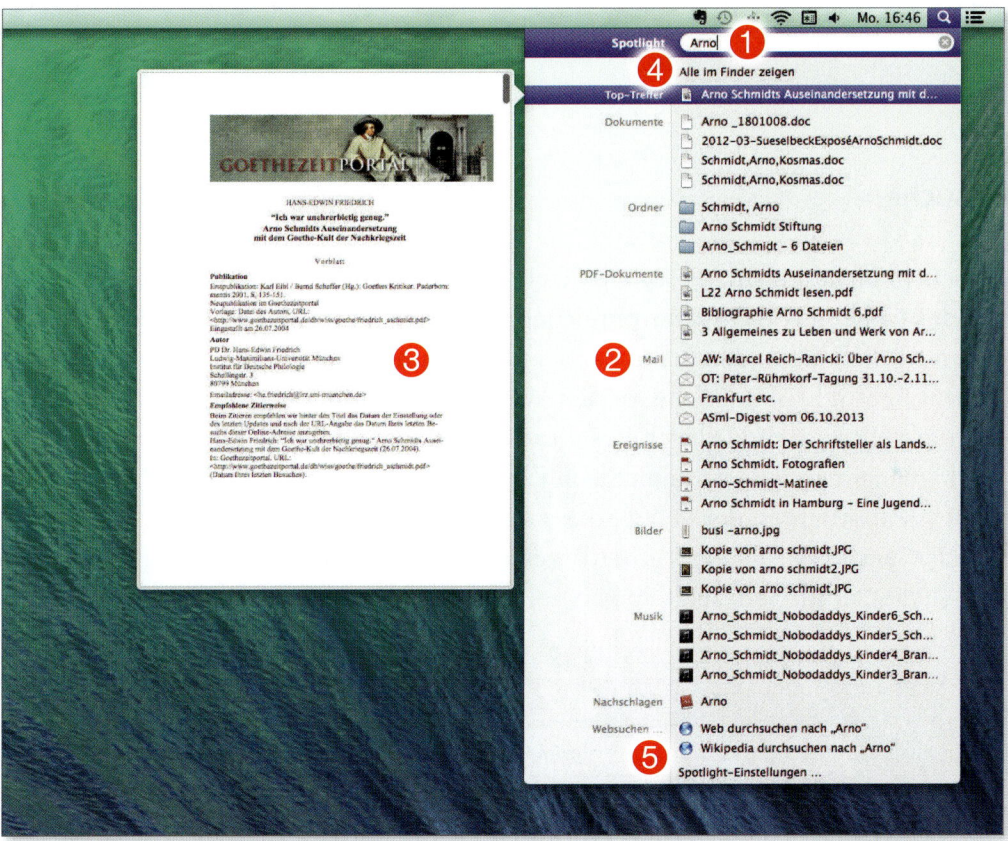

Spotlight findet schnell und zuverlässig alle möglichen Dateien auf Ihrer Festplatte. Schon während der Eingabe des Suchbegriffs ❶ werden die Treffer nach Kategorien geordnet angezeigt ❷. Zu jedem Treffer können Sie sich eine Vorschau anzeigen lassen ❸. Ist die gesuchte Datei nicht dabei, klicken Sie auf „Alle im Finder zeigen" ❹, um die komplette Trefferliste gezeigt zu bekommen. Via Spotlight lässt sich die Suche auch an Safari für eine Internet- bzw. Wikipedia-Suche übergeben ❺.

Finder öffnen

Spotlight bietet mit seiner Trefferliste nur eine Auswahl aus sämtlichen Treffern. Üblicherweise genügt dies, um die gesuchte Datei zu finden. Sollte das einmal nicht der Fall sein oder sollte eine einfache Schlagwortsuche den Datenbestand nicht fein genug sieben, können Sie über *Alle im Finder zeigen* ein Finder-Fenster mit sämtlichen Treffern öffnen. Hier stehen Ihnen dann weitere Suchfunktionen zur Verfügung.

Wo liegt die Datei? Manchmal möchte man nur wissen, in welchem Ordner sich eine Datei befindet. Auch das ist kein Problem: Halten Sie beim Klick auf den Eintrag die **cmd**-Taste gedrückt. Es öffnet sich ein Finder-Fenster, in dem die gesuchte Datei markiert ist.

Noch mehr suchen

Spotlight durchsucht nicht nur Ihre Festplatte nach Dateien, sondern kann noch mehr – zum Beispiel den Suchbegriff an das Lexikon von OS X durchreichen (mit dem Lexikon beschäftigen wir uns in Kapitel 13). Den entsprechenden Eintrag finden Sie in der Trefferliste unter *Nachschlagen*.

Außerdem kann Spotlight Ihre Suche an den Webbrowser Safari weitergeben, wo die Suche automatisch mit der eingestellten Standardsuchmaschine ausgeführt wird; Sie können via Spotlight also auch im Internet suchen (mehr zu Safari finden Sie in Kapitel 7). Und zu guter Letzt haben Sie die Möglichkeit, den Suchbegriff via Spotlight in der Wikipedia nachzuschlagen.

Spotlight „findet" auch das Ergebnis einer Berechnung. Wenn Sie als Suchbegriff eine Rechenformel wie etwa „27*6+(19/56)" eintippen, zeigt Spotlight Ihnen das Ergebnis.

Mit Spotlight können Sie auch rechnen. Spotlight arbeitet mit der „Punkt vor Strich"-Regel und versteht Klammern.

Suchen mit dem Spotlight-Fenster

Die Suche über das Spotlight-Menü – also über die Lupe rechts oben in der Menüleiste – reicht in vielen Fällen aus, um eine gesuchte Datei schnell zu finden. Aber es gibt natürlich auch Fälle, in denen die Suche etwas präziser formuliert sein muss, um zum Ziel zu führen. In diesen Fällen hilft das Spotlight-Fenster im Finder weiter, in dem Sie Ihre Suchabfrage nahezu beliebig verfeinern können.

Es gibt verschiedene Methoden, um ein Spotlight-Fenster zu öffnen:

- Sie klicken in der Trefferliste des Spotlight-Menüs auf den Eintrag *Alle im Finder anzeigen*.
- Sie drücken während Ihrer Arbeit im Finder die Tastenkombination *cmd + F*.
- Sie drücken die Tastenkombination *alt + cmd + Leertaste*. Dieses Kürzel funktioniert an jeder beliebigen Stelle in OS X.

Das Spotlight-Fenster

Das Spotlight-Fenster ist eine Variante des Finder-Fensters, das um einige Elemente erweitert wurde.

So wird etwa in der Symbolleiste ein Eingabefeld für den Suchbegriff eingeblendet. Darunter findet sich eine neue Menüleiste, in der Sie festlegen, wo gesucht werden soll. Sie können entweder die komplette Festplatte auswählen (*Diesen Mac*) oder einen bestimmten Ordner.

Dabei wird immer der Ordner als Alternative zu *Diesen Mac* angeboten, der zum Zeitpunkt des Aufrufs aktiv war. Befinden Sie sich zum Beispiel im Ordner *Dokumente*, stehen Ihnen die beiden Optionen *Diesen Mac* und *Dokumente* zur Auswahl. Möchten Sie einen anderen Ordner durchsuchen, müssen Sie vor dem Aufruf der Suche im Finder also zuerst diesen Ordner öffnen.

Schon während der Eingabe der ersten Buchstaben durchstöbert Spotlight den Index und bietet Ihnen eine Eingrenzung der Suche an. Sie können hier im Dateinamen oder auch nur nach bestimmten Dateitypen suchen.

Seine Stärke entfaltet das Spotlight-Fenster, wenn Sie nicht nur einen Suchbegriff definieren, sondern auch angeben, welche Dateitypen gefunden werden sollen. Dazu benutzen Sie die Auswahlleiste. Mit „Art ist Bild JPEG" findet der Finder alle Bilder im JPEG-Format. Über die Plus-Taste können Sie weitere Kriterien definieren, etwa den Zeitraum oder die Größe einer Datei.

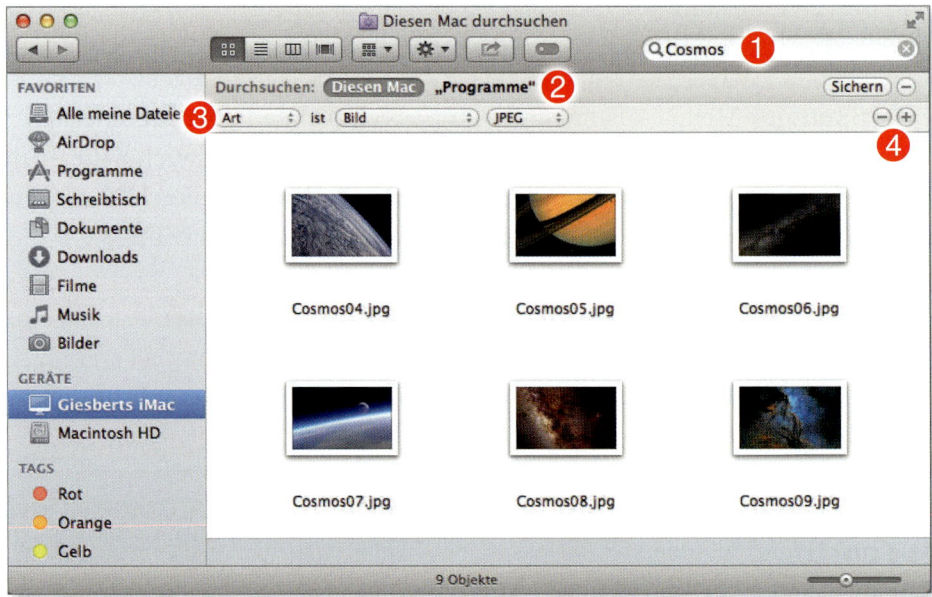

Im Finder können Sie nahezu beliebig komplexe Suchabfragen definieren. Dazu legen Sie zuerst ein Stichwort fest, nach dem gesucht werden soll ❶, wählen den zu durchsuchenden Bereich ❷ und definieren die Kriterien, die eine Datei erfüllen muss ❸. Über die Plus-Taste ❹ können Sie sich weitere Kriterien definieren und die Suche so weiter verfeinern.

Spotlight anpassen und beschränken

Standardmäßig wird Spotlight über die Kombination *cmd + Leertaste* aufgerufen, doch das lässt sich natürlich ändern, also den Gegebenheiten Ihrer Arbeitsumgebung anpassen. Wählen Sie dazu *Apfel-Menü –> Systemeinstellungen*, und klicken Sie auf *Spotlight*.

Suchergebnisse

Auf der Registerkarte *Suchergebnisse* können Sie folgende Punkte festlegen:

- *Kategorien:* Wenn Sie nicht möchten, dass bestimmte Dateien wie Bilder oder Webseiten nicht in der Trefferliste aufgeführt werden, entfernen Sie den Haken vor dem entsprechenden Eintrag.
- *Reihenfolge:* Die Reihenfolge der Kategorien entspricht der Reihenfolge, in der bei einer Spotlight-Suche die Treffer aufgelistet werden. Diese Reihenfolge können Sie mit der Maus festlegen. Möchten Sie etwa, dass Kontakte zuerst aufgeführt werden, ziehen Sie den entsprechenden Eintrag an den Anfang der Liste.

- *Tastaturkurzbefehle:* Im unteren Bereich des Fensters können Sie die Tastenkürzel für den Aufruf von Spotlight festlegen. Klicken Sie dazu in das Dropdown-Menü, und drücken Sie das gewünschte Kürzel.

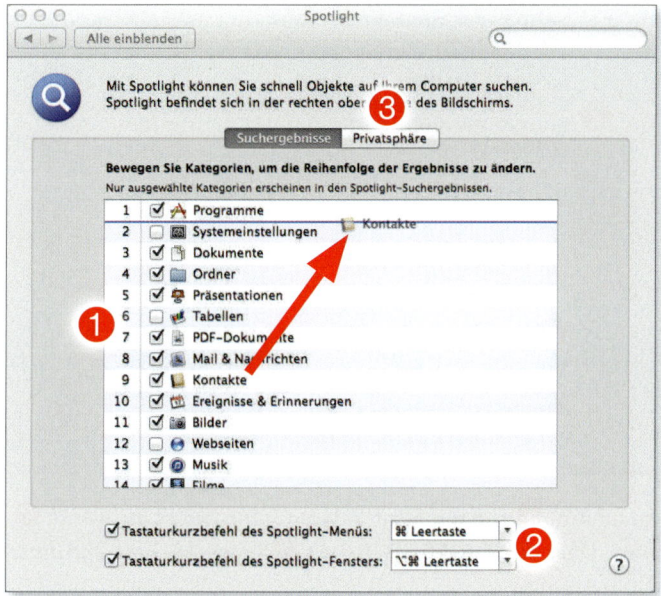

In den Systemeinstellungen können Sie Spotlight Ihren Wünschen anpassen. Hier legen Sie fest, welche Daten Spotlight überhaupt anzeigen soll ❶ und können die Reihenfolge der Trefferliste definieren. Die Tastenkürzel bzw. Tastaturkurzbefehle zum Aufruf von Spotlight lassen sich ebenfalls definieren ❷. Soll Spotlight bestimmte Bereiche komplett ausklammern, definieren Sie sie als „Privatsphäre" ❸.

Privatsphäre

Von Haus aus indiziert Spotlight alle Dateien (außer den systemnahen Einträgen und Einstellungen) auf allen Laufwerken. Das muss aber so nicht sein. Schließlich gibt es mitunter sehr umfangreiche Ordner (zum Beispiel mit Filmen) oder Ordner mit sensiblen Daten, bei denen man nicht möchte, dass sie über Spotlight so einfach zu finden sind.

Hier bietet Spotlight die Möglichkeit, bestimmte Laufwerke und Ordner von der Indizierung auszunehmen. Wechseln Sie dazu zum Register *Privatsphäre*.

Über die Plus-Taste können Sie nun gezielt Ordner und Laufwerke von der Indizierung ausnehmen. Um einen Eintrag aus dieser Liste zu entfernen, markieren Sie ihn und klicken anschließend auf die Minus-Taste.

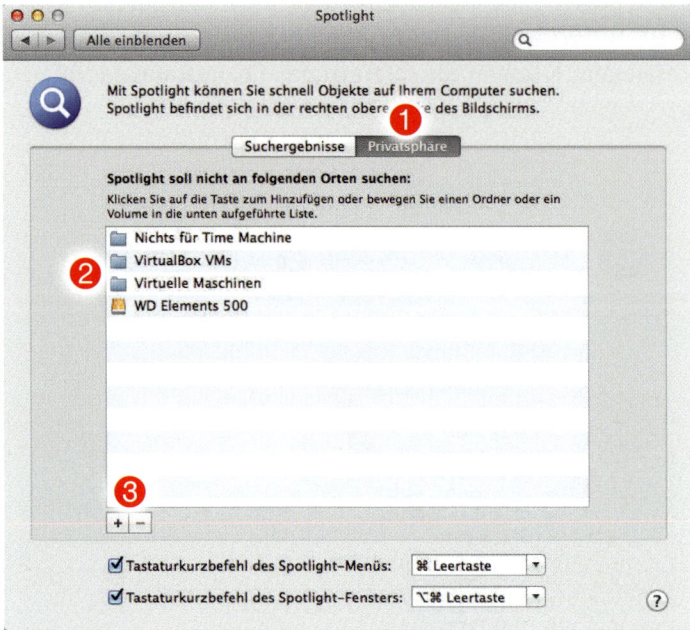

Auf der Registerkarte „Privatsphäre" ❶ können Sie beliebige Ordner und Laufwerke ❷ von der Indizierung durch Spotlight ausnehmen. Über die Plus-Minus-Tasten ❸ fügen Sie Einträge hinzu bzw. löschen sie.

Spotlight-Index neu aufbauen

Wenn Sie sehr lange und intensiv mit Ihrem Mac arbeiten, Ihr Datenbestand also immer stärker anwächst und sich stetig verändert, dann kann es mitunter passieren, dass Spotlight ein wenig aus dem Tritt gerät. Sie erkennen das daran, dass die Suche länger dauert und dass Sie Dateien, von denen Sie sicher wissen, dass sie irgendwo auf Ihrer Festplatte liegen, mit Spotlight nicht aufspüren können.

In diesem Fall hilft ein Großreinemachen: Zwingen Sie Spotlight dazu, den Index zu löschen und komplett neu anzulegen. Das dauert zwar einige Zeit, aber danach ist Spotlight wieder so schnell und zuverlässig, wie man sich das wünscht.

Um den Index komplett zu löschen, müssen Sie lediglich die komplette Festplatte Ihres Macs wie gezeigt zur Privatsphäre erklären. Spotlight gibt eine Warnung aus – schließlich hängt die Suchfunktion in manchen Programmen an einem funktionierenden Spotlight-Index –, die Sie in diesem Fall aber getrost ignorieren können. Spotlight löscht nun umgehend seinen kompletten Index. Anschließend wählen Sie den Eintrag Ihrer Festplatte aus und entfernen ihn mit einem Klick auf die Minus-Taste. Nun baut Spotlight den soeben gelöschten Index neu auf. Wie gesagt, das dauert einige Zeit. Diese Aktion sollten Sie also nicht durchführen, wenn Sie Ihren Mac gerade ausschalten möchten.

Kapitel 6

Netzwerk und Internet

Ihr Mac ist eine außerordentlich kommunikationsfreudige Maschine. Ganz gleich, ob Sie zum Datenaustausch zwei oder mehr Macs miteinander verbinden oder mit Ihrem Mac ins Internet möchten: Das ist alles kein Problem und im Grunde nach wenigen Mausklicks erledigt. OS X unterstützt alle benötigten Protokolle, und auch die Hardware Ihres Macs ist auf optimale Vernetzung ausgelegt.

Die Netzwerkanschlüsse eines Macs

Eine Netzwerkverbindung kann über verschiedene Wege aufgebaut werden, von denen Apple nur noch einige ausgewählte direkt unterstützt:

- *WLAN:* Die drahtlose Verbindung aller Geräte ist heute der etablierte Standard. Sämtliche Mac-Computer unterstützen daher WLAN.
- *Bluetooth:* Bluetooth dient vor allem dazu, verschiedene Geräte, wie Drucker oder Tastaturen, drahtlos mit Ihrem Mac zu verbinden. Es ist aber auch möglich, zwei Macs via Bluetooth zu vernetzen oder ein Smartphone mit einem Mac via Bluetooth zu koppeln. In der Praxis taucht dieser Fall allerdings nur sehr selten auf.
- *Ethernet:* Die kabelgestützte Vernetzung wird von Apple nur noch teilweise unterstützt und wird in Zukunft wohl völlig wegfallen. Einen entsprechenden Anschluss bieten der Mac mini, der iMac und der MacPro, nicht aber das MacBook Air oder das MacBook Pro.
- *Firewire:* Firewire ist eine Entwicklung von Apple, die sich als schnelle Alternative zu USB auch im PC-Markt etabliert hat. Es ist möglich, zwei Macs über ein Firewire-Kabel zu verbinden, was heute allerdings kaum noch eine Rolle spielt. Denn inzwischen ist der Standard in die Jahre gekommen und soll durch Thunderbolt abgelöst werden. In seinen aktuellen Geräten setzt Apple kein Firewire mehr ein.
- *Modem:* Ein Modem wird von Apple nicht mehr eingebaut.

In diesem Kapitel werden wir uns auf den wichtigsten Anschluss – WLAN – konzentrieren.

Mit dem Mac ins Internet

Der Internetzugang mit einem Mac unterscheidet sich im Prinzip nicht von dem Zugang mit anderen Computern: Sie verbinden sich mit einer WLAN-Basisstation, die ihrerseits mit dem Internet verbunden ist.

AirPort

 Die Apple-eigene WLAN-Lösung hört auf den Namen *AirPort* und umfasst sowohl Basisstationen (AirPort Extreme) als auch die WLAN-Karte in Ihrem Mac, die ebenfalls auf den Namen *AirPort Extreme* hört. In den Dialogen von OS X wird dieser Name allerdings vermieden (wohl um Verwechslungen mit der gleichnamigen Basisstation zu verhindern). Stattdessen heißt es in OS X *WLAN*.

AirPort unterstützt das übliche WLAN-Protokoll 802.11 in den Varianten a, b, g und n. Sie müssen für Ihr WLAN also nicht unbedingt eine Basisstation von Apple kaufen, sondern können jede andere standardkonforme Lösung einsetzen.

WLAN anzeigen

Standardmäßig zeigt OS X rechts oben in der Menüleiste den Netzwerkstatus mit einem Antennensymbol in Form eines Tortenstücks an. Ist WLAN bei Ihrem Mac deaktiviert (wie das geht, erfahren Sie weiter unten), ist das Tortenstück leer; besteht eine Verbindung, ist es je nach Qualität der Verbindung gefüllt.

Falls das Symbol nicht zu sehen ist (oder Sie es im Gegenteil dort nicht sehen möchten), dann rufen Sie *Apfel-Menü –> Systemeinstellungen* auf. Dort klicken Sie auf den Eintrag *Netzwerk*, wo Sie den Eintrag *WLAN-Status in der Menüleiste anzeigen* aktivieren bzw. deaktivieren können.

Verbindung aufnehmen

Schon bei der ersten Inbetriebnahme sucht der Mac nach verfügbaren Netzwerken. Findet er dabei ein frei zugängliches WLAN, fragt er nach, ob dieses Netzwerk benutzt werden soll. Andernfalls zeigt er Ihnen eine Liste der verfügbaren Netzwerke, aus der Sie das gewünschte Netzwerk auswählen und sich nach der Eingabe der Zugangsdaten einloggen.

Sobald Sie das Kennwort zu einem WLAN eingegeben haben, nimmt OS X die Verbindung auf und merkt sich standardmäßig die Eingabedaten. Beim nächsten Mal werden Sie ohne Rückfrage verbunden.

Falls das einmal nicht funktionieren sollte, klicken Sie oben rechts auf das WLAN-Symbol und wählen aus der Liste der verfügbaren WLANs das gewünschte Netzwerk aus.

! **Unsichtbare WLANs:** Ein WLAN kann so konfiguriert sein, dass es nicht direkt sichtbar ist. In diesem Fall müssen Sie den Namen des WLANs kennen, um es kontaktieren zu können. Wählen Sie dazu **Andere verbinden**.

WLAN (de)aktivieren

Bei WLAN-Störungen kann es hilfreich sein, die Verbindung kurz zu deaktivieren und danach wieder einzuschalten. Klicken Sie dazu auf das WLAN-Symbol in der Menüleiste, und wählen Sie *WLAN deaktivieren*. Das Antennensymbol wird nun als leeres Tortenstück gezeigt. Klicken Sie das Symbol erneut an, und wählen Sie *WLAN aktivieren*. Der Mac meldet sich nun erneut im WLAN an.

! **Kabelgestützte Verbindung ins Internet:** Auch wenn WLANs weit verbreitet sind, sind sie doch nicht überall anzutreffen. Mitunter muss man seinen Mac auch mit einem Netzwerkkabel an ein DSL-Modem anschließen und eine PPPoE-Verbindung manuell aufbauen (PPPoE steht für „Point-to-Point Protocol over Ethernet" und bezeichnet das Protokoll, über das sich Ihr Mac in diesem Fall mit dem Internet verbindet). Verbinden Sie dazu Ihren Mac über ein Netzwerkkabel (Ethernet-Kabel) mit dem DSL-Modem, und öffnen Sie **Apfel-Menü –> Systemeinstellungen –> Netzwerk**. Dort wählen Sie links **Ethernet** und unter **IPv4 konfigurieren** den Eintrag **PPPoE-Dienst erstellen**. Geben Sie im folgenden Dialog die Zugangsdaten ein (die Sie vom Betreiber des Netzwerks erhalten), klicken Sie auf **Anwenden** und anschließend auf **Verbinden**.

Dateifreigaben

Zwei Computer, die gleichzeitig in einem gemeinsamen Netzwerk eingeloggt sind (also zum Beispiel die gleiche WLAN-Verbindung benutzen, um ins Internet zu gehen), sind über das Netzwerk auch untereinander verbunden und können Daten austauschen. Damit das funktioniert, muss allerdings die Dateifreigabe aktiviert werden.

Freigaben aktivieren

Rufen Sie dazu *Apfel-Menü –> Systemeinstellungen* auf, und klicken Sie auf *Freigaben*. Hier sehen Sie nun eine Liste der verschiedenen Dienste, die Sie für die Nutzung durch einen mit Ihrem Mac verbundenen Computer (ganz gleich ob OS X, Windows oder Linux) freigeben können. Hier können Sie zum Beispiel festlegen, dass lediglich das DVD-Laufwerk zugänglich sein soll oder dass ein an Ihren Mac angeschlossener Drucker auch von anderen Computern aus angesteuert werden kann.

Für den Datenaustausch zwischen Ihrem Mac und anderen Computern müssen Sie den Zugriff auf die Festplatte Ihres Macs erlauben. Das erledigen Sie mit einem Häkchen beim Punkt *Dateifreigabe*.

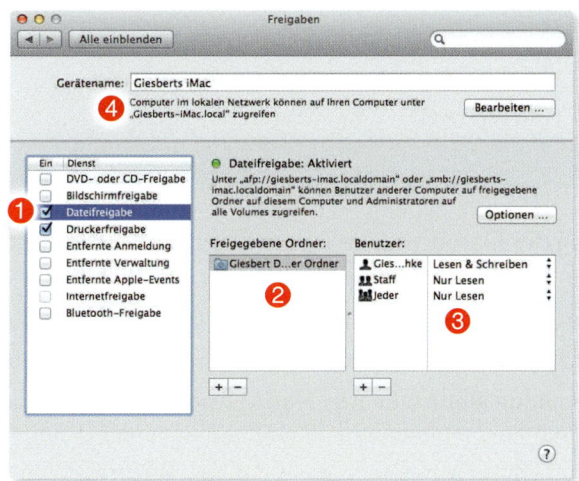

Auf Ressourcen, die Sie für die Nutzung im Netzwerk freigegeben haben, können alle Anwender im Netzwerk zugreifen. Aktivieren Sie die Dateifreigabe ❶, können Sie Ordner bestimmen, die über das Netzwerk anderen Personen zugänglich sein sollen ❷. Zu jedem freigegebenen Ordner legen Sie fest, wer darauf zugreifen darf und welche Zugriffsrechte er hat ❸. Der Gerätename ❹ gibt an, unter welchem Namen Ihr Mac im Netzwerk erscheinen soll.

> **Vorsicht in Internet-Cafés!** Wenn Sie sich mit Ihrem Mac in ein öffentliches WLAN einwählen – etwa in einem Internet-Café oder im Hotel –, dann sollten Sie tunlichst darauf achten, dass die Dateifreigabe ausgeschaltet ist. Andernfalls haben alle anderen Nutzer des öffentlichen WLANs potenziell Zugriff auf Ihren Mac und alle freigegebenen Ordner. Und das möchten Sie ja nicht, oder?

Gerätename

Bei den Freigaben können Sie auch den Netzwerknamen Ihres Macs festlegen, unter dem er bei einer Verbindungsaufnahme angesprochen wird. Klicken Sie dazu einfach in das entsprechende Textfeld, und geben Sie den gewünschten Namen ein. Sobald Sie das Feld verlassen, wird die Änderung übernommen.

Zwischen Mac und Windows

Die Verbindung zweier Macs funktioniert auf Anhieb, hier müssen Sie keine besonderen Einstellungen vornehmen, sondern lediglich einen kurzen Moment warten, bis der freigegebene Mac im Finder unter *Freigaben* auftaucht.

Möchten Sie einem Windows-Rechner Zugriff auf Ihren Mac gewähren, müssen Sie ein weiteres Protokoll aktivieren. Klicken Sie dazu unter *Dateifreigabe* auf *Optionen*, und aktivieren Sie hier *Dateien und Ordner über SMB (Windows) freigeben*.

Öffentlich

Mit der Aktivierung der Dateifreigabe ist der Zugriff auf Ihre Festplatte prinzipiell möglich, aber noch nicht erlaubt. Damit sich nicht jedermann via Netzwerk auf Ihrem Mac tummeln kann, müssen Sie den Zugriff auf bestimmte Ordner noch explizit erlauben. Dabei können Sie festlegen, ob andere Nutzer einen bestimmten Ordner nur lesen dürfen oder ob sie dort auch Dateien ablegen können. Es ist auch möglich, neue Benutzer mit Name und Kennwort anzulegen, denen Sie bestimmte Zugriffsrechte erlauben.

Standardmäßig ist der Lesezugriff auf den Ordner *Öffentlich* in Ihrem Benutzerordner generell für alle Anwender erlaubt (andere Anwender können via Netzwerk also einen Blick in den Ordner werfen und Dateien aus diesem Ordner laden, aber keine Dateien speichern oder verändern). Möchten Sie etwa Dateien an einen anderen Anwender via Netzwerk weitergeben, dann speichern Sie sie in diesem Ordner und aktivieren *Dateifreigabe*. Bei anderen Anwendern taucht dann nach kurzer Zeit Ihr Mac als Netzwerklaufwerk oder Freigabe auf (die genaue Bezeichnung hängt vom benutzten Betriebssystem ab), bei dem bzw. der sie sich als „Gast" anmelden können. Danach erhalten sie den Zugriff auf den Ordner *Öffentlich* und können die bereitgestellten Dateien herunterladen.

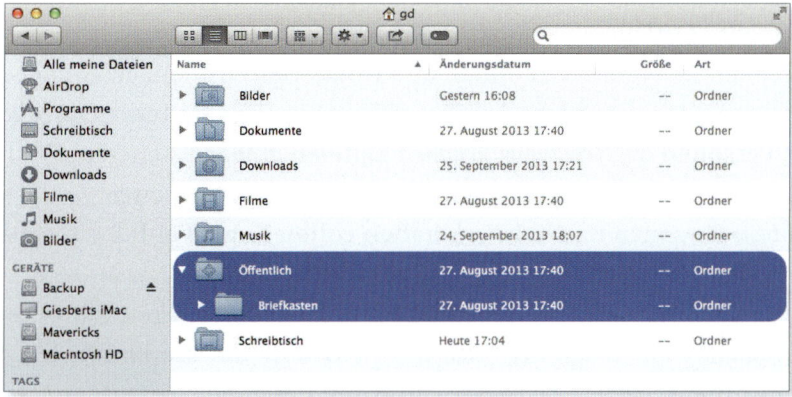

*Sobald die Dateifreigabe aktiviert ist, hat potenziell jeder Anwender im Netzwerk Lesezugriff auf den Ordner „Öffentlich".
Über den Ordner „Briefkasten" können andere Teilnehmer Ihnen Dateien zukommen lassen.*

 Gastbenutzer: Der Zugriff als Gastbenutzer ist beim Mac in der Regel aktiviert. Wie Sie einem Gastbenutzer Zugang zu Ihrem Mac gewähren bzw. verweigern, erfahren Sie in Kapitel 17.

Der Briefkasten

Möchten Sie über das Netzwerk Daten empfangen, so ist auch dies problemlos möglich, ohne dass Sie sich um die Feinheiten der Freigaberegelungen kümmern müssen. Denn dafür gibt es unter *Öffentlich* den Ordner *Briefkasten*, dessen Name Programm ist. So, wie Sie in einen Briefkasten zwar etwas einwerfen, aber nicht in den Kasten hineinsehen können, so können andere Anwender Dateien in diesen Ordner kopieren, haben aber keine Möglichkeit, sich in Ihrem Briefkasten umzusehen. Anders gesagt: Die anderen Anwender haben hier zwar Schreib-, aber keine Leserechte.

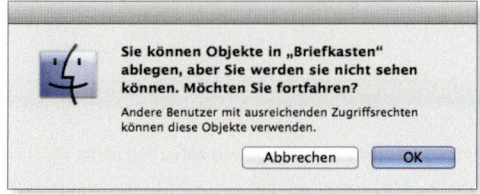

In den Briefkasten eines anderen Macs haben Sie keinen Einblick in den Inhalt des Ordners.

Freigaben regeln

Natürlich sind Sie bei der Freigabe von Ordnern nicht auf *Öffentlich* und *Briefkasten* beschränkt, sondern können prinzipiell jeden beliebigen Ordner auf Ihrer Festplatte für andere Personen im Netzwerk freigeben und die Zugriffsrechte festlegen:

- *Nur Lesen:* Personen im Netzwerk können den Inhalt des Ordners einsehen, dürfen dort aber keine Dateien ablegen. Das entspricht den Zugriffsrechten des Ordners *Öffentlich*.
- *Nur Schreiben:* Personen im Netzwerk können Dateien ablegen, sehen aber nicht den Inhalt des Ordners. Das entspricht den Zugriffsrechten des Ordners *Briefkasten*.
- *Lesen & Schreiben:* Personen im Netzwerk haben vollen Zugriff auf den Ordner, sehen dessen Inhalt, können Dateien öffnen, speichern und auch löschen.

Um einen beliebigen Ordner auf Ihrer Festplatte freizugeben, klicken Sie unter *Systemeinstellungen –> Freigaben –> Dateifreigabe* im Abschnitt *Freigegebene Ordner* auf die Plus-Taste. Nun können Sie den gewünschten Ordner wählen – etwa: *Dokumente* – und den Freigaben hinzufügen. Im Feld *Benutzer* sehen Sie nun, dass Ihr Account vollständigen Zugriff hat (*Lesen & Schreiben*). Alle anderen Anwender (*Jeder*) haben keinen Zugriff (*Keine Rechte*). Möchten Sie das ändern, so öffnen Sie mit einem Klick auf *Keine Rechte* ein Auswahlmenü, in dem Sie die gewünschten Rechte markieren. Die neuen Zugriffsrechte werden sofort aktiv.

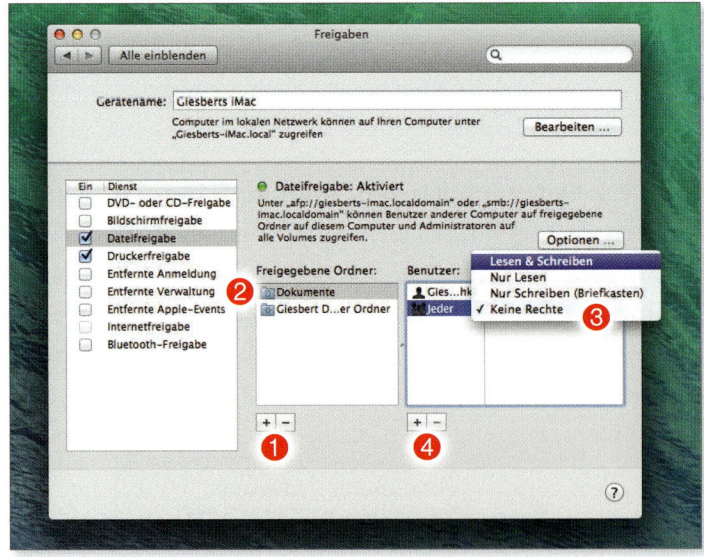

Wer Zugriff auf welchen Ordner Ihres Macs hat, regeln Sie in den Systemeinstellungen. Über die Plus-Taste ❶ *fügen Sie Ordner hinzu – hier etwa den Ordner „Dokumente"* ❷ *– und legen anschließend fest, welche Zugriffsrechte andere Anwender haben sollen* ❸*. Über die Plus-Taste* ❹ *können Sie gezielt bestimmten Anwendern Zugriffsrechte erteilen.*

> **Vorsicht!** Seien Sie mit den Freigaben sehr knausrig, und tragen Sie nicht ohne Not neue Ordner ein. Andernfalls kann es passieren, dass Sie anderen Anwendern versehentlich sehr weitreichende Rechte einräumen. An dieser Stelle sei noch einmal darauf hingewiesen, dass Sie die Dateifreigaben nur bei Bedarf und in öffentlichen WLANs überhaupt nicht aktivieren sollten.

Ad-hoc-Netzwerk via AirDrop: Schneller Dateiaustausch zwischen zwei Macs

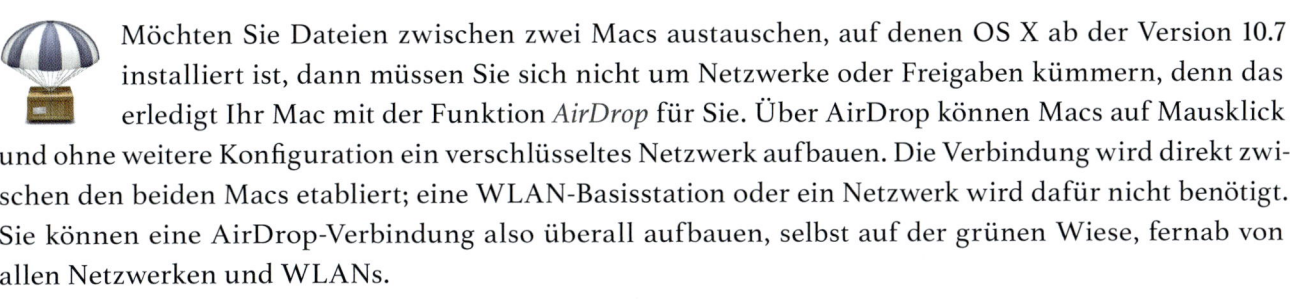

Möchten Sie Dateien zwischen zwei Macs austauschen, auf denen OS X ab der Version 10.7 installiert ist, dann müssen Sie sich nicht um Netzwerke oder Freigaben kümmern, denn das erledigt Ihr Mac mit der Funktion *AirDrop* für Sie. Über AirDrop können Macs auf Mausklick und ohne weitere Konfiguration ein verschlüsseltes Netzwerk aufbauen. Die Verbindung wird direkt zwischen den beiden Macs etabliert; eine WLAN-Basisstation oder ein Netzwerk wird dafür nicht benötigt. Sie können eine AirDrop-Verbindung also überall aufbauen, selbst auf der grünen Wiese, fernab von allen Netzwerken und WLANs.

AirDrop in Aktion

Der Einsatz von AirDrop ist denkbar einfach, wie das folgende Beispiel zeigt. Nehmen wir an, Sie möchten eine Datei an einen Kollegen weiterreichen, der ebenfalls an einem Mac arbeitet, der AirDrop unterstützt:

1. Sowohl Sie als auch Ihr Kollege klicken in der Seitenleiste des Finders auf den Eintrag *AirDrop*. Das AirDrop-Logo wird zu einem Radarschirm und symbolisiert so, dass AirDrop aktiv ist.
2. Nach kurzer Zeit steht die Netzwerkverbindung zwischen den beiden Macs, und Sie sehen im Finder den Netzwerknamen des Computers und das Account-Foto Ihres Kollegen (entsprechend sieht er bei sich den Namen Ihres Computers und Ihr Foto). Dieses Foto symbolisiert den via AirDrop verbundenen Mac Ihres Kollegen.
3. Ziehen Sie die Datei auf das Foto Ihres Kollegen. Es erscheint eine Sicherheitsabfrage, die Sie mit *Senden* bestätigen.

4. Bei Ihrem Kollegen erscheint der Hinweis, dass die Datei auf seinem Mac gespeichert werden soll, was er mit einem Mausklick erlaubt.
5. Die Datei wird nun von Ihrem Mac via AirDrop an den Mac Ihres Kollegen geschickt und landet dort schließlich im Ordner *Downloads*.

AirDrop baut ohne Konfiguration oder Freigaben eine Verbindung zwischen zwei Macs auf und erlaubt den Dateiaustausch per Drag & Drop. Sobald Sie den Eintrag in der Seitenleiste des Finders auswählen ❶. wird AirDrop aktiv.
Ihr eigener Mac wird mit Ihrem Account-Bild unten angezeigt ❷, und alle in Reichweite befindlichen Macs mit aktivem AirDrop tauchen als Symbol im Fenster auf ❸. Um eine Datei an einen anderen Mac zu senden, ziehen Sie die Datei einfach auf das Symbol des entsprechenden Macs. Sie müssen den Empfang jeder Datei explizit bestätigen, bevor sie auf Ihrem Mac gespeichert wird ❹.

 Verbindung beenden: Sobald Sie in der Seitenleiste des Finders einen anderen Eintrag anwählen, wird AirDrop automatisch beendet.

Kapitel 7

Safari

Mit Webbrowsern ist es ganz einfach: Kennen Sie einen, kennen Sie alle. Schließlich sind die Grundfunktionen bei allen Browsern gleich: Adressen werden in die Adresszeile eingegeben, Webseiten in verschiedenen Registern dargestellt, und wichtige Adressen kann man in den Lesezeichen speichern. Hier unterscheidet sich Safari nicht von anderen Browsern wie dem Internet Explorer, Google Chrome, Firefox oder Opera. Doch ein, zwei Besonderheiten hält jeder Browser parat – auch Safari.

Eine kleine Tour durch Safari

Safari ist ein moderner Webbrowser, der alle gängigen Standards unterstützt und verschiedene Webseiten innerhalb eines Fensters auf verschiedenen Registerkarten (die hier *Tabs* heißen) darstellen kann. Wenn Sie mit anderen Browsern gearbeitet haben, wird Safari Ihnen wohl vertraut vorkommen. Allerdings wartet er auch mit einigen Besonderheiten auf.

Das Programm ist für den Einsatz unter OS X optimiert. Es ist sehr schnell, robust und zuverlässig. Die Grundfunktionen von Safari unterscheiden sich dabei nicht von denen anderer Browser; Sie werden sich also sehr schnell mit Safari anfreunden können.

Flash und Java

Der größte Unterschied zu anderen Browsern besteht wohl darin, dass OS X von Haus aus weder Flash noch Java unterstützt. Sie können in Safari also keine Webseiten anzeigen, die damit arbeiten. Doch keine Sorge: Dergleichen lässt sich unproblematisch nachträglich installieren. Sobald Sie auf eine Webseite stoßen, die Flash oder Java voraussetzt, finden Sie dort zuerst den Hinweis *Fehlendes Plug-In*. Wenn Sie diesen Hinweis anklicken, informiert Safari Sie, welches Plug-In fehlt, und bringt Sie nach einem Klick auf *Weitere Infos* zum jeweiligen Anbieter. Dort können Sie das benötigte Plug-In laden und installieren. Anschließend kehren Sie zur Ausgangswebseite zurück, die nun problemlos funktioniert.

Sobald Sie auf eine Webseite stoßen, die Java oder Flash benötigt, sehen Sie in der Regel den Hinweis „Fehlendes Plug-In" ❶*. Wenn Sie diesen Hinweis anklicken, erfahren Sie, welches Plug-In benötigt wird – in diesem Beispiel Java – und können es nach einem Klick auf „Weitere Infos"* ❷ *laden.*

Leisten

Safari besitzt (neben der obligatorischen Titelleiste) fünf Leisten, die bei Bedarf über den Menüpunkt *Darstellung* ein- oder ausgeblendet werden können:

- *Symbolleiste:* Wie fast alle Programme unter OS X besitzt auch Safari eine Symbolleiste, in der sich nicht nur die Symbole für den schnellen Zugriff auf bestimmte Funktionen des Browsers finden, sondern auch das Adressfeld zur Eingabe/Anzeige der aktuellen Adresse.

- *Favoriten:* Hier können Sie Lesezeichen ablegen, also Webadressen, auf die Sie besonders einfach und schnell zugreifen möchten.

- *Tableiste:* In der Tableiste werden die Titelleisten der aktuell gleichzeitig geöffneten Webseiten angezeigt. Diese Leiste wird automatisch eingeblendet, sobald Sie mehr als eine Webseite im Safari-Fenster öffnen.

- *Seitenleiste:* Über die Seitenleiste erhalten Sie Zugriff auf alle gespeicherten Lesezeichen und die Leseliste (was es damit auf sich hat, erfahren Sie weiter unten in diesem Kapitel).

- *Statusleiste:* Die Statusleiste wird am unteren Fensterrand eingeblendet und bietet Ihnen vor allem Informationen über das Ziel eines Links auf einer Webseite. Zeigen Sie auf einen Link, wird in der Statusleiste die Webadresse des Ziels angezeigt. Standardmäßig ist die Statusleiste ausgeblendet. Sie sollten sie sich aber über *Darstellung –> Statusleiste einblenden* anzeigen lassen. Denn so können Sie auch vor dem Klick auf einen Link sehen, mit welcher Webseite der Link Sie verbinden wird.

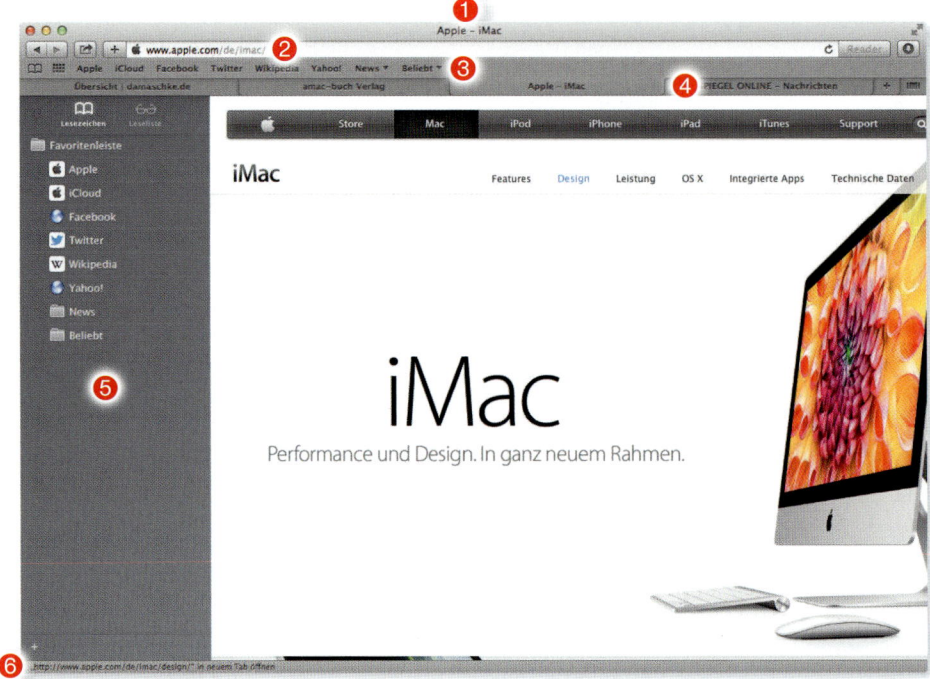

Neben der obligatorischen Titelleiste ❶ besitzt Safari eine Symbolleiste, zu der auch die Adresszeile gehört ❷, eine Favoritenleiste ❸, eine Tableiste ❹, eine Seitenleiste ❺ und eine Statusleiste ❻.

Tabs und Fenster

Safari stellt Webseiten entweder in einzelnen Fenstern oder in mehreren Tabs innerhalb eines Fensters dar. Wie genau Safari mit Tabs umgehen soll, legen Sie unter *Safari –> Einstellungen –> Tabs* fest.

Ein neues Safari-Fenster öffnen Sie mit *cmd + N*. Jedes Fenster kann beliebig viele Tabs enthalten. Es gibt mehrere Möglichkeiten, einen neuen Tab einzurichten. Am schnellsten geht es wohl mit der Tastenkombination *cmd + T*. Einen Tab schließen Sie mit *cmd + W*, wobei das Browserfenster geöffnet bleibt. Erst wenn Sie den letzten Tab innerhalb eines Fensters schließen, schließen Sie auch das Fenster. Ein Fenster mit mehreren Tabs schließen Sie über die rote Murmel links oben.

Welcher Inhalt in ein neues Fenster oder einen neuen Tab geladen werden soll, legen Sie unter *Safari –> Einstellungen –> Allgemein* fest.

Sie können Tabs mit der Maus verschieben oder auch herausziehen, um einen Tab in einem neuen Fenster zu öffnen. Mehrere Fenster lassen sich über *Fenster –> Alle Fenster zusammenführen* als Tabs in einem gemeinsamen Browserfenster bündeln.

Zwischen Tabs wechseln

Um zwischen Tabs zu wechseln, klicken Sie den jeweiligen Karteireiter in der Tableiste an. Das funktioniert allerdings nur, wenn Sie relativ wenige Tabs geöffnet haben. Andernfalls schrumpfen die Karteireiter so stark zusammen, dass Sie die Titel der entsprechenden Seiten nicht mehr lesen können.

In diesem Fall wählen Sie *Darstellung –> Alle Tabs einblenden* oder klicken auf das Symbol *Alle Tabs einblenden* rechts außen. Nun werden die Tabs verkleinert im Fenster des Browsers gezeigt, und Sie sehen auf einen Blick, welche Seite in welchem Tab angezeigt wird. Am unteren Rand werden die Anzahl der Tabs und Ihre Position mit Punkten markiert.

Um zwischen den Tabs zu wechseln, benutzen Sie entweder die Cursortasten der Tastatur oder wischen auf dem Trackpad mit zwei Fingern von links bzw. rechts. Mit einem Klick auf die gewünschte Seite wechseln Sie zum entsprechenden Tab. Alternativ dazu können Sie auch die *esc*-Taste drücken.

In der Übersicht können Sie jeden Tab mit *cmd + W* oder einen Klick auf das *x* schließen.

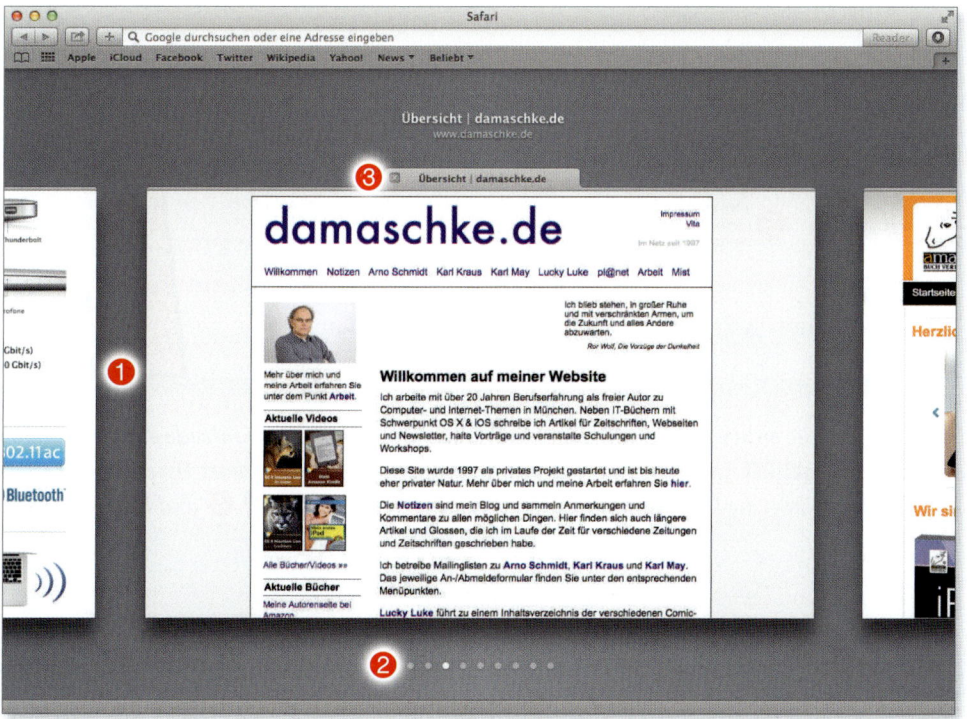

In der Übersicht über alle Tabs sehen Sie alle Tabs etwas verkleinert ❶ und können über die Cursor-Tasten bzw. mit Wischgesten durch die Tabs blättern. Die Punktleiste ❷ zeigt an, wie viele Tabs geöffnet sind und an welcher Position der aktuelle Tab steht. Einen Tab schließen Sie mit einem Klick auf das x ❸.

Adress- und Suchfeld

Das Adressfeld ist Bestandteil der Symbolleiste. Es kombiniert das Feld zur Eingabe bzw. Anzeige einer Webadresse mit dem Eingabefeld für eine Suche im Internet. Wenn Sie hier einen Begriff eingeben, werden automatisch das Internet, die Lesezeichen und der Verlauf im Browser nach diesem Begriff durchsucht. Die Suche beginnt sofort, sobald Sie Text in das Feld eintragen. Welche Suchmaschine Safari benutzen soll, legen Sie unter *Safari –> Einstellungen –> Allgemein* fest. Zur Auswahl stehen hier Google, Yahoo und Bing.

In der Adresszeile ❶ geben Sie entweder die Adresse einer Webseite oder eine Suchanfrage ein (hier: „apple"). Safari zeigt zum einen die Treffer der aktuell eingestellten Suchmaschine (hier: Google) ❷, bietet Ihnen anschließend verwandte Suchbegriffe an ❸, durchstöbert die Lesezeichen und den Verlauf nach dem Begriff ❹ und bietet an, den Suchbegriff auf der aktuell angezeigten Seite zu suchen ❺.

Reader

Viele Webseiten enthalten nicht nur Text, sondern auch zahlreiche Bilder, Werbebanner und andere Elemente, die bei der Lektüre eines Textes eher stören. Hier bietet Safari mit der Reader-Funktion eine pfiffige Lösung, mit der sich Webseiten in einer gut lesbaren Form darstellen lassen. Artikel, die auf mehrere Seiten aufgeteilt sind, werden möglichst als ein zusammenhängendes Dokument dargestellt.

Das funktioniert nicht immer, aber doch sehr häufig, und es erleichtert die Lektüre längerer Artikel oder Webseiten ungemein.

Um eine Webseite im Reader-Modus angezeigt zu bekommen, klicken Sie in der Adressleiste auf die Taste *Reader* rechts außen. Mit einem erneuten Klick verlassen Sie diesen Modus. Alternativ dazu genügt auch das Drücken der *esc*-Taste.

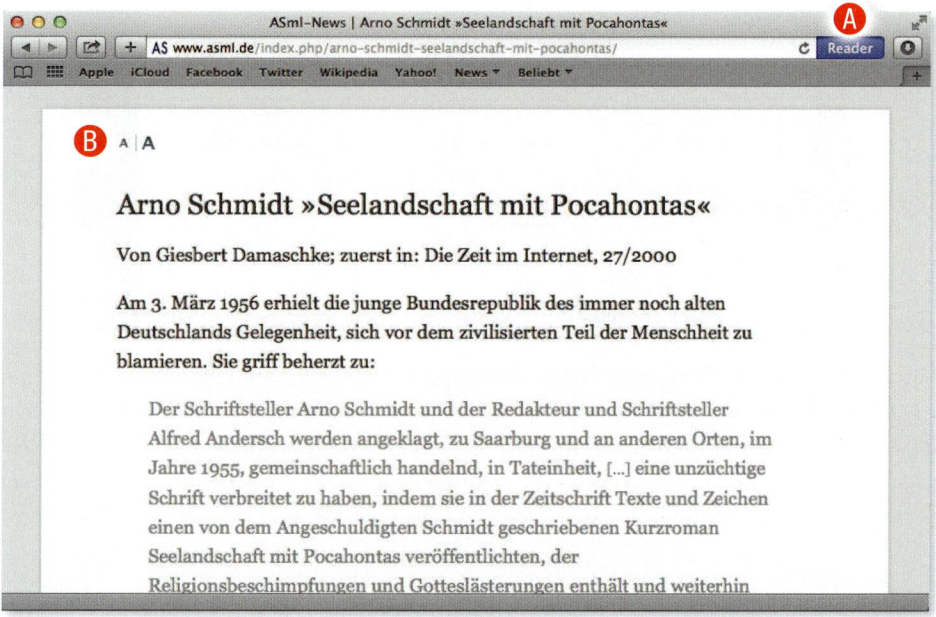

Über die Taste „Reader" **A** stellen Sie eine Webseite in einer lesefreundlichen Version dar. Über die Buchstaben oben links **B** verkleinern/vergrößern Sie den Text.

Downloads

Sobald Sie Dateien aus dem Internet laden, erscheint rechts oben in der Symbolleiste ein neues Symbol, über das Sie sich eine Liste aller bisherigen Downloads anzeigen lassen können. Mit einem Doppelklick auf einen Eintrag öffnen Sie die Datei, und ein Klick auf das kleine Lupensymbol neben einem Eintrag zeigt Ihnen die Datei im Finder.

Bei größeren Downloads, die einige Zeit dauern, können Sie sich in diesem Fenster über den Fortschritt des Ladevorgangs informieren.

Die Dateien aus dem Internet werden standardmäßig im Ordner *Downloads* abgelegt. Sie können das unter *Safari –> Einstellungen –> Allgemein* ändern, wo Sie auch festlegen können, dass Safari die Liste der Downloads automatisch leert, sobald ein Download abgeschlossen ist oder das Programm beendet wird.

Sobald Sie Dateien aus dem Internet heruntergeladen haben, erscheint in der Symbolleiste ein neues Symbol ❶, über das Sie die Liste aller Downloads öffnen. Hier sehen Sie, wie weit ein Download bereits gediehen ist. Mit einem Klick auf das „x" ❷ wird ein laufender Download angehalten. Das Symbol wird zu einem kreisförmigen Pfeil ❸, über den der angehaltene Download fortgesetzt werden kann. Ein Klick auf die Lupe ❹ zeigt Ihnen die heruntergeladene Datei im Finder. Mit „Löschen" ❺ leeren Sie die komplette Download-Liste, und der Pfeil ❶ verschwindet wieder aus der Symbolleiste.

Kennwörter

Bei digitalen Kaufhäusern, Webforen und ähnlichen Seiten ist der Zugang über ein Kennwort geschützt. Bevor Sie etwa bei Twitter oder Facebook eine Nachricht hinterlassen können, müssen Sie sich mit Ihren Zugangsdaten anmelden. Nun ist es allerdings etwas lästig, wenn Sie bei jedem Aufruf erneut Ihre Daten eingeben müssen, doch keine Sorge, hier kann Safari Ihnen die Arbeit ein wenig erleichtern. Denn Safari kann sich Ihre Zugangsdaten zu bestimmten Webseiten merken und die Anmeldung beim nächsten Mal automatisch ausfüllen. Damit das funktioniert, müssen Sie unter *Safari –> Einstellungen –> Autom. ausfüllen* den Punkt *Benutzernamen und Kennwörter* aktivieren.

Safari kann sich auf Wunsch die Zugangsdaten zu Benutzerkonten im Internet merken. Beim nächsten Besuch wird das Formular dann automatisch ausgefüllt.

Auch Webformulare, in denen Sie – etwa bei einer Bestellung – Ihre komplette Adresse eintragen sollen, kann Safari für Sie ausfüllen. Dazu aktivieren Sie unter *Safari –> Einstellungen –> Autom. Ausfüllen* den Punkt *Info von meiner Visitenkarte verwenden*. Ihre Visitenkarte legen Sie in der *Kontakte* App an, mit der wir uns in Kapitel 9 beschäftigen.

Kein Standard: Das automatische Ausfüllen einer Adresse in einem Formular ist ein kleines Glücksspiel, das nur dann funktioniert, wenn die Feldbezeichnungen im HTML-Code des Formulars von Safari korrekt erkannt werden. Da es hier leider keine verbindlichen Standards gibt, ist das mal mehr, mal weniger zuverlässig der Fall.

Kreditkarten

Die bevorzugte Bezahlmethode im Internet ist die Zahlung per Kreditkarte. Dazu geben Sie die Daten Ihrer Karte in ein Formular ein. Wenn Sie bei mehreren Anbietern im Internet einkaufen, kann es etwas lästig werden, bei jedem Anbieter die Kartendaten erneut einzutippen. Schließlich hat man die Karte nicht immer sofort zur Hand, und bei der Eingabe der Zahlenkolonnen kann man sich auch schon mal vertippen.

Hier bietet Safari Ihnen an, sich die Daten Ihrer Kreditkarte zu merken. Wenn Sie die Daten dann später noch einmal benötigen, kann Safari Ihnen das Ausfüllen eines Formulars deutlich erleichtern.

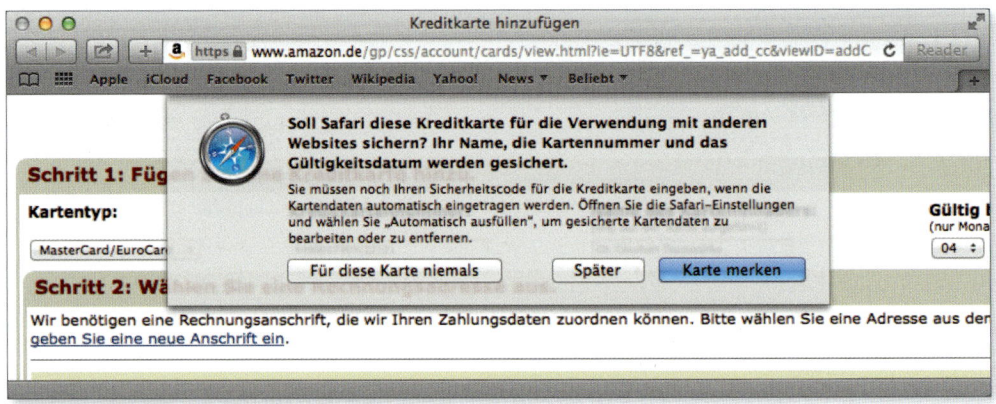

Neben den üblichen Zugangsdaten zu Konten kann Safari sich auch Kreditkartendaten merken.

Die Kartendaten lassen sich auf zwei Arten speichern:

- *Webseite:* Wenn Sie auf einer Webseite Ihre Kartendaten eingetragen haben, fragt Safari nach, ob der Browser sich die Karte merken soll.
- *Einstellungen von Safari:* Sie können die Daten auch unabhängig von einer Webseite bei Safari hinterlegen. Rufen Sie dazu *Safari –> Einstellungen –> Autom. ausfüllen* auf, und klicken Sie beim Eintrag *Kreditkarten* auf *Bearbeiten*. Mit einem Klick auf *Hinzufügen* können Sie nun Ihre Daten in Safari speichern.

Wenn Sie zudem den iCloud-Schlüsselbund (*Apfel-Menü –> Systemeinstellungen –> iCloud*) aktivieren, werden die Kreditkarten und Kennwortinformationen über die iCloud den mobilen iOS-Geräten zur Verfügung gestellt. Zusätzlich kann Safari Ihnen bei Webseiten mit Kennwortabfrage neue Kennwörter für Sie erzeugen, die dann ebenfalls über die iCloud auch dem iPhone bzw. iPad mitgeteilt werden.

Über den iCloud-Schlüsselbund können Kennwörter drahtlos abgeglichen werden (links). Selbst das Erstellen neuer Passwörter ist automatisiert möglich (rechts).

PDF-Dateien

OS X kann von Haus aus prima mit PDF-Dateien umgehen, weshalb es für Safari kein Problem ist, eine PDF-Datei, die auf einer Webseite verlinkt ist, direkt im Browser anzuzeigen. Wenn Sie den Mauszeiger an den unteren Rand des Fensters bewegen, werden Tasten zum Zoomen und zum Speichern der angezeigten PDF-Datei eingeblendet. Außerdem können Sie die PDF-Datei direkt an das Programm Vorschau übergeben, mit dem wir uns in Kapitel 13 beschäftigen werden.

Safari zeigt PDF-Dateien umstandslos an. Wenn Sie die Maus in den unteren Fensterbereich bewegen, wird ein Menü eingeblendet. Über die Lupen ❶ *können Sie das Dokument verkleinern/vergrößern. Mit einem Klick auf das Foto-Symbol* ❷ *übergeben Sie die Datei an das Programm „Vorschau", und über das Pfeil-Symbol* ❸ *speichern Sie die Datei im „Downloads"-Ordner.*

Lesezeichen und Verlauf

Wie jeder Browser bietet auch Safari die Möglichkeit, Verweise auf Webseiten als Lesezeichen zu speichern. Dabei unterscheidet Safari zwischen den allgemeinen Lesezeichen und den Favoriten. Die Favoriten sind besonders wichtige Lesezeichen, auf die Sie möglichst rasch zugreifen wollen und die sich als eigene Leiste einblenden lassen.

Über das Lesezeichen-Menü können Sie auf alle Lesezeichen zugreifen. Übersichtlicher als das Menü ist allerdings die Seitenleiste mit den Lesezeichen. Sie blenden die Leiste mit einem Klick auf das Buchsymbol in der Symbolleiste ein oder wählen *Lesezeichen –> Lesezeichen anzeigen*.

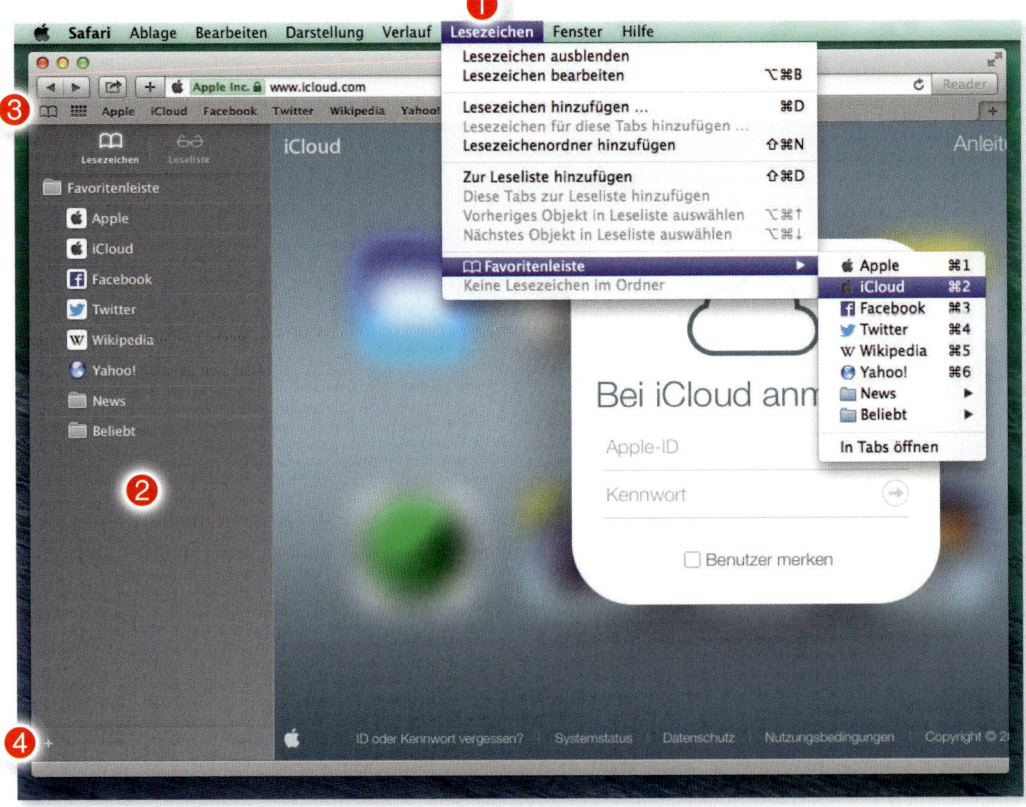

Auf die Lesezeichen können Sie über den gleichnamigen Menüpunkt zugreifen ❶. *Deutlich übersichtlicher ist allerdings die Seitenleiste* ❷, *die Sie mit einem Klick auf das Buchsymbol* ❸ *öffnen bzw. schließen. Über die Plus-Taste* ❹ *legen Sie neue Ordner in den Lesezeichen an.*

Lesezeichen anlegen

Es gibt verschiedene Möglichkeiten, um ein Lesezeichen anzulegen. Der Standardweg führt über *Lesezeichen –> Lesezeichen hinzufügen* oder die Tastenkombination *cmd + D*. Damit öffnen Sie eine Dialogbox, in der Sie den Speicherort und den Namen des Lesezeichens festlegen.

In der Favoritenleiste können Sie ein Lesezeichen auch einfach mit der Maus ablegen, indem Sie das Favicon – das ist das kleine Symbol, das links neben der Adresse angezeigt wird – in die Leiste ziehen und dort ablegen. Auf dem gleichen Weg werden Sie es auch wieder los: Ziehen Sie es einfach aus der Leiste heraus.

Natürlich können Sie Lesezeichen auch direkt in der Seitenleiste ablegen, indem Sie das Favicon einer Seite an die gewünschte Position in der Leiste ziehen.

Ordner

Um neue Ordner für Lesezeichen anzulegen, gibt es verschiedene Wege. Schnell und unkompliziert geht es über die Seitenleiste. Klicken Sie dort auf das kleine Plus-Zeichen, und geben Sie dem Ordner einen Namen. Mit der Maus lässt sich ein Ordner beliebig platzieren, Sie können also wie im Finder mit Unterordnern und einer hierarchischen Struktur arbeiten.

Lesezeichen organisieren

Je mehr Lesezeichen Sie speichern, desto unübersichtlicher wird es. Da hilft nur eins: Aufräumen. In der Seitenleiste lassen sich zwar neue Ordner anlegen und Lesezeichen mit der Maus verschieben, aber alles andere wird schnell lästig. So müssen Sie etwa ein Lesezeichen mit der rechten Maustaste anklicken, um es löschen oder die Adresse bearbeiten zu können.

Einfacher geht es, wenn Sie *Lesezeichen –> Lesezeichen bearbeiten* wählen. Hier können Sie neue Ordner anlegen, die Lesezeichen mit der Maus verschieben, durchsuchen, löschen und die Adresse bearbeiten, indem Sie sie einmal anklicken. Um diese Ansicht wieder zu verlassen, wählen Sie *Lesezeichen –> Lesezicheneditor ausblenden*.

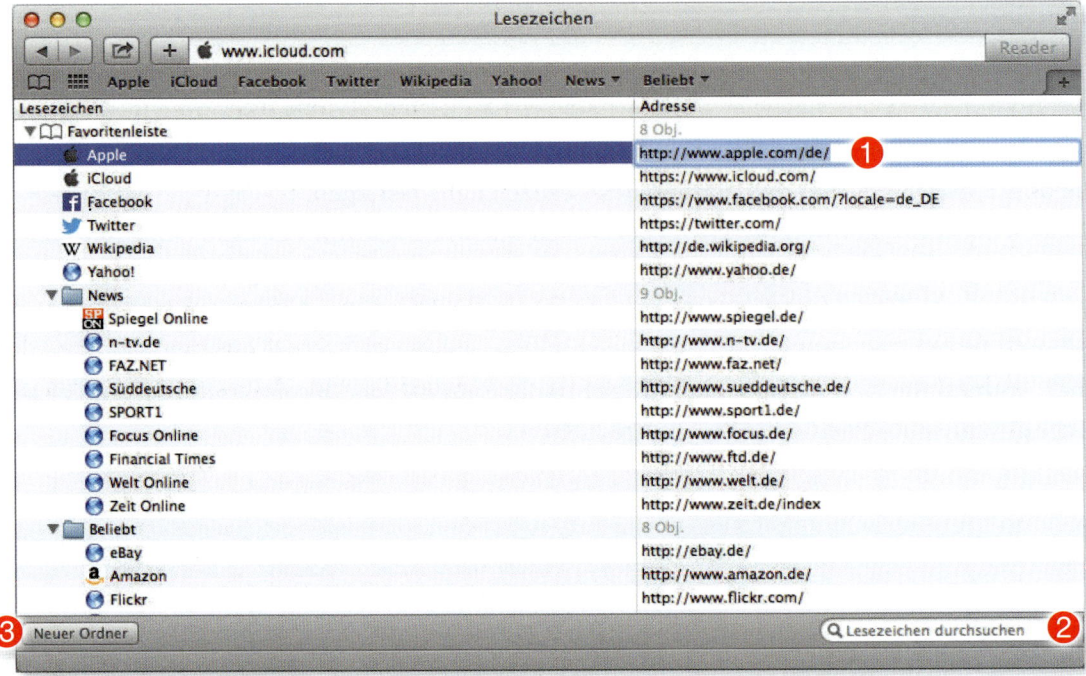

Am einfachsten können Sie Lesezeichen im Editor bearbeiten. Wenn Sie eine Adresse einfach anklicken, wird sie zum Eingabefeld, und Sie können die Adresse bearbeiten ❶. Die Suche ❷ hilft Ihnen dabei, auch in umfangreichen Lesezeichensammlungen die gewünschte Adresse zu finden. Neue Ordner legen Sie mit einem Klick auf die gleichnamige Taste an ❸. Lesezeichen und Ordner lassen sich mit der Maus beliebig platzieren.

Verlauf

Im Verlauf speichert Safari die Adressen aller Webseiten, die Sie in der letzten Zeit besucht haben. Sie rufen den Verlauf durch einen Klick auf den gleichnamigen Menüpunkt auf.

Wie weit dieses Surfprotokoll zurückreichen soll, legen Sie unter *Safari –> Einstellungen*, Register *Allgemein*, im Dropdown-Menü *Objekte aus Verlauf entfernen* fest. Standardmäßig speichert Safari einen Surfverlauf von einem Jahr. Sie können ihn aber auch auf einen Tag, eine Woche, zwei Wochen oder einen Monat beschränken. Wenn Sie nicht möchten, dass Safari den Verlauf überhaupt automatisch löscht, sondern das lieber selbst in die Hand nehmen möchten, wählen Sie hier *Manuell*.

Gespeicherte Daten im Verlauf können Sie jederzeit löschen. Rufen Sie dazu *Verlauf –> Verlauf einblenden* auf. Markieren Sie die Einträge, die Sie löschen möchten, und drücken Sie die *Backspace*-Taste. Möchten Sie den kompletten Verlauf löschen, wählen Sie *Verlauf –> Verlauf löschen*. Nach einer Sicherheitsabfrage wird der Verlauf gelöscht.

Lesezeichen mit iCloud synchronisieren

Wenn Sie an mehreren Macs arbeiten oder unterwegs auf einem iPhone oder iPad im Web surfen, dann bietet iCloud Ihnen noch einen besonderen Service, nämlich die Synchronisation der Lesezeichen. Wenn Sie unterwegs etwa auf dem iPhone ein neues Lesezeichen anlgen, dann taucht dieses Lesezeichen auch auf Ihrem Mac daheim auf. Dazu aktivieren Sie unter *Apfel-Menü –> Systemeinstellungen –> iCloud* den Punkt *Safari*.

Doch damit nicht genug: iCloud synchronisiert auch die Adressen geöffneter Webseiten zwischen den verschiedenen Geräten. Haben Sie zum Beispiel auf dem iPhone mehrere Webseiten geöffnet, dann haben Sie über das iCloud-Symbol in der Symbolleiste jederzeit Zugriff auf die Adressen der Seiten und können sie mit einem Mausklick auch auf dem Mac öffnen.

Wenn Sie die Synchronisation der Lesezeichen mit iCloud aktivieren, erscheint in der Symbolleiste ein iCloud-Symbol, über das Sie die Tabs bzw. Webseiten öffnen können, die aktuell auf Ihren anderen Geräten geöffnet sind.

Die Leseliste

Eine besondere Form der Lesezeichen ist die Leseliste. Hier können Sie Webadressen ablegen, die Sie sich später noch einmal genauer ansehen möchten. Dabei werden nicht nur die Adressen, sondern die kompletten Webseiten gespeichert. Sie können diese Seiten also auch dann abrufen, wenn Sie aktuell nicht online sind, etwa unterwegs im Flugzeug.

Seiten merken

Um die aktuelle Webseite in die Leseliste aufzunehmen, klicken Sie auf das Plus-Zeichen neben der Adresse. Möchten Sie nicht die aktuelle Seite, sondern eine dort verlinkte Webseite für die spätere Lektüre vormerken, klicken Sie den Link mit gedrückter *Shift*-Taste an.

Leseliste anzeigen

Die Leseliste blenden Sie in der Seitenleiste durch einen Klick auf *Leseliste* ein. Sie sehen nun alle gemerkten Einträge, wobei Safari nicht nur den Titel, sondern auch das Favicon und einen kleinen Textauszug anzeigt. Mit einem Klick auf einen Eintrag wird die entsprechende Seite geladen.

Um einen Eintrag zu löschen, zeigen Sie darauf und klicken anschließend auf das *X*, das rechts oben beim Eintrag eingeblendet wird. Möchten Sie alle Einträge löschen, klicken Sie mit der rechten Maustaste in die Seitenleiste und wählen *Alle Objekte entfernen*.

Um eine Webseite der Leseliste hinzuzufügen, klicken Sie auf das Plus-Zeichen links neben der Adresszeile ❶. In der Seitenleiste lassen Sie sich die Leseliste durch einen Klick auf das entsprechende Symbol anzeigen ❷. Sie können alle Lesezeichen oder nur alle noch nicht gelesenen Seiten anzeigen lassen ❸. Bei umfangreichen Leselisten hilft Ihnen die Suche dabei, eine bestimmte Webseite zu finden ❹. Zeigen Sie mit der Maus auf einen Eintrag, erscheint ein kleines „x" ❺. Mit einem Klick auf dieses x löschen Sie den Eintrag aus der Liste.

Top Sites

Eine besonders anschauliche Art, sich wichtige Webseiten zu merken, bietet *Top Sites*. Dabei werden 6 bis 24 Webseiten als Vorschau angeordnet. Welche Seiten hier zu finden sind, legen Sie natürlich selbst fest. Doch Sie können das auch Safari überlassen: In diesem Fall werden die von Ihnen am häufigsten besuchten Webseiten in *Top Sites* aufgenommen.

Ein- und ausblenden

Top Sites wird entweder über *Verlauf –> Top Sites einblenden* aufgerufen oder über das *Top-Sites*-Symbol (ein gefülltes Gittermuster) in der Favoritenleiste. Ob das Symbol angezeigt werden soll, legen Sie unter *Safari –> Eigenschaften –> Lesezeichen* fest. Ein erneuter Klick auf das Symbol blendet die *Top Sites* wieder aus.

Anzeige

Beim ersten Start füllt Safari *Top Sites* mit einer vorgegebenen Belegung; je länger Sie Safari einsetzen, desto stärker spiegelt *Top Sites* Ihr Surfverhalten wider. Um die Webseiten in einer Vorschau anzeigen zu können, ohne dass Sie lange auf den Aufbau von *Top Sites* warten müssen, speichert Safari einen aktuellen Schnappschuss von jeder Webseite. Dieser Schnappschuss wird beim Aufruf von *Top Sites* von der Festplatte geladen. Natürlich kann auch ein aktueller Schnappschuss sehr schnell veralten. Daher überprüft Safari regelmäßig, ob sich der Inhalt einer Seite geändert hat.

Wenn Sie beim Surfen im Netz auf eine Seite stoßen, die Sie zu *Top Sites* hinzufügen möchten, so ziehen Sie das Favicon der Seite (also die kleine Grafik links in der Adressleiste) auf das *Top-Sites*-Symbol.

Konfigurieren

Die Anordnung der Seiten lässt sich mit der Maus verändern – ziehen Sie die entsprechende Seite einfach an die gewünschte Position. Wenn Sie auf einen Eintrag zeigen, blendet Safari nach ein, zwei Sekunden ein *X* und einen Pin ein. Webseiten, die auf jeden Fall in *Top Sites* bleiben sollen, werden mit einem Klick auf den Pin festgesteckt. Ein Klick auf das Kreuz löscht die Seite, und Safari fügt automatisch die nächste Seite aus dem Fundus der bisher besuchten Seiten hinzu. Wie viele Seiten in *Top Sites* angezeigt werden sollen, bestimmen Sie unter *Einstellungen –> Safari* auf dem Register *Allgemein*.

Die „Top Sites" blenden Sie über das entsprechende Symbol in der Lesezeichenleiste ein ❶. Standardmäßig verwaltet Safari die „Tops Sites" automatisch und zeigt Ihnen die am häufigsten besuchten Webseiten an. Durch einen Klick auf das „X" bzw. den Pin ❷ können Sie eine Webseite aus den „Top Sites" entfernen oder sie dauerhaft aufnehmen.

Die Erweiterungen

Safari kann zwar eine ganze Menge, aber bei Weitem nicht alles, was das Programm leisten könnte. Doch das ist kein Problem, denn über die Erweiterungen lassen sich die Fähigkeiten von Safari fast grenzenlos anpassen.

Aktivieren

Bevor Sie die Erweiterungen nutzen können, müssen Sie Safari für den Einsatz vorbereiten. Das erledigen Sie über *Safari –> Einstellungen –> Erweiterungen*. Dieser Dialog zeigt Ihnen auch, welche Erweiterungen aktuell installiert bzw. aktiv sind. Hier lässt sich jede Erweiterung gezielt deaktivieren oder gleich ganz löschen. Derzeit ist das Verzeichnis natürlich noch leer, aber das lässt sich jederzeit ändern.

Installieren

Apple bietet eine recht umfangreiche Sammlung an Erweiterungen, die Sie mit *Safari –> Safari-Erwei- terungen* aufrufen. Alternativ dazu können Sie auch unter *Safari –> Einstellungen –> Erweiterungen* auf *Erweiterungen holen* klicken.

Safari lädt nun die „Safari Extensions Gallery", wo Erweiterungen vorgestellt werden und auch sofort geladen werden können.

Suchen Sie sich eine Erweiterung aus, die Sie interessiert, und klicken Sie auf *Install now*. Die Erweite- rung wird geladen, automatisch installiert und steht sofort zur Verfügung. Sie müssen den Browser also nicht neu starten, um in den Genuss der neuen Möglichkeiten zu kommen.

Updates

Wie andere Programme werden auch Erweiterungen von ihren Entwicklern regelmäßig überarbeitet und aktualisiert. Um das Laden von Updates zu automatisieren, wählen Sie *Safari –> Einstellungen –> Erweite- rungen*. Dort klicken Sie auf *Updates* und aktivieren dann *Updates automatisch installieren*.

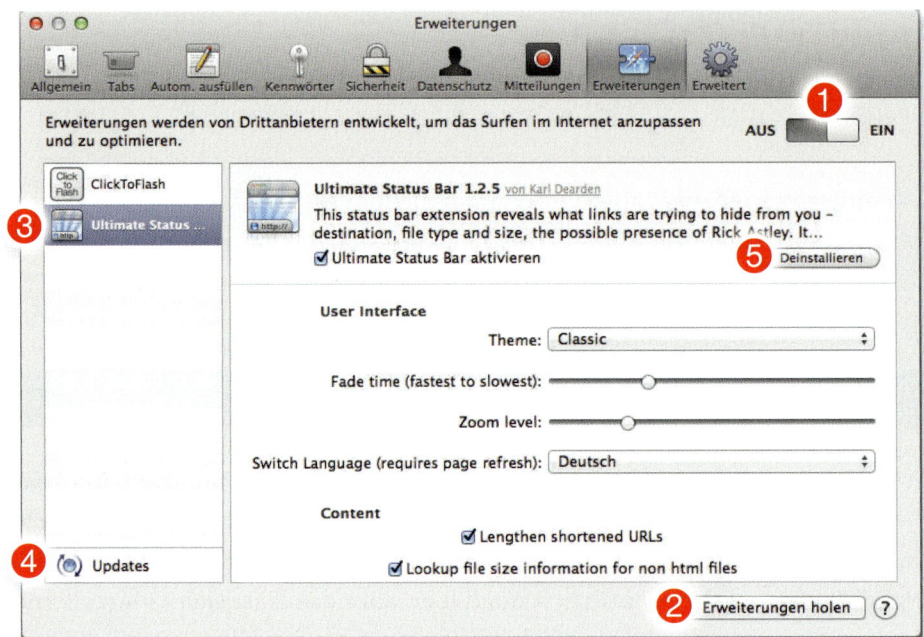

Sobald die Erweiterungen aktiviert sind ❶, können Sie Safari um allerlei neue Funktionen und Fähigkeiten erweitern. Über „Erweiterungen holen" ❷ greifen Sie auf Apples umfangreiche Sammlung von Erweiterungen zu (leider ist der überwiegende Teil auf Englisch). Um eine Erweiterung zu konfigurieren, wählen Sie sie in der Seitenleiste aus ❸. Mit „Updates" ❹ suchen Sie nach eventuell vorliegenden neuen Versionen einer Erweiterung. Möchten Sie die Erweiterung löschen, wählen Sie sie aus und klicken auf „Deinstallieren" ❺.

Risiken & Nebenwirkungen: So sinnvoll und nützlich die meisten Erweiterungen auch sind – das Verfahren ist nicht ohne Probleme. So sind etwa Erweiterungen denkbar, die sich wie Trojaner oder andere Schadsoftware verhalten. Aus diesem Grund sollten Sie Erweiterungen nur aus vertrauenswürdigen Quellen (wie etwa Apples offizieller Galerie) installieren.

Sicherheit und Datenschutz

Neben all den schönen Sachen, die Sie im und mit dem Netz erleben können, hält es mitunter auch eher unangenehme Überraschungen bereit: Auch im Internet tummeln sich die bösen Buben, und Sie tun gut daran, sich mit den Einstellungen zur Sicherheit und zum Datenschutz in Safari zu beschäftigen.

„Sichere" Dateien

Apple möchte es Ihnen am Mac so einfach wie möglich machen und Ihnen jeden überflüssigen Mausklick ersparen. Bei Safari ist man dabei allerdings etwas über das Ziel hinausgeschossen: Denn standardmäßig öffnet Safari Dateien, die vom Programm als „sicher" eingestuft werden, automatisch.

So werden etwa ZIP- oder DMG-Dateien automatisch entpackt. Das ist im Grunde eine gute Idee, in der Praxis kann dies aber dazu führen, dass unerfahrene Anwender von Trickbetrügern dazu überredet werden, bestimmte Software zu installieren.

Am besten ist es, diese etwas leichtsinnige Hilfestellung Safaris abzulehnen und unter *Safari –> Einstellungen –> Allgemein* die entsprechende Option *„Sichere" Dateien nach dem Laden öffnen* zu deaktivieren.

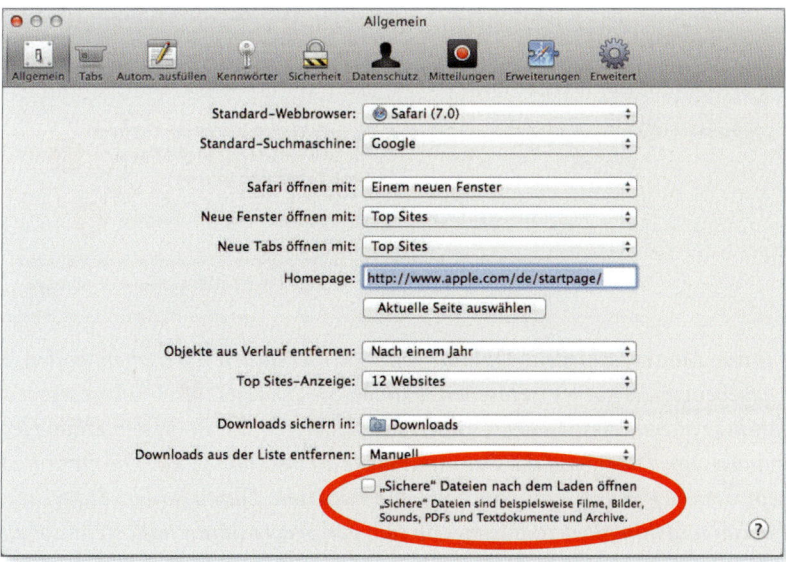

Auch vermeintlich „sichere" Dateien können Risiken bergen. Die Option zum automatischen Öffnen nach dem Download sollten Sie besser deaktivieren.

Cookies

Cookies sind kleine Textschnipsel, die eine Webseite auf Ihrem Mac ablegen kann, um Sie bei Ihrem nächsten Besuch der Seite wiederzuerkennen. Das ist sehr praktisch und erwünscht, wenn es sich etwa um ein Internetkaufhaus oder ein Forum handelt, bei dem Sie anhand des Cookies erkannt und eingelassen werden, ohne jedes Mal aufs Neue Ihre Zugangsdaten eingeben zu müssen. Andererseits können Cookies dazu missbraucht werden, Ihren Weg durchs Netz zu protokollieren.

Es empfiehlt sich, die gespeicherten Cookies regelmäßig zu überprüfen und alle dubiosen Einträge zu löschen. Das erledigen Sie unter *Safari –> Einstellungen –> Datenschutz*. Hier erfahren Sie, wie viele Webseiten aktuell Cookies auf Ihrem Mac abgelegt haben. Mit *Alle Website-Daten entfernen* löschen Sie sämtliche Cookies und andere gespeicherte Daten, und mit *Details* lassen Sie sich eine Liste mit allen gespeicherten Daten anzeigen, in der Sie gezielt Einträge löschen können.

Bei *Cookies blockieren* bleiben Sie am besten bei der Standardeinstellung *Von Dritten oder Werbeanbietern*. Dabei handelt es sich um einen guten Kompromiss aus den beiden Möglichkeiten, Cookies *Immer* bzw. *Nie* zu blockieren.

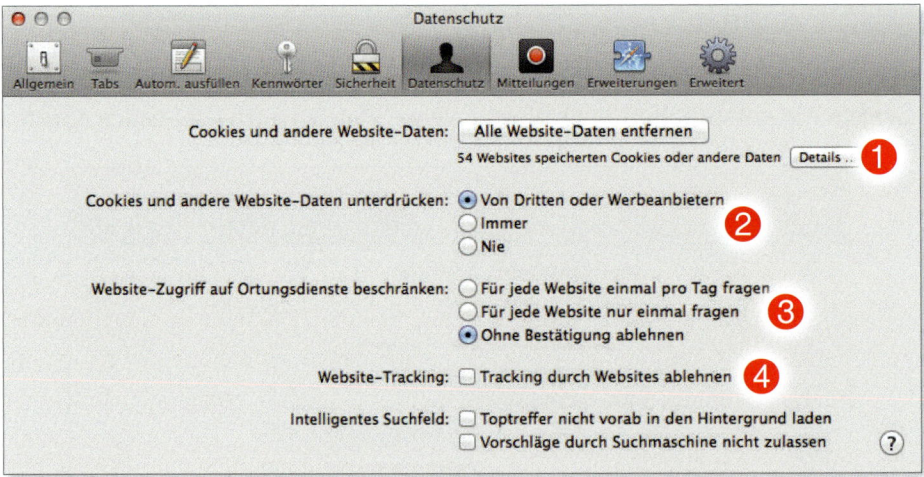

Webseiten speichern auf Ihrem Mac verschiedene Daten. Wenn Sie hier gezielt nachsehen wollen, welche Webseiten welche Daten speichern, um sie gegebenenfalls gezielt zu löschen, wählen Sie „Details" ❶. Cookies selbst sind nützlich, die Cookies von Werbeanbietern allerdings nicht – diese Cookies sollten Sie blockieren ❷. In diesem Dialog legen Sie auch fest, wie oft eine Website nachfragen muss, um Zugriff auf die Ortungsdienste zu bekommen ❸. Die Option „Tracking durch Websites ablehnen" ❹ ist eher ein frommer Wunsch als eine sinnvolle Funktion. Damit fordert Safari einen Webserver auf, den Anwender nicht zu markieren und ihm nicht zu folgen – ob sich der Server daran hält, steht auf einem ganz anderen Blatt.

Ortung

Die Ortungsdienste von OS X können Ihre geografische Position (genauer: die Ihres Macs) einigermaßen präzise bestimmen. Diese Ortsdaten kann Safari einer Webseite auf Anfrage zur Verfügung stellen – natürlich nicht einfach so, sondern nur, wenn Sie explizit zustimmen. Wann genau und wie oft Safari Sie in diesem Fall fragen soll, legen Sie unter *Safari –> Einstellungen –> Datenschutz* im Abschnitt *Website-Zugriffe auf Ortungsdienste beschränken* fest.

Sicherheit

Alle Einstellungen zur Sicherheit von Safari nehmen Sie auf der entsprechenden Registerkarte unter *Safari –> Einstellungen –> Sicherheit* vor. Hier können Sie etwa JavaScript ausschalten oder genau definieren, welche Webseite auf ein Plug-In zugreifen darf. Hier schalten Sie auch den Pop-Up-Blocker ein oder aus.

Pop-Ups: Pop-Ups sind Fenster, die von einer Webseite beim Aufruf ohne Ihr Zutun geöffnet werden. Hierbei handelt es sich fast immer um Werbung. In seltenen Fällen kann es allerdings vorkommen, dass in einem Pop-Up-Fenster wichtige Informationen angezeigt werden, etwa der Anmeldedialog für ein Forum. Standardmäßig sind Pop-Ups ausgeschaltet; falls eine Seite sie zwingend benötigt, schalten Sie sie vorübergehend ein.

Betrügerische Seiten

Der vielleicht wichtigste Eintrag ist der Punkt *Bei betrügerischen Inhalten warnen*. Damit fängt Safari sogenannte „Phishing-Sites" ab, also Webseiten, die es darauf anlegen, Ihnen Ihre Zugangsdaten zu kennwortgeschützten Seiten abzuluchsen. Es gibt keinen Grund, diese Option auszuschalten.

Vorsicht vor den Kennwortfischern! „Phishing" ist ein Kunstwort aus „Password" und „fishing" und kann mit „Passwort angeln" übersetzt werden. Beim Phishing werden in betrügerischer Absicht vermeintlich echte Mitteilungen großer Unternehmen wie E-Bay, PayPal oder Geldinstituten per E-Mail verschickt, mit dem Ziel, von arglosen Anwendern Kennwörter, Zugangsdaten und ähnlich sensible Daten zu erfahren. Eine typische Phishing-Mail fordert den Empfänger dazu auf, sich umgehend auf einer bestimmten Webseite anzumelden, um Schäden oder finanzielle Verluste zu verhindern. Die verlinkten Webseiten liegen meist auf Servern in eher exotischen Gegenden und überraschen mit mehr oder weniger echt aussehenden Formularseiten. Wer hier seine Daten einträgt, übermittelt sie an die Betrüger, die nun versuchen, aus diesen Daten möglichst schnell Kapital zu schlagen.

Privates Surfen

Wenn Sie nicht möchten, dass Safari überhaupt etwas speichert – weder Cookies noch den Verlauf noch Kennwörter –, dann aktivieren Sie *Safari –> Privates Surfen*. Alle ab diesem Zeitpunkt besuchten Webseiten werden von Safari nicht in den Verlauf übernommen.

Sobald die Funktion aktiviert ist, erscheint in der Adressleiste der Hinweis *Privat*. Klicken Sie auf diesen Hinweis klicken, können Sie Ihre private Surftour durchs Netz wieder beenden.

Kapitel 8

Mail

Die elektronische Post ist das wohl wichtigste Kommunikationsmittel, das Ihnen das Internet zu bieten hat. Natürlich unterstützt OS X von Haus aus Mail und liefert ein Programm mit, mit dem Sie Ihre E-Mails empfangen, senden und verwalten können. Das Programm heißt, wenig überraschend, *Mail*. Das Design wirkt schlicht, aber *Mail* erweist sich in der Praxis aber als erstaunlich zuverlässig, leistungsfähig und flexibel.

Mail-Accounts

Bevor Sie mit dem Programm *Mail* arbeiten können, müssen Sie es (wie jedes Mail-Programm) einrichten. Falls Sie das noch nicht getan haben (s. dazu Kapitel 2), fordert Mail Sie beim Start dazu auf. Sie können auch später jederzeit einen zusätzlichen Account einrichten. Wählen Sie dazu *Mail –> Einstellungen –> Accounts*. Wenn Sie bei der Konfiguration von OS X ein iCloud-Konto eingerichtet haben, ist der Mail-Account von iCloud bereits eingerichtet.

Accounts konfigurieren

Ein Account kann jederzeit bearbeitet und konfiguriert werden. In der Regel ist das nicht notwendig, aber es gibt einige Szenarien, in denen Sie mit individuellen Einstellungen besser fahren als mit den Standardvorgaben von *Mail*. Dabei gehen die Konfigurationsmöglichkeiten in *Mail* weit über das hinaus, was Ihnen die zentrale Account-Verwaltung in den Systemeinstellungen anbietet.

Sämtliche Anpassungen nehmen Sie unter *Mail –> Einstellungen –> Accounts* vor. Hier finden Sie für jeden Account drei verschiedene Registerkarten:

- *Accountinformationen:* Hier können Sie den Namen des Accounts oder Ihren Absendernamen ändern. Hier lassen sich auch Tippfehler bei der Mail-Adresse oder dem Server korrigieren oder ein geändertes Kennwort eintragen. Auf dieser Karte können Sie einen Account auch deaktivieren (also ihn vorübergehend ausschalten, ohne ihn zu löschen).
- *Postfach-Verhalten:* In diesem Register legen Sie unter anderem fest, wie *Mail* mit gelöschten E-Mails umgehen soll oder ob die Postfächer *Entwürfe* und *Werbung* auch auf dem Server gesichert werden sollen.
- *Erweitert:* Auf der dritten Registerkarte lassen sich einige technische Besonderheiten eintragen, was aber nur dann notwendig ist, wenn die Konfiguration Ihres Mail-Servers vom üblichen Stan-

dard abweicht. Nützlich ist auch die Option, einen Account vom automatischen Mail-Empfang auszuschließen. In diesem Fall prüft *Mail* erst dann den Posteingang dieses Accounts, wenn Sie das Programm explizit dazu auffordern. So können Sie einen Account, den Sie nicht regelmäßig im Blick behalten wollen, weiter mitführen, ohne von eventuellen neuen Mails abgelenkt zu werden.

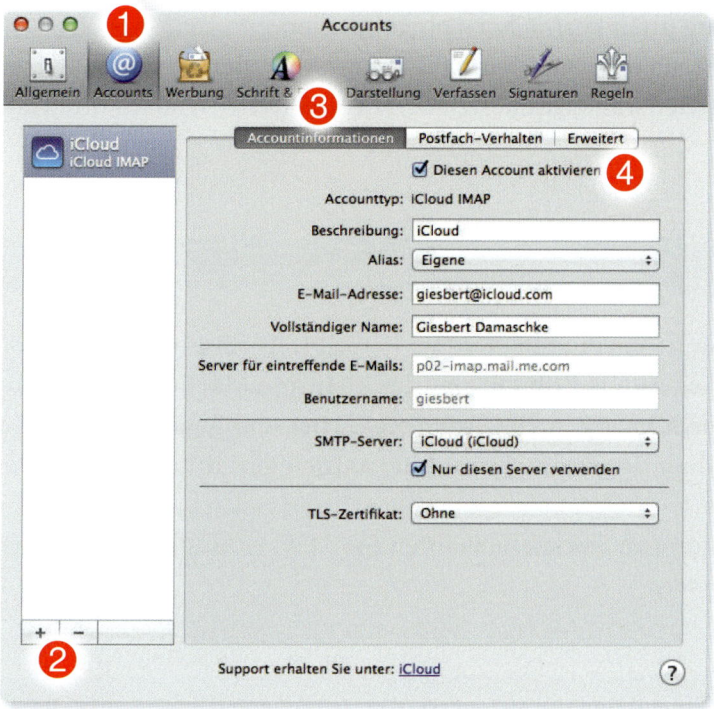

Auf der Registerkarte „Accounts" ❶ *in den „Einstellungen" von Mail konfigurieren Sie Ihre E-Mail-Accounts. Über die Plus/Minus-Tasten* ❷ *fügen Sie weitere Accounts hinzu bzw. löschen eingerichtete Accounts. Die Registerkarten* ❸ *bieten Zugriff auf sämtliche Parameter. In der Regel müssen Sie hier allerdings so gut wie nie etwas eintragen oder ändern, das übernimmt Mail. Falls Sie einen Account vorübergehend pausieren wollen, ohne ihn gleich zu löschen, schalten Sie die Option „Diesen Account aktivieren"* ❹ *aus.*

Aufbau von Mail

Standardmäßig startet *Mail* mit zwei Spalten: Links sehen Sie den Inhalt des aktuell ausgewählten Postfachs, rechts im großen Fenster die aktuell ausgewählte Mail. Mit einem Klick auf *Einblenden* wird links zusätzlich eine Spalte mit allen Postfächern eingeblendet.

Die Liste der Mails kann nach verschiedenen Kriterien sortiert werden. Klicken Sie dazu auf die graue Kopfleiste der Spalte, in der standardmäßig *Nach Datum sortieren* steht, und wählen Sie die gewünschte Sortierung aus.

Klassische Ansicht

Das zwei- bzw. dreispaltige Layout von *Mail* ist bei Bildschirmgrößen ab 13 Zoll und mehr gut lesbar – also praktisch immer. Auf dem 11-Zoll-Display des kleinsten MacBook Air kann sie aber schon ein wenig verschwenderisch mit dem knappen Platz umgehen. Hier empfiehlt es sich, auf die ältere Ansicht umzuschalten, bei der der Inhalt des Postfachs und die aktuell gewählte Mail nicht neben, sondern untereinander gezeigt werden.

Um auf diese Darstellung zu wechseln, wählen Sie *Mail –> Einstellungen –> Darstellung* und aktivieren *Klassisches Layout verwenden*.

Favoritenleiste

Neben den beiden üblichen Titel- und Symbolleisten kennt Mail auch noch eine Favoritenleiste, über die Sie ein bestimmtes Postfach direkt anspringen können, ohne erst in der Postfachliste danach suchen zu müssen.

Von Haus aus sind dort die Postfächer *Eingang* und *Gesendet* abgelegt. Sie können aber auch eigene Postfächer der Leiste hinzufügen. Wie das geht, erfahren Sie weiter unten.

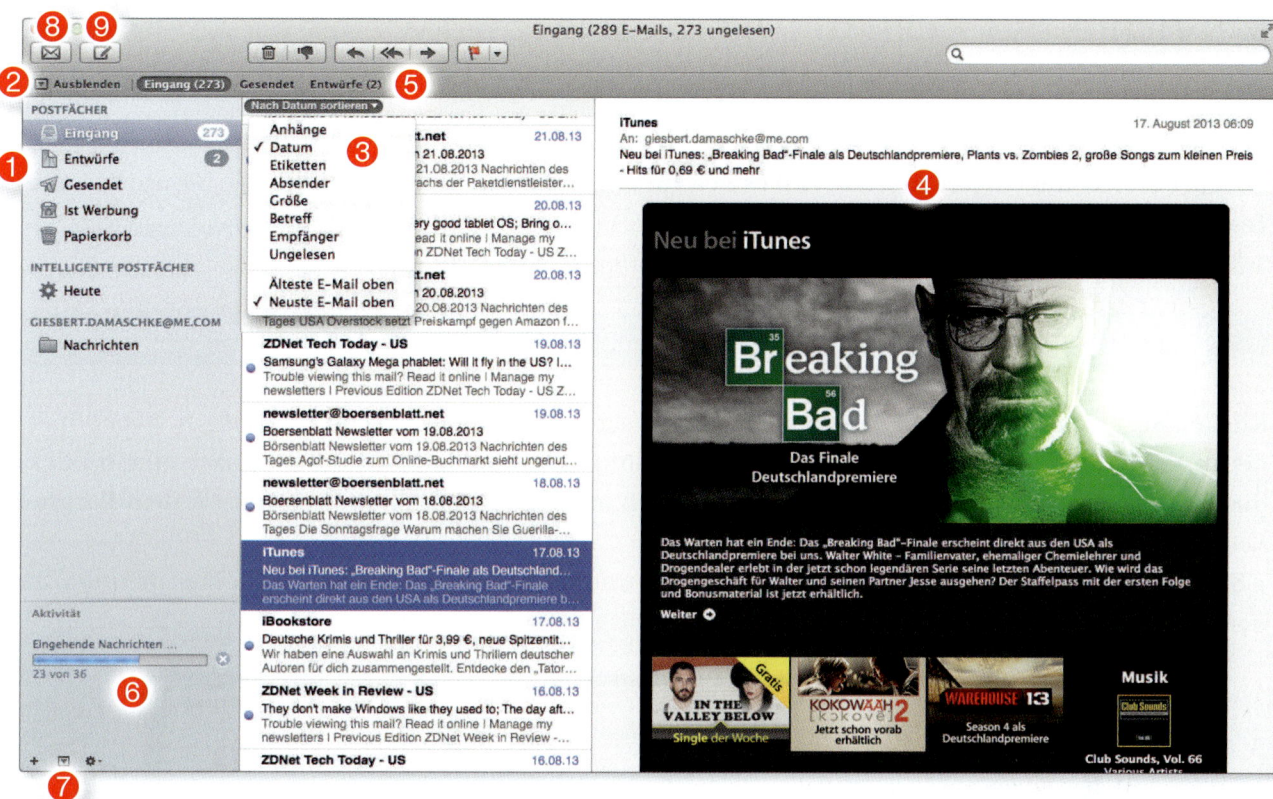

Mail wartet standardmäßig mit einem dreispaltigen Layout auf. Links steht die Postfachliste ❶, die über einen Klick auf „Ausblenden" ❷ auch verschwinden kann (der Text ändert sich dann zu „Einblenden"). Rechts daneben wird der Inhalt des aktuellen Postfachs angezeigt. Die Sortierung lässt sich nach verschiedenen Kriterien anpassen ❸. In der dritten Spalte wird schließlich die aktuell markierte Mail angezeigt ❹. In der Favoritenleiste ❺ können Postfächer abgelegt werden, die man im schnellen Zugriff haben möchte. Im Fenster „Aktivität" ❻ werden Informationen über den Fortschritt beim Senden und Empfangen von Mail angezeigt. Das Fenster lässt sich durch einen Klick auf das kleine Dreieck unten links ein- und ausblenden ❼. Mit einem Klick auf den Umschlag ❽ rufen Sie Ihre Mails ab, und ein Klick auf das stilisierte Blatt mit Stift ❾ öffnet ein neues, leeres Mail-Formular.

E-Mails schreiben und sichern

Sobald ein Account eingerichtet ist, wird es Zeit für einen kleinen Test. Dazu schicken Sie am besten eine Test-Mail an sich selbst.

Testmail schreiben

Klicken Sie also in der Symbolleiste auf die Taste *Neue E-Mail*, oder drücken Sie *cmd + N. Mail* öffnet ein neues, leeres Mail-Formular. Tragen Sie hier als Empfänger Ihre Mail-Adresse ein. Nach einem Klick auf die blaue Plustaste können Sie die Empfänger auch aus Ihren Kontakten wählen (mit dem Programm *Kontakte* beschäftigen wir uns in Kapitel 9).

Sie können in *Mail* mit Formatvorlagen arbeiten und einfach Fotos in Ihre Mails übernehmen. Mehr dazu lesen Sie weiter unten in diesem Kapitel.

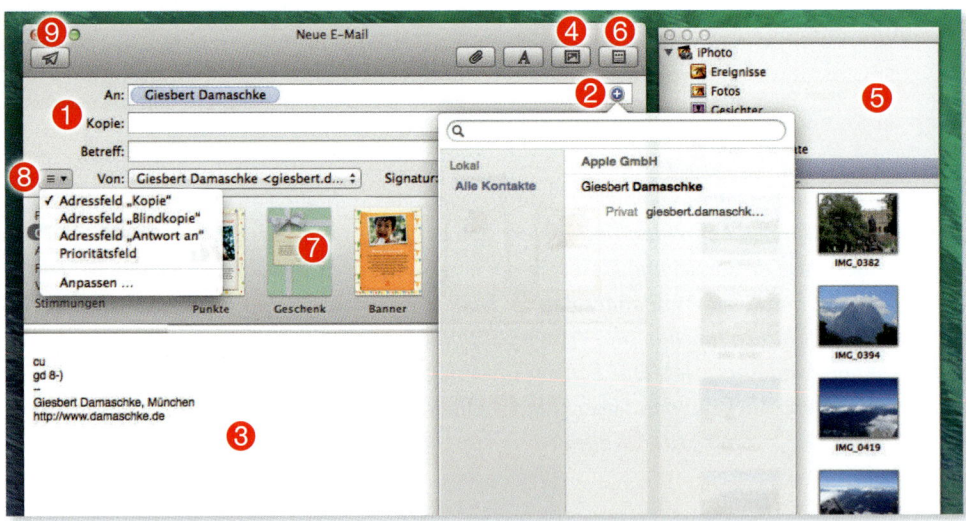

Das Formular für eine neue Mail ist recht einfach und übersichtlich aufgebaut. Im Kopfbereich ❶ tragen Sie den/die Empfänger und den Betreff Ihrer Mail ein, und mit einem Klick auf das blaue Plus-Zeichen ❷ greifen Sie auf Ihre Kontakte zu. Im großen, leeren Bereich ❸ schreiben Sie Ihren Text. Über die Bildertaste ❹ können Sie Fotos übernehmen ❺, und ein Klick auf die Vorlagentaste ❻ öffnet die Vorlagenauswahl ❼. Welche Felder im Kopf des Formulars angezeigt werden sollen, bestimmen Sie über einen Klick auf die Taste mit dem Listensymbol ❽. Ein Klick auf den Papierflieger schickt Ihre Mail schließlich auf die Reise ❾.

Als Entwurf speichern

Sie können die Mail mit einem Klick auf den Papierflieger sofort versenden, doch übungshalber speichern wir sie zuerst als Entwurf. Schließlich kommt es in der Praxis immer wieder vor, dass Sie eine Mail zwar anfangen, aber nicht beenden können, zum Beispiel, weil Sie bei der Arbeit unterbrochen wurden oder mit Ihrer Mail noch nicht so recht zufrieden sind und sie zu einem späteren Zeitpunkt noch einmal bearbeiten möchten.

Um eine Mail als Entwurf zu speichern, drücken Sie *cmd + S*. Die Mail wird nun gespeichert und taucht im Postfach *Entwürfe* auf. Das Mail-Formular selbst bleibt weiterhin geöffnet und kann weiterbearbeitet werden. Um die Arbeit vorläufig zu unterbrechen, schließen Sie das Mail-Formular mit *cmd + W* und klicken auf *Sichern*.

Möchten Sie die Mail später weiterbearbeiten, lassen Sie sich mit einem Klick auf *Entwürfe* Ihre gespeicherte Mail anzeigen und klicken die gewünschte Mail doppelt an. Das Mail-Formular wird geöffnet, und Sie können Ihre Arbeit fortsetzen.

 **Vorsicht, Falle!** Wenn Sie eine Mail aus den Entwürfen weiterbearbeiten und die Bearbeitung abbrechen (zum Beispiel, indem Sie das Mail-Formular schließen), dann fragt Mail nach, ob Sie die Mail sichern möchten. Hier müssen Sie unbedingt auf **Sichern** tippen, andernfalls wird der Entwurf gelöscht!

E-Mails senden und empfangen

Nachdem Sie Ihre Mail fertiggestellt haben, schicken Sie sie mit einem Klick auf die Taste mit dem Papierflugzeug auf die Reise. Klicken Sie nun auf den Eintrag *Gesendet*. Sie sehen Ihre soeben verschickte Mail als Belegkopie.

Test-Mail empfangen

Sobald Sie die Mail abgeschickt haben, taucht sie normalerweise auch schon wieder als neue, ungelesene Mail im Postfach *Eingang* auf. Falls das Internet oder Ihr Mail-Anbieter just im Moment einen kleinen Schluckauf hat, kann sich der Empfang auch verzögern. Klicken Sie dann auf die Taste *Empfangen* – den Briefumschlag – in der Symbolleiste.

E-Mails löschen

Nachdem Sie sich von der generellen Funktionstüchtigkeit Ihrer Konfiguration überzeugt haben, können Sie die Test-Mail löschen. Klicken Sie dazu auf den entsprechenden Eintrag, und befördern Sie die Mail mit einem Klick auf das Papierkorbsymbol oder druch Drücken der auf die *Backspace*-Taste in den Papierkorb.

Papierkorb löschen

Alle Mails, die Sie löschen, landen zuerst im Papierkorb, von wo aus sie wieder zurückgeholt werden können. Möchten Sie die Mails endgültig löschen, so klicken Sie den Eintrag *Papierkorb* in der Postfachliste mit der rechten Maustaste an und wählen *Gelöschte Objekte endgültig löschen*.

 Einblenden: Um den Papierkorb angezeigt zu bekommen, müssen Sie die Postfachliste einblenden.

Papierkorb automatisch leeren

Sie können das Leeren des Papierkorbs auch *Mail* überlassen. Das Programm löscht auf Wunsch alle Mails im Papierkorb nach einer bestimmten Zeitspanne. Von Haus aus wirft *Mail* automatisch alles weg, was seit mehr als 30 Tagen im Papierkorb liegt. Um eine andere Zeitspanne zu wählen oder um die automatische Leerung zu deaktivieren, wählen Sie *Mail –> Einstellungen –> Accounts –> Postfach-Verhalten*. Im Abschnitt *Papierkorb* legen Sie nun fest, ob und wann *Mail* den Papierkorb leeren soll.

Signaturen

Es ist im Mail-Verkehr üblich, seine E-Mails mit einer Signatur zu versehen. Das ist eine Standardformulierung, die automatisch an den Schluss einer E-Mail angehängt wird. Üblicherweise enthält die Signatur den Namen, die Homepage und manchmal auch die Firma des Absenders oder eine Grußformel. *Mail* kann mit beliebig vielen Signaturen umgehen, die Sie je nach Anlass oder Empfänger Ihrer Mail einsetzen können.

Signatur definieren

Um eine Signatur anzulegen, wählen Sie *Mail –> Einstellungen –> Signaturen*. Wählen Sie hier den Account, dem Sie eine Signatur zuordnen möchten, und klicken Sie auf das Plus-Zeichen. Geben Sie Ihrer Signatur einen Namen, und schreiben Sie den Text der Signatur in das Textfeld.

Unter *Signatur auswählen* legen Sie fest, welche Signatur *Mail* automatisch einfügen soll. Möchten Sie Signaturen nur ausnahmsweise verwenden, dann wählen Sie hier *Ohne*.

Signatur zuweisen

Wenn Sie mit mehreren Accounts arbeiten, können Sie jedem Account ein eigenes Set an Signaturen zuweisen. Möchten Sie ein und dieselbe Signatur mit mehreren Accounts benutzen, müssen Sie diese Signatur nicht mehrfach eingeben. Stattdessen wählen Sie *Alle Signaturen* und ziehen die gewünschte Signatur auf den entsprechenden Account.

Signatur auswählen

Über das Feld *Signatur auswählen* legen Sie fest, welche Signatur ein Account standardmäßig benutzt. Bei einer neuen Mail setzt *Mail* nun automatisch die Signatur in das Mail-Formular. Falls Sie mehrere Signaturen angelegt haben, können Sie über das Auswahlmenü *Signatur* im Mail-Formular natürlich auch eine andere (oder keine) Signatur für die aktuelle Mail wählen.

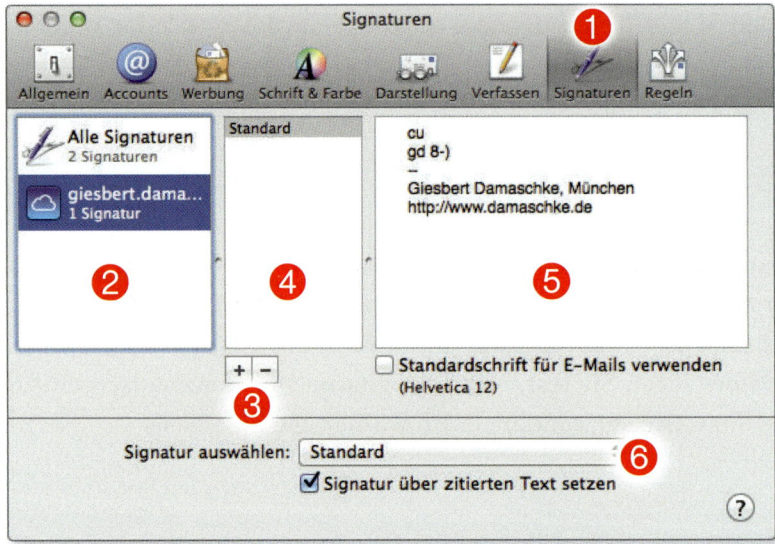

Auf der Registerkarte „Signaturen" ❶ legen Sie die kleinen Textschnipsel fest, die Mail automatisch an Ihre Mails anfügen kann. Für jeden Account ❷ lassen sich beliebig viele Signaturen definieren. Eine neue Signatur fügen Sie mit einem Klick auf die Plus-Taste ❸ hinzu. Jede Signatur kann aus der Liste der Signaturen ❹ auf einen Account gezogen und ihm so zugewiesen werden. Die Signatur wird so in die Mail eingefügt, wie Sie sie im Textfeld ❺ definiert haben. Haben Sie für einen Account mehrere Signaturen festgelegt, legen Sie eine Standardsignatur fest ❻. Möchten Sie dann einmal auf eine andere Signatur zugreifen, können Sie dies im Mail-Formular erledigen.

Antworten, Zitate, Weiterleiten, Konversationen

Die elektronische Post ist natürlich keine Einbahnstraße, sondern sie wird beantwortet oder weitergeleitet, und so entstehen zum Teil umfangreiche Konversationen zwischen Ihnen und Ihren Mail-Partnern. *Mail* nimmt darauf natürlich Rücksicht.

Antworten

Bei Antworten auf eine Mail gibt es zwei Möglichkeiten. Im einfachsten Fall antworten Sie direkt auf eine Mail, die nur Sie bekommen haben. Bei Mails, die an mehrere Adressaten geschickt wurden, können Sie entweder nur dem Absender oder auch dem Absender und allen anderen Empfängern antworten.

Das erledigen Sie über die entsprechenden Symbole, die Sie in der Symbolleiste sehen und die auch in jeder Mail eingeblendet werden, sobald Sie mit der Maus auf die Trennlinie zwischen dem Mail-Kopf und der eigentlichen Mail zeigen.

- *Antwort nur an den Absender:* Klicken Sie auf den einfachen Pfeil nach links.
- *Antwort an alle:* Klicken Sie auf den Doppelpfeil nach links.
- *Weiterleiten:* Klicken Sie auf den Pfeil nach rechts.

 Antworten zeigen: Eine Mail, auf die Sie geantwortet haben, wird links mit einem kleinen Pfeil markiert. Ein Klick auf diesen Pfeil öffnet automatisch Ihre Antwort.

Über einen Klick auf das entsprechende Symbol – „Antworten" ❶, „Allen antworten" ❷, „Weiterleiten" ❸ – wird eine Mail beantwortet bzw. weitergeleitet. Diese Symbole werden auch im Mail-Formular eingeblendet ❹.

Zitate

Standardmäßig übernimmt Mail den gesamten Text einer Mail, auf die Sie antworten, in Ihre Antwort und markiert ihn als Zitat. Möchten Sie nur einen bestimmten Teil zitieren, so markieren Sie die entsprechende Passage und klicken erst dann auf den Pfeil. Nun wird nur die Markierung als Zitat übernommen.

 Keine Zitate: Das Zitatverhalten von **Mail** können Sie unter **Mail –> Einstellungen –> Verfassen** steuern. Sie können auch die automatische Übernahme von Zitaten komplett unterbinden.

Weiterleiten

Möchten Sie eine Mail an einen anderen Empfänger weiterleiten, so klicken Sie dazu in der Symbolleiste auf den Pfeil nach rechts. Dabei übernimmt *Mail* den kompletten Text inklusive der Angaben wie Absender, Betreff und Datum in ein neues Mail-Formular.

Bei dieser Form der Weiterleitung werden einige technische Daten ignoriert, die in einer Mail unsichtbar enthalten sind. Möchten Sie diese ebenfalls mitschicken (etwa zur Fehleranalyse), so wählen Sie *E-Mail –> Als Anhang weiterleiten*.

Konversationen

Einen Mail-Wechsel fasst *Mail* automatisch zu einer Konversation zusammen. In diesem Fall sehen Sie statt der einzelnen Mails einen einzigen Eintrag in Ihrem Postfach. Eine kleine Ziffer gibt an, wie viele Mails in diesem Eintrag zusammengefasst sind. Klicken Sie diesen Eintrag an, werden alle Mails in chronologischer Reihenfolge untereinander angezeigt, und Sie können gezielt auf einen bestimmten Beitrag zugreifen.

Falls Sie eine chronologische Liste bevorzugen, ohne dass zusammengehörende Mails gruppiert werden, entfernen Sie das Häkchen unter *Darstellung –> Nach Konversationen ordnen*.

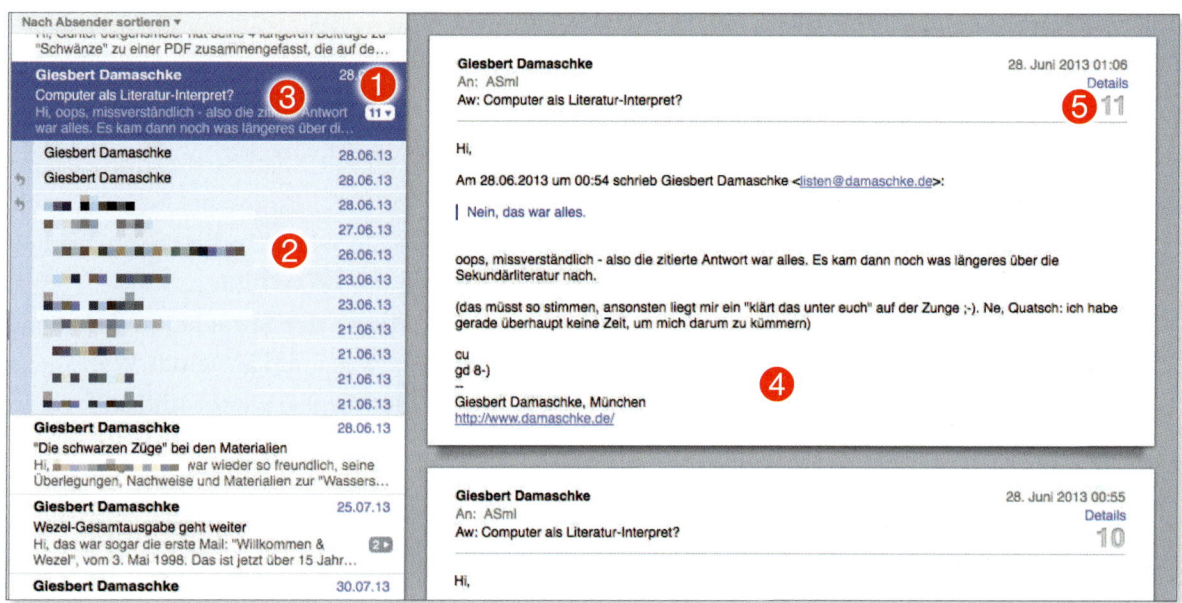

Zusammengehörende Mails werden als Konversation zusammengefasst. Eine kleine Zahl ❶ gibt an, wie viele Mails zur Konversation gehören. Klicken Sie die Zahl an, werden alle Beteiligten gezeigt ❷. Sie können eine Mail in der Liste gezielt auswählen oder mit einem Klick auf den obersten Eintrag ❸ die komplette Konversation einblenden ❹. Die einzelnen Mails werden dabei durchnummeriert ❺.

Zusammenhänge

Bei einer Konversation werden auch die Mails gezeigt, die in einem anderen als dem aktuellen Postfach liegen. Haben Sie zum Beispiel auf eine E-Mail im Posteingang geantwortet, dann speichert *Mail* Ihre Antwort im Postfach „Gesendet". Im Posteingang wird die Mail, auf die Sie geantwortet haben, mit einer kleinen „2" versehen und zusammen mit Ihrer Antwort angezeigt. Diese Darstellung ist üblicherweise sinnvoll, kann aber bei umfangreicheren Mail-Wechseln manchmal etwas verwirrend sein. In diesem Fall wählen Sie *Darstellung –> Zugehörige E-Mails ausblenden*. Mit *Darstellung –> Zugehörige E-Mails einblenden* machen Sie diese Einstellung wieder rückgängig.

Mail-Format

Generell gibt es zwei Möglichkeiten, E-Mails zu formatieren:

- *Reiner Text:* Die Mail enthält nur Text, keine Textauszeichnungen wie *fett* oder *kursiv*, keine Farben, keine unterschiedlichen Fonts oder Schriftgrößen und auch keine Bilder.
- *Formatierter Text:* Die Mail wir komplett in HTML gestaltet (also in der Sprache, in der auch Webseiten definiert werden). Hier ist im Prinzip alles möglich, was auch auf einer Webseite möglich ist: Farben, Fonts, Formatierungen, Tabellen, Listen, Bilder und so weiter und so fort.

 **Reiner Text vs. Format:** Fast alle Mail-Programme können mit formatierten Mails umgehen – aber eben nur fast alle. Wer auf Nummer sicher gehen und dafür sorgen will, dass der Empfänger die Mails korrekt angezeigt bekommt, der wird um die Sparversion „Reiner Text" nicht herumkommen.

Formatwahl

Das generelle Format für neue E-Mails legen Sie unter *Mail –> Einstellungen –> Verfassen* fest. Wenn Sie in *Mail* mit *cmd + N* oder *Ablage –> Neue E-Mail* ein neues, leeres Mail-Formular öffnen, greift *Mail* auf dieses Standardformat zurück.

Möchten Sie das Format für eine Mail ausnahmsweise einmal wechseln, wählen Sie entweder den Eintrag *Format –> In reinen Text umwandeln* bzw. *Format –> In formatierten Text umwandeln* oder wechseln mit *Shift + cmd + T* zwischen den beiden unterschiedlichen Einstellungen hin und her.

Arbeiten Sie mit formatiertem Text, bietet *Mail* Ihnen im *Format*-Menü verschiedene Formatierungshilfen an, die Sie vermutlich auch von einer Textverarbeitung her kennen.

 **Format bei Antworten:** Unter **Mail –> Einstellungen –> Verfassen** legen Sie fest, ob bei einer Antwort auf eine Mail Ihre Mail im Format der Original-E-Mail erstellt oder ob Ihre allgemeine Formatwahl benutzt werden soll.

Vorlagen

Die Vorlagen bieten Ihnen rund 30 professionell gestaltete Briefbögen, die Sie für Ihre eigenen Mails benutzen können.

Um mit einer solchen Vorlage zu arbeiten, klicken Sie im Formular einer neuen Mail (*cmd + N*) in der Symbolleiste rechts auf die *Vorlagen*-Schaltfläche und wählen eine Vorlage aus, die Ihnen gefällt.

In vielen Vorlagen werden Fotos benutzt, die Sie natürlich durch eigene Bilder ersetzen können. Lassen Sie sich dazu die *Fotoübersicht* anzeigen (entweder durch einen Klick in die Symbolleiste oder über *Fenster –> Fotoübersicht*), und ziehen Sie das gewünschte Foto aus der Übersicht auf das Bild in der Vorlage, an dessen Stelle es eingesetzt werden soll. *Mail* formatiert und skaliert das Bild automatisch und bringt es auf das passende Format. Zudem lässt sich das eingefügte Foto mit der Maus positionieren. Über einen kleinen Schieberegler können Sie in das Bild hineinzoomen, um einen bestimmten Ausschnitt zu wählen.

Wenn Sie die Vorlagenauswahl ❶ aktivieren, stellt Mail Ihnen eine Reihe professionell gestalteter Vorlagen für Ihre elektronische Post zur Verfügung ❷. Um die Platzhalter-Fotos durch eigene Bilder zu ersetzen, blenden Sie mit einem Klick auf die Fotos-Taste ❸ zuerst die Fotoübersicht ein ❹ und ziehen dann das gewünschte Bild an die entsprechende Position ❺. Das Foto wird automatisch eingesetzt und skaliert.

Dateianhänge

Mit einer Mail können Sie nicht nur einfache Texte, sondern über einen Dateianhang auch gleich ein ganzes E-Paket verschicken.

Dateien anhängen

Der einfachste Weg, eine (oder mehrere) Datei(en) per E-Mail weiterzuleiten, besteht darin, die gewünschte Datei in das Mail-Formular zu ziehen. Wenn Sie die Dateien momentan nicht griffbereit haben, können Sie über die Büroklammer ein Finder-Fenster öffnen und die gesuchten Dateien von dort aus einfügen.

Dabei werden Bilder und Dokumente direkt in der Mail angezeigt, andere Dateien werden durch ein Dateisymbol dargestellt. Die automatische Vorschau von Bildern und Dokumenten ist zwar einerseits praktisch, braucht aber andererseits mitunter sehr viel Platz auf dem Bildschirm. Möchten Sie dies vermeiden, klicken Sie die Dateivorschau an und wählen *Als Symbol anzeigen*.

Bildgröße: Mail kann Bilder auf Wunsch verkleinern und so den Versand per Mail erleichtern. Wählen Sie die gewünschte Größe über die Taste **Bildgröße**. Das ist fein, hat aber einen kleinen Haken – **Mail** merkt sich fortan Ihre Einstellung. Kontrollieren Sie also diese Einstellung, und stellen Sie sicher, dass das Bild auch tatsächlich in der Größe verschickt wird, in der Sie es verschicken möchten.

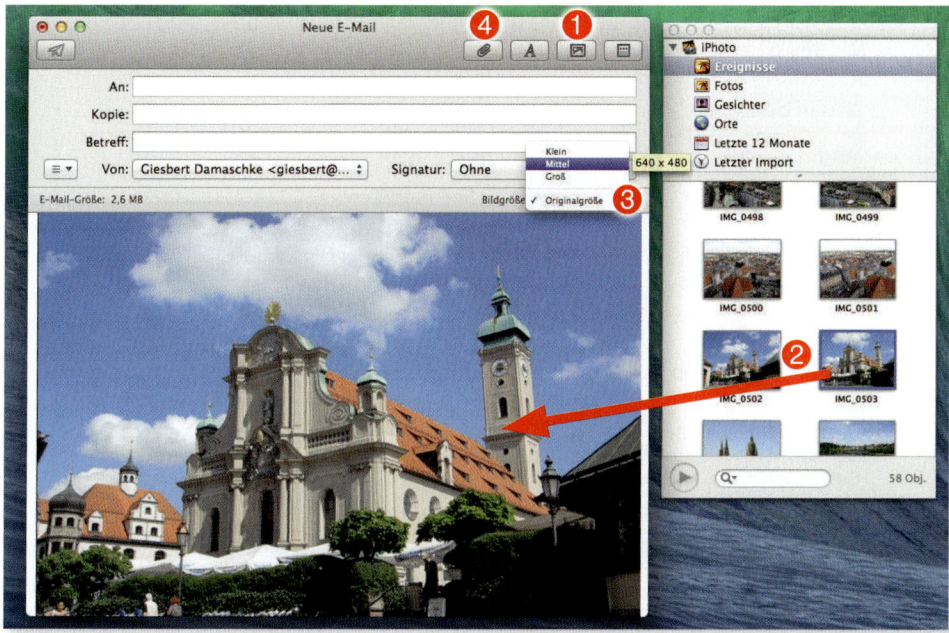

Um ein Foto oder eine andere Datei per E-Mail zu verschicken, ziehen Sie die Datei einfach in das Mail-Formular. Bei Fotos lassen Sie sich über die „Fotos"-Schaltfläche ❶ Ihre Bilder einblenden und ziehen das gewünschte Foto ins Formular ❷. Da Fotos in der Regel sehr groß sind, können Sie die Bildgröße vor dem Versand anpassen ❸. Über die Büroklammer ❹ öffnen Sie ein Finder-Fenster und können nun jede beliebige Datei als Anhang hinzufügen.

Anhänge öffnen/sichern

Einen Dateianhang können Sie entweder direkt von *Mail* aus öffnen bzw. an das geeignete Programm übergeben oder auf der Festplatte sichern:

- *Öffnen:* Doppelklicken Sie auf den Anhang.
- *Sichern:* Klicken Sie mit der rechten Maustaste auf den Dateianhang, und wählen Sie *Im Downloads-Ordner sichern*. Möchten Sie den Speicherort selbst festlegen, wählen Sie *Anhang sichern*. Wenn eine Mail mehrere Dateianhänge hat, klicken Sie auf das Anhangssymbol, das automatisch eingeblendet wird, und wählen hier *Alles sichern*.

Wenn Sie das Symbol eines Dateianhangs ❶ mit der rechten Maustaste anklicken, wird ein Menü eingeblendet, über das Sie die Datei öffnen oder auf der Festplatte speichern können. Bei mehreren Anhängen klicken Sie auf das Anhangssymbol in der automatisch eingeblendeten Symbolleiste ❷ und wählen „Alles sichern".

> **!** **Erst sichern, dann öffnen:** Sobald Sie in **Mail** eine Datei öffnen, landet sie als geschützte Datei im Ordner **Library –> Mail Downloads** innerhalb Ihres Benutzerordners. Dieser Ordner ist von Haus aus versteckt. Im Laufe der Zeit sammeln sich hier nicht nur jede Menge Dateien, sondern unter Umständen auch sensible Daten an. Daher empfiehlt es sich, Dateianhänge zuerst im Ordner **Downloads** zu sichern, bevor man sie öffnet. Wie Sie die Library sichtbar machen, erfahren Sie in Kapitel 17.

Anhänge löschen

Alle Dateianhänge sind Bestandteil der Mail-Datenbank und werden etwa bei Backups zusammen mit Ihren Mails gesichert. Das ist natürlich sinnvoll, aber nicht immer notwendig. Vielfach werden Anhänge ohnehin auf der Festplatte gespeichert und in anderen Programmen weiterbearbeitet; oft sind Anhänge auch nur vorübergehend wichtig. In diesen Fällen gibt es eigentlich keinen Grund, die Mail-Datenbank mit diesem Byte-Ballast zu verstopfen. Da trifft es sich gut, dass *Mail* die Möglichkeit bietet, einen Anhang einer Mail zu löschen, die Mail selbst aber weiterhin zu behalten.

Klicken Sie dazu die entsprechende Mail an, und wählen Sie *E-Mail –> Anhänge entfernen*. Der Anhang wird aus der Mail gelöscht und durch einen entsprechenden Hinweis ersetzt: „[Der Anhang {Dateiname} wurde manuell entfernt]".

Mails markieren

Manche Mails sind wichtiger als andere, und man möchte sie jederzeit schnell zur Hand haben, ohne erst umständlich nach ihnen suchen zu müssen.

Fähnchen

In diesem Fall können Sie eine Mail mit einem kleinen Fähnchen bzw. Etikett versehen. Dazu genügt ein Klick auf das Fähnchen in der Symbolleiste. Sobald Sie eine Mail auf diese Art markiert haben, taucht in der Seitenleiste das Postfach *Markiert* auf. Hier werden alle markierten Mails automatisch zusammengefasst und stehen so schnell auf Mausklick zur Verfügung. Zur Markierung stehen Ihnen sieben verschiedene Farben zur Verfügung. Klicken Sie zum Zugriff auf eine bestimmte Farbe auf den Pfeil neben dem Fähnchen-Symbol.

Um ein Etikett wieder zu löschen, wählen Sie die entsprechende(n) Mail(s) aus und klicken erneut auf das Fähnchen-Symbol in der Symbolleiste.

Um bestimmte Mails schnell wiederzufinden, können Sie sie mit farbigen Fähnchen versehen. Dazu markieren Sie die entsprechenden Mails ❶ und wählen anschließend die gewünschte Farbe ❷.

Solange Sie mit einer Farbe arbeiten, zeigt Mail Ihnen in der Seitenleiste nur den Eintrag *Markiert*. Sobald Sie allerdings mehr Farben einsetzen, gibt es dort Unterordner, die den Namen der jeweiligen Farbe tragen. Das ist mitunter nicht wirklich hilfreich. Um den Farbnamen in eine passende Bezeichnung zu ändern, klicken Sie ihn in der Seitenleiste doppelt an. Alternativ dazu können Sie ihn auch mit der rechten Maustaste anklicken und *Umbenennen* wählen. Der Eintrag wird zu einem Eingabefeld, und Sie können die Bezeichnung nach Wunsch anpassen.

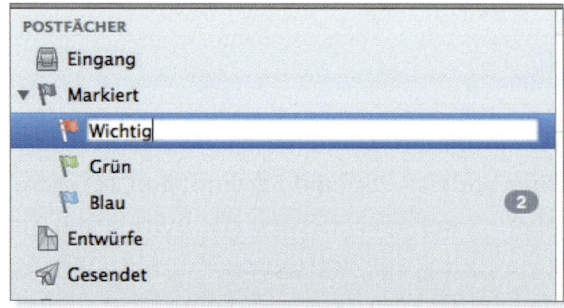

Sobald Sie mehr als eine Farbe zur Markierung Ihrer Mails einsetzen, können Sie die vorgegebenen Farbnamen durch passendere Bezeichnungen ersetzen.

Postfächer

Um für mehr Übersicht und Ordnung in Ihrem Mail-Wechsel zu sorgen, können Sie eigene Ordner oder, wie es bei *Mail* heißt, eigene Postfächer anlegen und Mails in diese Postfächer einsortieren.

Neues Postfach

Ein neues Postfach legen Sie entweder über *Postfach –> Neues Postfach* oder durch einen Klick auf das kleine Plus-Zeichen links unten an.

Postfächer lassen sich zudem verschachteln, womit sich auch komplexere Ordnungsstrukturen realisieren lassen. Allerdings tendieren diese Strukturen dazu, sehr schnell sehr unübersichtlich zu werden. Halten Sie sich am besten an die bewährte Faustregel, so viele Ordner wie nötig und so wenige wie möglich zu benutzen.

Mails bewegen

Am schnellsten bewegen Sie eine Mail in ein bestimmtes Postfach, indem Sie die Mail mit der Maus in das gewünschte Postfach ziehen. Das kann bei mehreren Mails allerdings etwas mühselig werden. In diesem Fall markieren Sie zuerst die Mails, die Sie verschieben möchten, und wählen anschließend *E-Mail –> Bewegen in*, wo Sie das gewünschte Ziel anklicken.

Mails kopieren

Halten Sie beim Verschieben einer Mail die *alt*-Taste gedrückt halten, wird der Mauszeiger um ein Plus-Zeichen erweitert. In diesem Fall wird die Mail nicht verschoben, sondern kopiert, ist anschließend also doppelt vorhanden. Über das Menü kopieren Sie Mails mit *E-Mail –> Kopieren in*.

Archiv

Mail bringt von Haus aus bereits das Postfach *Archiv* mit, in das Sie Mails verschieben können, die Sie nicht löschen, aber auch nicht mehr im Posteingang behalten wollen. Dieses Postfach wird bei Bedarf angelegt. Markieren Sie dazu die Mails, die Sie archivieren möchten, und wählen Sie *E-Mail –> Archivieren*.

VIP-Postfach

Manchmal sind bestimmte Absender wichtiger als andere. Um zum Beispiel alle Mails Ihres Chefs oder Ihres Partners besonders hervorzuheben, deklarieren Sie den Absender als „VIP", also als „very important person". Dazu zeigen Sie in der Mail auf den Absender und klicken auf den Stern, der links neben dem Absender eingeblendet wird. Alle Mails des Absenders werden nun auch im Postfach *VIP* angezeigt.

Um einen Absender aus dem VIP-Postfach zu entfernen, lassen Sie sich eine Mail von ihm anzeigen und klicken auf das Sternchen links neben dem Absender.

Für jeden VIP-Eintrag wird ein eigener Ordner angelegt. Als Name für diesen Ordner wird der Name des Absenders eingetragen, den Sie zum VIP erklärt haben. Um das zu ändern, klicken Sie den entsprechenden Ordner in der Seitenleiste doppelt an. Der Name wird zum Eingabefeld und kann nun geändert werden.

Postfächer in der Favoritenleiste

Die Favoritenleiste bietet Ihnen auch dann schnellen Zugriff auf Ihre Postfächer, wenn Sie die Postfächer ausgeblendet haben. Ihr Einsatz ist denkbar einfach: Ziehen Sie ein Postfach einfach auf die Leiste – fertig. Entsprechend simpel entfernen Sie ein Postfach wieder aus der Leiste, indem Sie es herausziehen.

Regeln

Möchten Sie, dass Mails bereits beim Eintreffen automatisch in ein bestimmtes Postfach verschoben werden oder zum Beispiel farbig markiert werden, so erstellen Sie eine Regel (etwa: „Wenn im Betreff ‚Wichtig!‘ auftaucht, dann markiere die Mail rot und verschiebe sie in das Postfach ‚Wichtig‘"). Mail überprüft bei jeder eintreffenden Mail, ob sie diese Regel erfüllt. Falls dies der Fall ist, führt Mail die Aktionen aus, die Sie in der Regel definiert haben.

Neue Regeln

Eine Regel erstellen Sie unter *Einstellungen –> Regeln*. Hier finden Sie von Haus aus eine Regel namens „Neuigkeiten von Apple", die dafür sorgt, dass Mails von Apple farbig markiert werden. Werfen Sie einmal mit einem Klick auf *Bearbeiten* einen Blick in diese Regel: Als Bedingungen werden die (vielen) unterschiedlichen Absender genannt, die eine Mail von Apple haben kann. Wenn eine der genannten Bedingungen erfüllt ist (also eine eintreffende Mail von einem der angeführten Absender stammt), dann werden zwei Aktionen ausgelöst:

- Die Mail wird farbig markiert.
- Die Überprüfung der Regeln wird abgebrochen.

Die zweite Aktion verhindert, dass die Mail unter Umständen durch eine andere Regel noch verändert, also zum Beispiel in einen anderen Ordner verschoben wird. Außerdem spart sie Zeit, da die restlichen definierten Regeln nicht mehr überprüft werden müssen. Es ist eine gute Idee, diese Aktion auch an den Schluss eigener Regeln zu setzen, da der Fall, dass eine Mail gleich zwei oder drei Regeln erfüllt, in der Praxis fast nie eintritt.

Die Definition einer Mail-Regel folgt immer dem gleichen Muster. Wählen Sie die Registerkarte „Regeln" ❶, und geben Sie der neuen Regel einen Namen ❷. Anschließend definieren Sie Bedingungen ❸, die erfüllt sein müssen, damit die Regel angewandt wird. Über die Plus-Taste ❹ können Sie weitere Bedingungen definieren. Nun legen Sie die Aktionen fest ❺, die ausgeführt werden sollen, wenn die Bedingungen erfüllt sind.

Regeln anwenden

Eine neu definierte Regel greift bei jeder neu eintreffenden Mail. Doch was ist mit den Mails, die sich bereits im Posteingang befinden und die Sie ebenfalls mit Ihren Regeln aufräumen möchten?

Kein Problem: Wechseln Sie in den Posteingang, markieren Sie sämtliche Mails mit *cmd + A*, und wählen Sie *E-Mail –> Regeln anwenden*. Mail überprüft nun der Reihe nach alle markierten Mails und wendet gegebenenfalls die definierten Regeln an.

Suchen

Postfächer hin, Regeln her – es hilft alles nichts: Je größer der Mail-Bestand wird, desto schwieriger wird es, eine ganz bestimmte Mail wiederzufinden.

Hier greift die Suchfunktion von Mail, die Ihr komplettes Mail-Archiv oder auch nur ein bestimmtes Postfach durchstöbern kann.

Dazu geben Sie im Suchfeld oben rechts den gesuchten Begriff ein. Schon nach den ersten Buchstaben macht *Mail* Ihnen aufgrund des Mail-Bestands Vorschläge, die Sie mit einem Mausklick übernehmen können. Einem Suchbegriff ordnet *Mail* automatisch eine Kategorie zu, auf die er sich bezieht (etwa: *Betreff* oder *Absender*), und mit einem Klick auf diese Kategorie kann das Suchspektrum geändert werden. Es ist auch möglich, zwei oder drei Suchbegriffe miteinander zu verknüpfen. In der Favoritenleiste können Sie zudem festlegen, in welchen Postfächern *Mail* suchen soll.

Bei der Suche können Sie mehrere Begriffe kombinieren und verschiedene Kriterien festlegen. Hier werden zum Beispiel alle Mails gefunden, in deren Absender „Apple" auftaucht und in deren Betreff „iPhone" steht.

Die intelligente Postablage

Bei einem „intelligenten Postfach" handelt es sich um gespeicherte Suchabfragen, die von *Mail* automatisch aktuell gehalten werden. Standardmäßig besitzt Mail ein intelligentes Postfach namens „Heute". Ein Beispiel haben Sie mit den VIP-Postfächern bereits kennengelernt.

Da diese Postfächer lediglich den Verweis auf und nicht die Mail selbst enthalten, ist es möglich, dass eine Mail in beliebig vielen intelligenten Postfächern aufgeführt wird. Intelligente Postfächer können auch problemlos gelöscht werden, ohne dass eine Mail verloren geht. Sie eignen sich daher gut für Ordnungsstrukturen, die nur vorübergehend benötigt werden, etwa für den Mail-Wechsel rund um ein aktuelles Projekt.

Sie legen eine solche Suchabfrage mit *Postfach –> Neues intelligentes Postfach* an (alternativ dazu können Sie auch auf die Plus-Taste unten links klicken), definieren die Bedingungen – und *Mail* kümmert sich um den Rest.

Beispiele

Wie Sie intelligente Postfächer einsetzen, hängt sehr stark von Ihren individuellen Anforderungen ab. Einige Beispiele sollen Ihnen ein Gespür dafür vermitteln, wie Ihnen diese Postfächer beim Umgang mit Mail helfen können:

- *Ungelesene Mails:* Definieren Sie als Bedingung *E-Mail ist ungelesen*. Das Postfach sammelt sofort und vollautomatisch sämtliche ungelesenen Mails, ganz gleich, in welchem Postfach sie sich befinden. Haben Sie viele Newsletter oder Ähnliches abonniert, kann es sich empfehlen, diese Postfächer aus der Anzeige im intelligenten Postfach gezielt auszublenden. Fügen Sie dazu die Bedingung *E-Mail ist nicht im Postfach ...* hinzu.

- *Aktuelle Mails:* Ein intelligentes Postfach eignet sich auch sehr gut dazu, erst kürzlich eingetroffene Mails zu sammeln, um so rasch einen Überblick über die Korrespondenz der letzten zwei oder drei Tage zu haben. Einen solchen Ordner „Gestern und heute" (oder wie immer Sie ihn nennen möchten) erzeugen Sie mit der Bedingung *Empfangen vor weniger als 2 Tagen*.

- *Anhänge:* Eine einfache, aber wirkungsvolle Bedingung ist auch *Enthält Anhänge*. Ein solches Postfach gibt Ihnen immer einen aktuellen Überblick über sämtliche Mails, die einen Dateianhang besitzen. So finden Sie unter Umständen ein wichtiges Dokument, das Sie per Mail bekommen haben, rasch wieder, können aber auch überflüssige Anhänge löschen, um Platz auf der Platte zu sparen.

- *Kontakte:* Wirkungsvoll und vielfach nützlich ist auch die Kombination mit den Adressen, die Sie in der *Kontakte*-App gespeichert haben. Arbeiten Sie zum Beispiel mit verschiedenen Personen gemeinsam an einem Projekt, fügen Sie deren Adressen in *Kontakte* zu einer Gruppe „Projekt X" zusammen. Anschließend können Sie über die Bedingung *Absender ist Mitglied der Gruppe „Projekt X"* ein intelligentes Postfach anlegen, in dem sämtliche Mails dieser Personen angeführt werden. (Wie Sie in *Kontakte* Gruppen anlegen, erfahren Sie in Kapitel 9.)

- *Archiv:* Definieren Sie als Bedingung ein Anfangs- und Enddatum, so können Sie sämtliche Mails eines bestimmten Zeitraums bequem zusammenfassen. Mit *Empfangen nach dem 01.11.2012* und *Empfangen vor dem 01.12.2012* filtern Sie etwa alle Mails vom November 2012 aus Ihrem Mail-Bestand.

Die automatische Müllabfuhr

Der große Erfolg der elektronischen Post hat auch seine Schattenseiten: Spam. Das ist ein eingetragenes Markenzeichen für Dosenfleisch der Firma Hormel, aber auch der Name eines Sketches der britischen Komikertruppe Monty Python. Dort sorgt eine Horde Wikinger in einem Café durch lautes Singen von „Spam, Spam, Spam, lovely Spam, wonderful Spam ...“ dafür, dass jedes Gespräch unmöglich wird: Man wird von den Wikingern gewissermaßen „zugespammt“.

In diesem übertragenen Sinne sorgt unerwünschte Post im Übermaß dafür, dass die erwünschten Nachrichten im Datenmüll versinken. Zwischen all der Werbung für dubiose Produkte, den obskuren Jobangeboten und angeblichen Gewinnbenachrichtigungen kann eine wichtige Nachricht schon einmal übersehen oder gar versehentlich gelöscht werden.

Übung macht den Meister

Den größten Teil des Mail-Mülls werden Sie gar nicht zu Gesicht bekommen, darum kümmert sich in der Regel Ihr Mail-Anbieter. Doch egal wie gut Ihr Provider Spam aussortiert – es wird immer noch ein wenig bis zu Ihnen durchsickern. Aber keine Sorge, um diesen Rest kümmert sich der Spamfilter von *Mail*. Dabei handelt es sich um einen Filter, der im Laufe der Zeit lernt, welche Mails bei Ihnen erwünscht und welche unerwünscht sind.

Dazu ist es zwar notwendig, dass Sie anfangs manche Mails explizit als „unerwünscht“ bzw. als „erwünscht“ einstufen, aber *Mail* lernt schnell, und schon nach wenigen Tagen erreicht der Spamfilter eine so hohe Treffsicherheit, dass Sie sich auf seine Arbeit verlassen können.

Filteraktionen

Der Werbefilter wird mit *Mail –> Einstellungen –> Werbung* über *Filter für unerwünschte Werbung aktivieren* eingeschaltet.

Solange *Mail* noch im Lernmodus ist, werden echte oder vermeintliche Werbe-Mails braun markiert, verbleiben aber im Posteingang. Wenn *Mail* eine Spam-Mail nicht erkennt, markieren Sie diese Mail und klicken in der Symbolleiste auf die Taste mit dem Daumen nach unten. Entsprechend können Sie Mails, die das Programm fälschlich für Spam hält, mit dem Daumen nach oben als reguläre Mail ausweisen.

Mit jeder Einstufung, die Sie vornehmen, lernt *Mail* dazu. Sobald *Mail* genügend Daten beisammen hat, um mit hoher Treffsicherheit aktiv zu werden, fragt es nach, ob es Mails in Zukunft automatisch in das Postfach *Werbung* verschieben soll.

 **Auch Nichtstun wird gelernt! Mail** lernt auch dann, wenn Sie nichts tun, also eine Nachricht als legitim akzeptieren, obwohl es sich um Spam handelt. Sie sollten eine Spam-Mail also nicht einfach löschen, sondern immer erst als Spam markieren, damit **Mail** nicht auf dumme Gedanken kommt.

Weg damit

Überprüfen Sie regelmäßig das Postfach *Werbung*, um *Mails* automatische Sortierung unter Umständen zu verfeinern oder zu korrigieren. Außerdem sollten Sie dieses Postfach regelmäßig leeren. Schließlich handelt es sich um Mail-Müll, den Sie nicht aufheben müssen. Das geht am einfachsten, indem Sie in der Seitenleiste unten auf das Werkzeug-Symbol klicken (das Zahnrad) und den Eintrag *Unerwünschte Werbung löschen* wählen.

Alles auf Anfang

Wenn Sie das Gefühl haben, dass der Werbefilter unzuverlässig arbeitet, dann ist vermutlich die Datenbank mit unsinnigen Daten verstopft. Denn viele Spam-Mails dienen heute gar nicht dem Verkauf eines konkreten Produktes, sondern sollen vor allem die Filter durch Überlastung aus dem Verkehr ziehen. Sollte der Werbefilter also einmal nicht so arbeiten, wie Sie sich das gedacht haben, dann hilft es, einfach von vorn anzufangen. Wählen Sie dazu *Mail –> Einstellungen –> Werbung*, und klicken Sie auf *Zurücksetzen*.

Mails exportieren und importieren

Manchmal müssen Mails oder auch ganze Postfächer von einem Mail-Programm zu einem anderen bewegt werden. Das geht so:

- *Einzelne Mails exportieren:* Ziehen Sie die Mail auf den Schreibtisch. Dort wird sie als EML-Datei abgelegt. EML ist ein standardisiertes Format für E-Mails, das sich mit jedem Editor öffnen lässt und von vielen Mail-Programmen importiert werden kann.

- *Postfächer exportieren:* Möchten Sie nicht nur einzelne Mails, sondern komplette Postfächer inklusive aller Unterordner exportieren, so markieren Sie das Postfach in der Seitenleiste und wählen *Postfach –> Postfach exportieren*.

- *Einzelne Mails importieren:* Öffnen Sie die Mail per Doppelklick, und wählen Sie anschließend *E-Mail –> Bewegen in*.

- *Postfächer importieren:* Wählen Sie dazu *Ablage –> Postfächer importieren* und anschließend das passende Programm bzw. Format aus. Die Mails befinden sich nun im Ordner *Importiert*.

Kapitel 9

Kontakte

Ihre Adressen verwalten Sie auf dem Mac im Programm *Kontakte*. Hier speichern Sie Informationen wie Name, Anschrift, Telefonnummern, E-Mail-Adressen und mehr. Auf die Daten, die Sie hier speichern, kann jede Applikation zugreifen, sodass Sie etwa in Ihrer Textverarbeitung problemlos einen Brief sauber adressieren oder via *Mail* auf die gespeicherten E-Mail-Adressen zugreifen können.

Kontakte

 Das Programm *Kontakte* ist Ihr Adressbuch auf dem Mac. Wie andere Programme dieser Art setzt auch *Kontakte* virtuelle Visitenkarten ein, deren Felder Sie nach Bedarf ausfüllen.

Fenster

Das Programm kommt in einer sehr schlichten, funktionalen Aufmachung daher, bei der Apple auf jede Ausschmückung verzichtet hat. Es gibt lediglich eine Titel-, aber keine Symbol- oder Statusleiste.

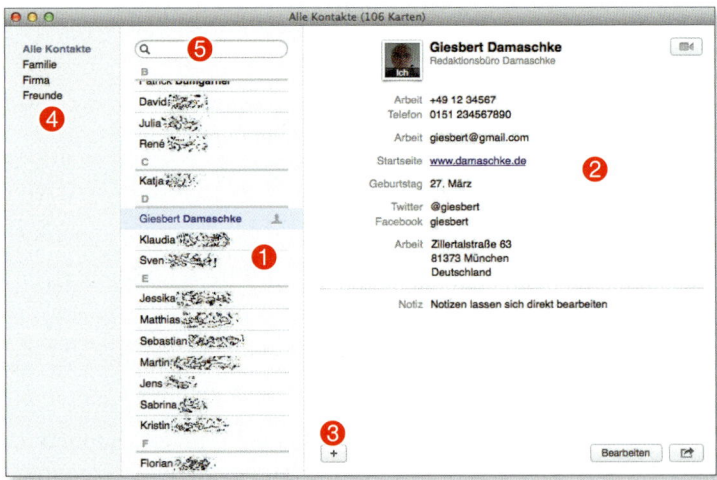

Kontakte ist ein sehr übersichtlich aufgebautes Programm. In der Liste ❶ werden alle Einträge alphabetisch angezeigt. Wenn Sie einen Eintrag auswählen, sehen Sie rechts die entsprechende Visitenkarte ❷. Neue Einträge fügen Sie über die Plus-Taste ❸ hinzu. Die Adresseinträge können in Gruppen organisiert werden ❹. Über das Eingabefeld ❺ können Sie gezielt nach einem bestimmten Eintrag suchen. Die Suche bezieht sich immer auf die aktuell gewählte Gruppe.

Standardmäßig zeigt *Kontakte* in der linken Spalte die Gruppen, in die Sie Ihre Kontakte sortiert haben. Diese Spalte können Sie mit *cmd + 1* oder über das Menü *Darstellung* aus- und einblenden.

Möchten Sie nur eine bestimmte Visitenkarte sehen, wählen Sie den gewünschten Eintrag aus und drücken *cmd + I*. So lassen sich auch mehrere Karten nebeneinander anordnen und das Hauptfenster des Programms schließen.

Einträge hinzufügen und bearbeiten

Einen neuen Kontakt nehmen Sie in einer neuen Visitenkarte auf. Klicken Sie dazu auf die Plus-Taste, und wählen Sie *Neuer Kontakt*. Alternativ dazu können Sie auch jederzeit *Ablage –> Neue Visitenkarte* wählen oder einfach *cmd + N* drücken.

 **Ihre Visitenkarte:** Sie sollten auch für sich selbst eine Visitenkarte in **Kontakte** anlegen und diese möglichst vollständig ausfüllen. Denn auf die Daten dieses Eintrags können andere Programme zugreifen und Ihnen zum Beispiel dabei helfen, Formulare automatisch auszufüllen. Lassen Sie sich dazu Ihre Visitenkarte anzeigen, und wählen Sie **Visitenkarte –> Das ist meine Visitenkarte**. Der Eintrag, der als eigene Visitenkarte markiert wurde, wird in Kontakte durch eine stilisierte Person gekennzeichnet.

Felder

Standardmäßig zeigt *Kontakte* Ihnen auf einer neuen Visitenkarte nur eine Handvoll Felder, in die Sie die Kontaktdaten eintragen können. Zum Beispiel gibt es zwei Felder für Telefonnummern (*Arbeit* und *Mobil*) und ein Feld für eine E-Mail-Adresse (*Arbeit*).

Das ist nicht gerade üppig, doch keine Sorge, Sie können hier praktisch beliebig viele Felder für beliebig viele Informationen einfügen.

Wenn Sie zum Beispiel eine E-Mail-Adresse eingeben, werden Sie bemerken, dass automatisch ein neues Feld für eine weitere Mail-Adresse eingefügt wird. Das gilt für alle Felder, bei denen es mehr als einen Eintrag geben kann, also für Telefon, E-Mail, Adressen oder Webseiten, aber natürlich nicht für den Geburtstag.

Über das rote Minus-Zeichen lassen sich Felder aus einer Visitenkarte entfernen.

Zudem können Sie mit einem Klick auf die Plus-Taste oder über *Visitenkarte –> Feld hinzufügen* die Visitenkarte um zusätzliche Felder ergänzen. Diese Einstellungen gelten allerdings nur für die aktuelle Visitenkarte. Möchten Sie das Standardformular immer um bestimmte Einträge erweitern, müssen Sie die Vorlage bearbeiten (dazu gleich mehr).

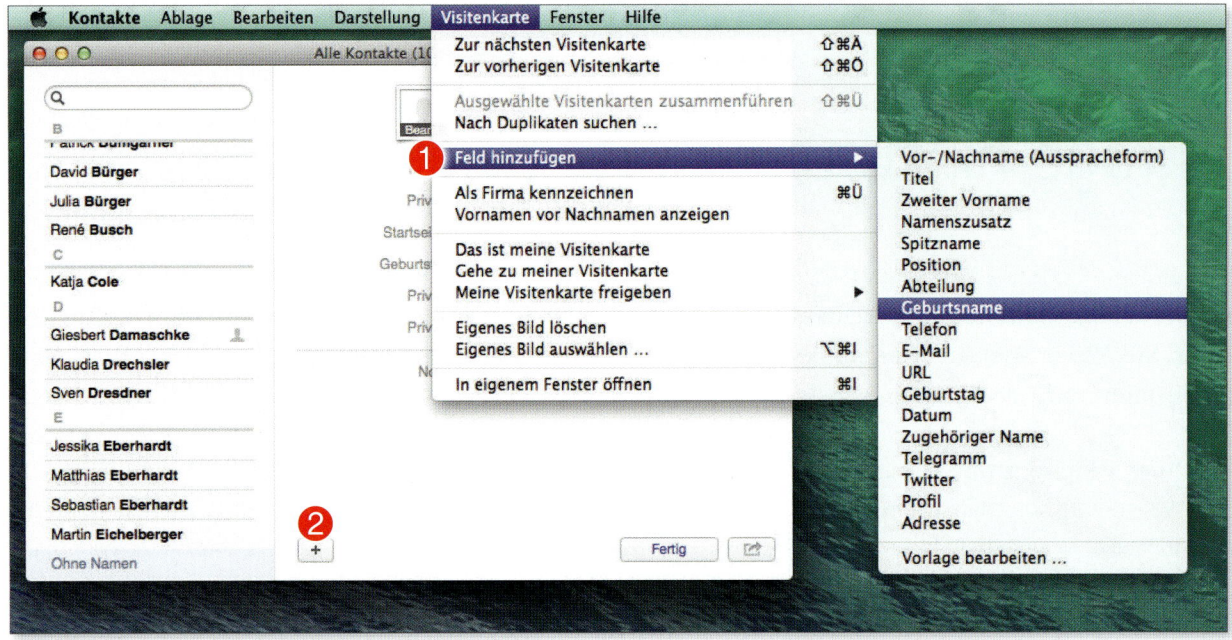

Neue Felder fügen Sie einer Visitenkarte entweder über das Menü „Visitenkarte" hinzu ❶ oder durch einen Klick auf die Plus-Taste ❷.

Etiketten

Auch die Beschriftungen („Etiketten") der Felder („Mobil", „Privat", „Startseite" und so weiter) können Sie ändern. Klicken Sie ein Etikett an, erscheint eine Liste mit möglichen Beschriftungen. Wenn in der Liste nichts Passendes dabei ist, können Sie natürlich auch eigene Etiketten definieren. Auch diese Ergänzungen gelten nur für die aktuelle Visitenkarte. Möchten Sie eigene Etiketten als Standard definieren, erledigen Sie dies ebenfalls über die Vorlage.

Vorlage

Welche Felder Ihnen das Formular für eine neue Visitenkarte standardmäßig anbietet, wird in einer Vorlage definiert, die Sie Ihren Wünschen entsprechend anpassen können. Wählen Sie dazu *Kontakte –> Einstellungen –> Vorlage*.

Dort können Sie nun neue Felder hinzufügen, bestehende Felder entfernen und auch eigene Etiketten definieren, die Ihnen dann für jede Visitenkarte zur Verfügung stehen.

Fotos

Sie haben auch die Möglichkeit, neben den üblichen Kontaktdaten zusätzlich ein Foto zu integrieren. Klicken Sie dazu doppelt auf den Platzhalter für das Foto. Nun können Sie eines der Systembilder wählen, ein Bild von der Festplatte laden oder mit der internen Kamera eines Macs ein Foto aufnehmen.

Das Foto lässt sich skalieren, wodurch Sie einen Ausschnitt bestimmen können. Über einen Klick auf das Symbol rechts neben dem Kamerasymbol rufen Sie ein paar lustige Verfremdungsfilter auf. Wenn Sie die *alt*-Taste gedrückt halten, lässt sich das Foto zudem mit der Maus drehen.

Mit einem Klick auf den Fotoplatzhalter können Sie einem Kontakteintrag ein Bild zuweisen ❶. Über „Kamera" ❷ lässt sich auch sofort ein Bild mit der eingebauten Kamera des Macs aufnehmen. Ein Foto lässt sich bearbeiten (skalieren, filtern, drehen). Klicken Sie dazu auf das Bearbeiten-Symbol ❸.

Sortierung

Standardmäßig werden die Kontakte alphabetisch nach dem Nachnamen der Einträge sortiert, wobei die Namen nach dem Muster „Vorname *Nachname*" angezeigt werden. Bevorzugen Sie das Format „*Nachname*, Vorname" oder möchten Sie die Adressen nach Vornamen sortieren, können Sie dies unter *Kontakte –> Einstellungen –> Allgemein* ändern.

Möchten Sie nur für bestimmte Visitenkarten die Anzeige oder Sortierung ändern, so markieren Sie die entsprechenden Einträge und legen im Menü *Visitenkarte* die gewünschte Ordnung fest.

Firmeneinträge

Üblicherweise werden Adressen nach den Personennamen sortiert. Bei geschäftlichen Kontakten kann es aber auch sinnvoll sein, die Einträge nach Firmennamen zu ordnen.

Damit *Kontakte* diese Ordnung anwendet, gibt es zwei Möglichkeiten: Entweder klicken Sie bei der Anlage oder der Bearbeitung einer Visitenkarte auf das Feld *Firma*, oder Sie markieren den gewünschten Eintrag und wählen *Visitenkarte –> Als Firma kennzeichnen*.

Bearbeiten, löschen

Eine Visitenkarte kann jederzeit um weitere Felder ergänzt werden, Fehler können korrigiert und überflüssige Einträge gelöscht werden. Lassen Sie sich dazu die entsprechende Visitenkarte anzeigen, und klicken Sie auf *Bearbeiten*.

Soll nur das Foto geändert oder eine Notiz eingetragen werden, genügt auch ein Doppelklick auf das Foto bzw. in das Notizfeld; ein Klick auf *Bearbeiten* ist hier unnötig.

Um eine Visitenkarte zu löschen, wählen Sie sie aus und drücken die *Backspace*-Taste. Nach einer Rückfrage wird die Karte entfernt.

Gruppen

Eine Gruppe kann beliebig viele Visitenkarten enthalten und dafür sorgen, dass Sie mit wenigen Maus-klicks genau die Kontakte sehen, die Sie aktuell benötigen, also zum Beispiel Ihre Arbeitskollegen, Kunden, Dienstleister oder Ihre Familie.

Gruppen dienen nicht nur als Filter bei der Anzeige der Kontakte, sondern sie können zum Beispiel auch als Verteileradresse in *Mail* benutzt werden. Eine Visitenkarte kann beliebig vielen Gruppen hin-zugefügt werden. Das heißt, Sie können einen Kollegen, mit dem Sie sich etwa regelmäßig zum Joggen treffen, sowohl in eine Gruppe „Kollegen" als auch in „Laufen" eintragen.

 Verweise: Gruppen enthalten Einträge nur als Verweis auf die entsprechenden Visitenkarten. Sie können Ein-träge in Gruppen also problemlos löschen, ohne Gefahr zu laufen, die dazugehörige Visitenkarte zu verlieren.

Neue Gruppe

Um eine neue Gruppe anzulegen, blenden Sie gegebenenfalls mit *cmd + 1* die Gruppenliste ein. Wählen Sie nun *Ablage*, oder klicken Sie auf die Plus-Taste, und wählen Sie *Neue Gruppe*. Es wird eine leere Gruppe *Neue Gruppe* angelegt. Geben Sie der Gruppe einen Namen, und klicken Sie anschließend auf *Alle Kontakte*. Ziehen Sie die Gruppenteilnehmer mit der Maus auf den Eintrag der neuen Gruppe.

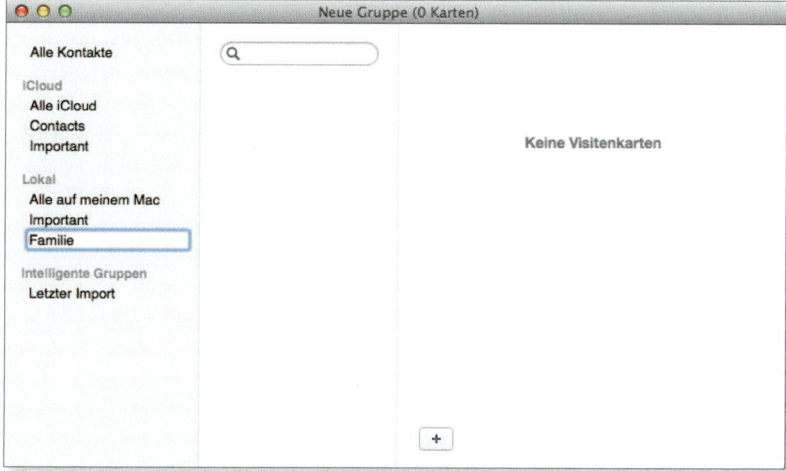

Eine neue Gruppe entsteht.

Es ist auch möglich, mit gehaltener *cmd*-Taste die gewünschten Visitenkarten in *Alle Kontakte* zu markieren und anschließend über *Ablage –> Neue Gruppe aus Auswahl* eine neue Gruppe anzulegen, die die markierten Kontakte enthält.

Neuer Kontakt in Gruppen: Das Eingabeformular eines neuen Kontakts bietet keine Möglichkeit, den neuen Eintrag einer Gruppe zuzuweisen. Doch es gibt einen kleinen Trick: Bevor Sie den neuen Eintrag aufnehmen, wählen Sie zunächst die Gruppe, der Sie ihn zuweisen möchten. Anschließend erstellen Sie einen neuen Kontakt, der automatisch der aktuellen Gruppe zugeordnet wird.

Bearbeiten

Um den Namen einer Gruppe zu ändern, klicken Sie ihn in der Gruppenansicht einmal an. Der Name wird zu einem Eingabefeld, Sie können nun einen neuen Namen vergeben.

Um eine Gruppe zu löschen, klicken Sie die Gruppe in der Gruppenansicht einmal an und drücken die *Backspace*-Taste.

Da eine Gruppe nur Verweise auf Visitenkarten enthält, aber nicht diese selbst, werden dabei keine Daten aus Ihren Adressen gelöscht. Sämtliche Visitenkarten der Gruppe sind weiterhin über *Alle Kontakte* zu erreichen.

Adressen im Einsatz

Die gesammelten Visitenkarten dienen nicht nur als Gedächtnisstütze oder zum Nachschlagen, sondern können direkt für verschiedene Aktionen benutzt werden.

- *Senden:* Möchten Sie eine Visitenkarte per E-Mail, als Nachricht oder via AirDrop verschicken, lassen Sie sich die Visitenkarte anzeigen, klicken auf die *Senden*-Taste und wählen die gewünschte Aktion. Die Taste finden Sie in der Standard-Ansicht rechts unten, bei der Anzeige einer einzelnen Visitenkarte rechts oben.

Jede Visitenkarte lässt sich über die „Senden"-Taste jederzeit problemlos weiterreichen.

- *Telefon:* Webb Sie auf das Etikett einer Telefonnummer klicken, können Sie sich mit *Vergrößern* die Telefonnummer fast auf voller Bildschirmbreite einblenden lassen und sie so bequem lesen, während Sie die Nummer eintippen. Mit *Als Nachricht senden* und *FaceTime* schicken Sie eine iMessage an den Kontakt bzw. starten eine Videokonferenz (dazu lesen Sie mehr in Kapitel 14).
- *Mail-Adresse:* Ein Klick auf das Etikett bietet neben *Per E-Mail senden*, *FaceTime* und *Als Nachricht senden* die Möglichkeit, auf Ihrem Rechner nach dieser Adresse zu suchen und so etwa alle Mails dieser Person angezeigt zu bekommen. Mit *Meine Visitenkarte senden* schicken Sie Ihre Visitenkarte an diese Mail-Adresse.
- *Twitter & Co:* Falls Sie die Kontaktdaten für ein soziales Netzwerk wie Twitter, Facebook oder den Bilderdienst Flickr eingetragen haben, bringt ein Klick Sie auf das Etikett zur Profilseite des Kontakts. Es ist auch möglich, direkt eine Nachricht etwa via Twitter zu schicken.
- *Adressen:* Adressen lassen sich mit *In Karten öffnen* im Programm *Karten* anzeigen. Über *Adresse kopieren* bugsieren Sie die Adresse in die Zwischenablage. Mit *Karten-URL kopieren* lässt sich die Internetadresse der Anschrift kopieren. Wenn Sie diese Adresse in einem Browser öffnen, werden die Daten an Google Maps durchgereicht.

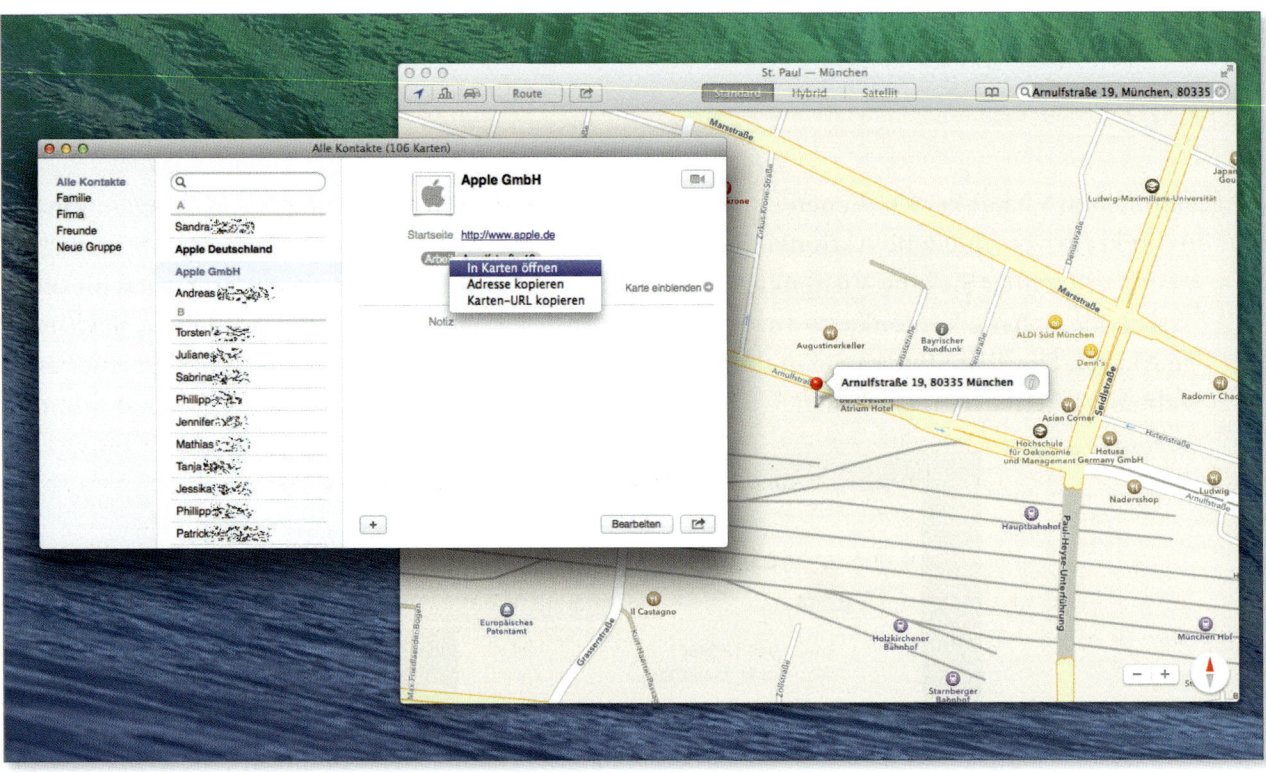

Ein Mausklick genügt, um sich die Adresse eines Kontakts in der Karten-App zeigen zu lassen.

Export/Import von Adressen

Die in *Kontakte* gespeicherten Daten werden von OS X normalerweise zwar in das automatische Backup mit Time Machine aufgenommen (dazu lesen Sie mehr in Kapitel 16), doch es kann immer wieder einmal vorkommen, dass Sie Ihren Adressbestand exportieren möchten. Sei es – sicher ist sicher –, um ein weiteres Backup anzulegen; sei es, um Ihre Kontakte weiterzugeben oder auf einem anderen Rechner zu installieren.

Einzelne Visitenkarten werden als VCF-Datei exportiert. Dabei handelt es sich um einen Standard für den Austausch von digitalen Visitenkarten. VCF-Dateien können nicht nur von *Kontakte* unter OS X, sondern auch von anderen Programmen auf anderen Plattformen wie Windows oder Linux verarbeitet werden.

- *Visitenkarten exportieren:* Am einfachsten exportieren Sie die Visitenkarten, indem Sie die gewünschten Karten markieren und mit der Maus auf dem Schreibtisch ablegen. Alternativ dazu können Sie auch *Ablage –> Exportieren –> vCard exportieren* wählen und einen Speicherort angeben.
- *Kontakte exportieren:* Um den gesamten Bestand zu sichern, wählen Sie *Ablage –> Exportieren –> Kontakte-Archiv*. Die Daten werden in einer Datei mit der Endung „.abbu" (für „Address Book Backup") gespeichert. Damit kann nur *Kontakte* von OS X wirklich etwas anfangen; zum Datenaustausch ist dieses Format nicht geeignet.

Der Import von Daten ist ähnlich einfach und beschränkt sich auf wenige Mausklicks:

- *Visitenkarten importieren:* Adressdaten, die Sie als VCF-Datei bekommen, lassen sich mit einem Doppelklick in *Kontakte* öffnen, wobei sie automatisch Ihrem Adressbestand hinzugefügt werden.
- *Kontakte importieren:* Eine ABBU-Datei importieren Sie mit *Ablage –> Importieren*. Dabei wird der aktuelle Inhalt von *Kontakte* durch die Archivdaten ersetzt.

 Letzter Import: Sobald Sie Adressdaten importiert haben, legt **Kontakte** die Gruppe **Letzter Import** an, in der Sie die zuletzt importierten Einträge finden.

Adressbücher im Netz

Haben Sie Ihre Adressen und Kontaktdaten nicht nur auf Ihrem Mac, sondern auch bei iCloud oder Anbietern wie Google oder Yahoo? Kein Problem, *Kontakte* kann auch auf diese Daten zugreifen und den Adressbestand auf dem Mac mit dem im Internet abgleichen. Wenn Sie dann etwa unterwegs im Internet-Café eine neue Adresse in Ihre Kontakte bei Google aufnehmen, finden Sie diese Adressen dann auch daheim auf Ihrem Mac im Programm *Kontakte*.

Dazu wählen Sie *Kontakte –> Einstellungen –> Accounts* und tragen dort Ihre Zugangsdaten zu Ihrem Anbieter ein.

Zudem unterstützt *Kontakte* die verschiedenen Standards bei Adressbuchservern, sodass Sie etwa auf den Exchange-Server Ihrer Firma ebenfalls mit *Kontakte* auf Ihrem Mac zugreifen können. Die entsprechenden Eingaben nehmen wieder Sie unter *Kontakte –> Einstellungen –> Accounts* vor. Klicken Sie dort auf das Plus-Zeichen, und tragen Sie die entsprechenden Serverdaten ein.

„Kontakte" unterstützt auch andere Adressbuchserver.

Kapitel 10

Kalender

Wie der Name schon sagt: Das *Kalender*-Programm ist Ihr digitaler Kalender auf dem Mac. Hier verwalten Sie alle Ihre Daten und Termine, ganz gleich, ob es sich um private oder berufliche Termine handelt. Termine lassen sich problemlos mit anderen Personen teilen, und Kalender können für die gemeinsame Nutzung mit anderen via Internet freigegeben oder auch abonniert werden.

Der Aufbau von Kalender

 Mit *Kalender* steht Ihnen ein digitaler Tages- und Terminplaner zur Verfügung. Sie können nahezu beliebig viele Kalender einbinden, die jeweils verschiedene Farben besitzen. So lassen sich etwa private und berufliche Termine sauber trennen.

Von Haus aus bietet das Programm vier Standardkalender – zwei Kalender können Sie bearbeiten, zwei werden vom Programm automatisch verwaltet. Beim ersten Start des Programms werden die Kalender ausgeblendet, doch das lässt sich rasch ändern: Die Liste der verfügbaren Kalender wird über die Taste *Kalender* links oben ein- bzw. ausgeblendet. In dieser Liste lässt sich jeder Kalender per Mausklick anzeigen bzw. verbergen.

- *Privat*: Ein Kalender für Ihre privaten Termine. Hier können Sie nach Belieben Termine eintragen, bearbeiten und löschen. Der Kalender kann auch gelöscht und bearbeitet werden.
- *Büro*: Ein Kalender für Ihre beruflichen Termine. Auch hier können Sie nach freien Stücken schalten und walten.
- *Deutsche Feiertage:* Dieser Kalender wird auf den Servern von Apple geführt und im Kalender-Programm auf Ihrem Mac über ein Kalender-Abo via Internet automatisch eingeblendet. Diesen Kalender können Sie lediglich lesen; es ist nicht möglich, eigene Termine einzutragen.
- *Geburtstage:* Im Geburtstagskalender werden automatisch die Geburtstage übernommen, die Sie in den Kontakten eingetragen haben. Auch in diesem Kalender können Sie keine Einträge oder Änderungen vornehmen.

Die Kalenderliste bietet zudem eine Monatsübersicht. Wenn Sie deren Rand nach oben ziehen, sehen Sie statt einem nun zwei, drei oder mehr Monate, je nachdem, wie viel Platz in der Kalenderliste zur Verfügung steht und wie weit Sie den Rand nach oben ziehen.

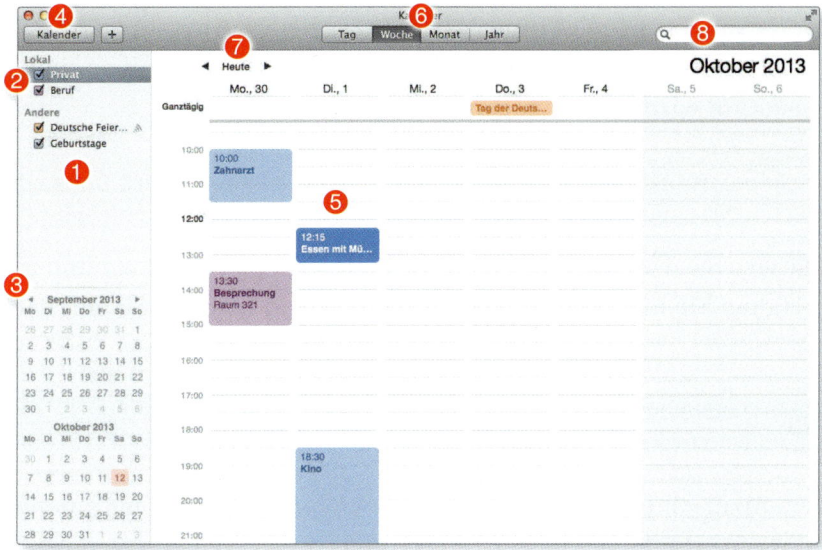

Das Programm „Kalender" verwaltet beliebig viele Kalender ❶, die Sie mit einem Klick auf das Häkchen ❷ ein- bzw. ausblenden können. Zur Kalenderliste gehört auch eine Monatsübersicht, die Sie erweitern oder einschränken, indem Sie den Rand ❸ nach oben bzw. nach unten schieben. Die gesamte Kalenderliste lässt sich über die Taste „Kalender" ❹ jederzeit ein- oder ausblenden. Die Einträge der aktivierten Kalender werden in der Anzeige farblich unterschieden ❺. Die verschiedenen Ansichten wählen Sie über die entsprechenden Tasten aus ❻, ein Klick auf „Heute" ❼ bringt Sie immer zum aktuellen Datum. Über die Suche ❽ können Sie alle Kalendereinträge nach Stichwörtern durchstöbern.

Ansichten

Das Programm bietet vier verschiedene Ansichten, die Sie über die entsprechenden Tasten in der Symbolleiste des Kalender-Fensters auswählen. Mit einem Klick auf *Heute* – das in jedem Kalenderblatt eingeblendet wird – landen Sie immer beim aktuellen Tagesdatum.

- *Tag:* Hier sehen Sie auf der linken Seite das aktuelle Datum, eine zusätzliche Monatsübersicht und eine Übersicht über die kommenden Termine. Die rechte Fensterhälfte zeigt Ihnen die Ereignisse des gewählten Tages. Wie genau der Tageskalender dargestellt wird, wann also Ihr Arbeitstag beginnt bzw. endet und wie viele Stunden in der Ansicht angezeigt werden sollen, legen Sie unter *Kalender –> Einstellungen –> Allgemein* fest.

- *Woche:* Hier haben Sie die Termine einer Woche (beginnend mit Montag) im Überblick. Sollte Ihre Woche an einem anderen Tag beginnen, können Sie den Wochenbeginn unter *Kalender –> Einstellungen –>Allgemein* auf den gewünschten Tag legen. Möchten Sie die Kalenderwoche angezeigt bekommen, aktivieren Sie unter *Kalender –> Einstellungen –> Erweitert* den Punkt *Wochenzahlen einblenden.*

- *Monat:* Die Monatsübersicht zeigt Ihnen alle Einträge eines Monats.
- *Jahr:* Die Jahresübersicht schließlich bietet Ihnen einen Überblick über ein komplettes Jahr. Das aktuelle Tagesdatum wird rot hervorgehoben.

 Vollbild: Kalender unterstützt die Vollbilddarstellung. Klicken Sie dazu auf den Doppelpfeil rechts oben.

In jeder Ansicht blättern Sie über die Pfeile rechts und links neben *Heute* vor und zurück. Schneller geht es mit der Tastatur: Halten Sie hier die *cmd*-Taste gedrückt, und blättern Sie mit den Pfeiltasten.

Weitere Kalender

Um weitere Kalender einzurichten, wählen Sie *Ablage –> Neuer Kalender*. Der Kalender wird in der Kalenderliste eingetragen, wo Sie ihm einen passenden Namen – etwa „Urlaubsplanung" – geben können.

Um den Namen oder die Farbe eines Kalenders zu ändern, klicken Sie den Kalender in der Kalenderliste mit der rechten Maustaste an und wählen *Informationen*.

Ereignisse

Um ein neues Ereignis in einen Kalender einzutragen, stehen Ihnen verschiedene Möglichkeiten zur Verfügung.

Schnelleingabe

Am schnellsten geben Sie ein neues Ereignis durch einen Klick auf das Plus-Zeichen links oben oder mit der Tastenkombination *cmd + N* ein.

Zuerst wird eine einfache Eingabezeile eingeblendet, in der Sie eine Bezeichnung für das Ereignis eintragen. Wenn Sie dann die *Eingabe*-Taste drücken, erscheint ein umfangreicheres Formular, in dem Sie alle Ereignisdetails (Datum, Uhrzeit, Ort, Stichpunkte, Kalender und so weiter) eingeben.

Dabei nimmt Ihnen *Kalender* die Arbeit ein wenig ab, versteht das Programm doch Datums- und Zeitangaben. Tragen Sie zuerst etwa „28. November Besprechung 11:30 bis 12:30" ein, wird ein Eintrag „Besprechung" am 28. November im Zeitraum von 11:30 Uhr bis 12:30 Uhr angelegt. Das funktioniert auch mit Tagesangaben wie „Mittwoch 14:00 Meeting".

Neue Termine tragen Sie schnell und einfach nach einem Klick auf die Plus-Taste in den aktuellen Kalender ein.

 **Standardkalender:** Wenn Sie bei der Eingabe eines Termins keinen Kalender wählen, in den der Termin eingetragen werden soll, greift das Programm auf den Standardkalender zurück. Welcher Kalender das ist, legen Sie unter **Kalender –> Einstellungen –> Allgemein** fest.

Im Kalender eintragen

Alternativ dazu können Sie auch im Kalender auf das gewünschte Datum bzw. die Uhrzeit doppelklicken. Der Termin wird eingetragen, und ein Dialog erscheint, in dem Sie alle Details eintragen können. Um einen gespeicherten Eintrag nachträglich zu bearbeiten, klicken Sie ihn ebenfalls doppelt an.

Um ein neues Ereignis einzutragen, klicken Sie doppelt in das Kalenderblatt ❶. *An der Stelle des Mausklicks fügt das Programm automatisch ein Ereignis mit der Dauer von einer Stunde ein und zeigt die Ereignisdetails. Hier können Sie dem Ereignis nun einen Namen geben* ❷ *und gegebenenfalls festlegen, in welchem Kalender es eingetragen werden soll* ❸. *Mit einem Klick auf Datum und Uhrzeit* ❹ *werden weitere Felder angezeigt, über die Sie Details des Ereignisses festlegen.*

Ort hinzufügen

Wird ein Ereignisort hinzugefügt, so kann über das Programm *Karten* im *Kalender* direkt die Anreisezeit angezeigt werden. Dabei wird bei der Eingabe des Ortes zudem die *Kontakte*-App mit verwendet. Gehen Sie anschließend auf *Reisezeit*, und lassen Sie sich diese einblenden bzw. direkt im Kalender eintragen.

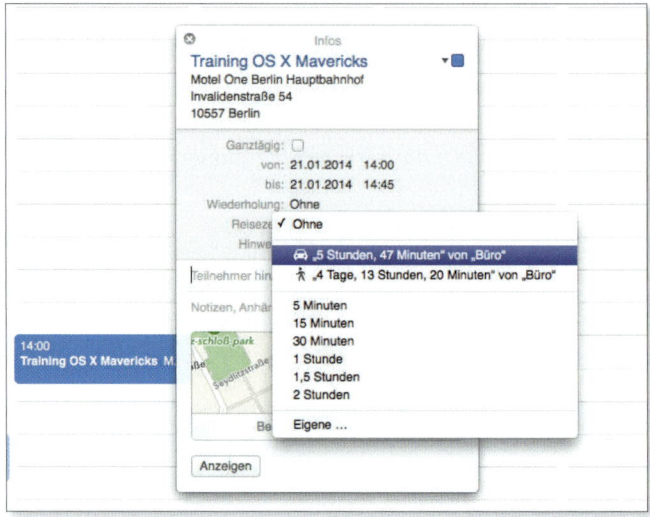

„Kalender" arbeitet eng mit „Karten" zusammen und kann deshalb die Reisezeit berechnen und in den Kalender eintragen.

Wiederholungen

Natürlich lassen sich auch wiederkehrende Termine eintragen. Klicken Sie dazu in den Ereignisdetails auf die Uhrzeit und anschließend auf *Wiederholen*. Hier legen nun fest, ob der Eintrag *Täglich*, *Wöchentlich*, *Jeden Monat* oder *Jedes Jahr* wiederholt werden soll. Um eigene Intervalle wie „alle 3 Wochen", „jeden zweiten Sonntag" oder „am letzten Mittwoch im Monat" einzutragen, wählen Sie den Punkt *Anpassen*.

Erinnerungen

Damit Sie keinen Termin und kein Ereignis verpassen, können Sie sich zu einem beliebigen Zeitpunkt vor einem Termin eine Nachricht (mit oder ohne Ton) einblenden oder sich auch eine E-Mail schicken lassen. Ebenfalls möglich ist die zeitgesteuerte Ausführung eines Scripts oder das automatische Öffnen einer Datei zu einem bestimmten Termin. Zur Nachbereitung eines Termins kann *Kalender* Sie auch nachträglich an ein vergangenes Ereignis erinnern. In welcher Form die Benachrichtigung angezeigt wird – ob als Hinweis oder als Banner –, legen Sie unter *Apfel-Menü –> Systemeinstellungen –> Mitteilungen* fest (s. dazu Kapitel 2).

Sie können bis zu zwei Erinnerungen setzen, also zum Beispiel „2 Tage davor" und „1 Tag danach". Auch hier schlägt *Kalender* Ihnen eine Frist vor, die sich aber nach Gutdünken anpassen und ändern lässt.

Die entsprechenden Einstellungen nehmen Sie entweder direkt beim Eintragen des Termins vor oder nachträglich in den Ereignisdetails, die Sie mit einem Doppelklick auf den Eintrag aufrufen.

Suchen

Über das Suchfeld oben rechts können Sie jederzeit alle Einträge in allen Kalendern nach Stichwörtern durchsuchen. Die Suchergebnisse werden rechts in einer Liste eingeblendet. Mit einem einfachen Klick wechseln Sie zu dem entsprechenden Eintrag, und mit einem Doppelklick auf einen Treffer können Sie den Eintrag bearbeiten. Um die Liste auszublenden bzw. die Suche zu löschen, klicken Sie auf das kleine *x* im Suchfeld.

Kalender-Accounts

Kalender kann nicht nur Daten verwalten, die Sie lokal auf Ihrem Mac gespeichert haben, sondern auch Kalender via Internet einbinden, zum Beispiel Ihre Kalender bei iCloud, Google oder Yahoo. Auch die Einbindung von Exchange-Kalendern, die häufig in Unternehmen eingesetzt werden, ist möglich.

Account eintragen

Um einen externen Kalender einzubinden, gibt es verschiedene Möglichkeiten. Zum einen können Sie (wie in Kapitel 2 erläutert) unter *Apfel-Menü –> Systemeinstellungen –> Internetaccounts* einen Kalender-Account eintragen bzw. bei einem vorhandenen Account den Punkt *Kalender* aktivieren. Zum anderen geht das natürlich auch direkt im Programm *Kalender*.

Wählen Sie dazu *Kalender –> Account hinzufügen*. Wählen Sie den Accounttyp, und geben Sie die benötigten Daten ein. Für iCloud, Exchange, Google, Facebook und Yahoo bringt OS X bereits alle benötigten

Daten mit, sodass Sie sich hier unkompliziert und schnell mit Ihren Accountdaten anmelden können. Um etwa einen Google-Kalender einzubinden, geben Sie lediglich Ihre E-Mail-Adresse bei Google samt Kennwort ein. Bei anderen Kalendern benötigen Sie die Zugangsdaten, die Sie vom Anbieter des Kalenders bekommen (also etwa von den Netzwerkverantwortlichen in Ihrem Unternehmen).

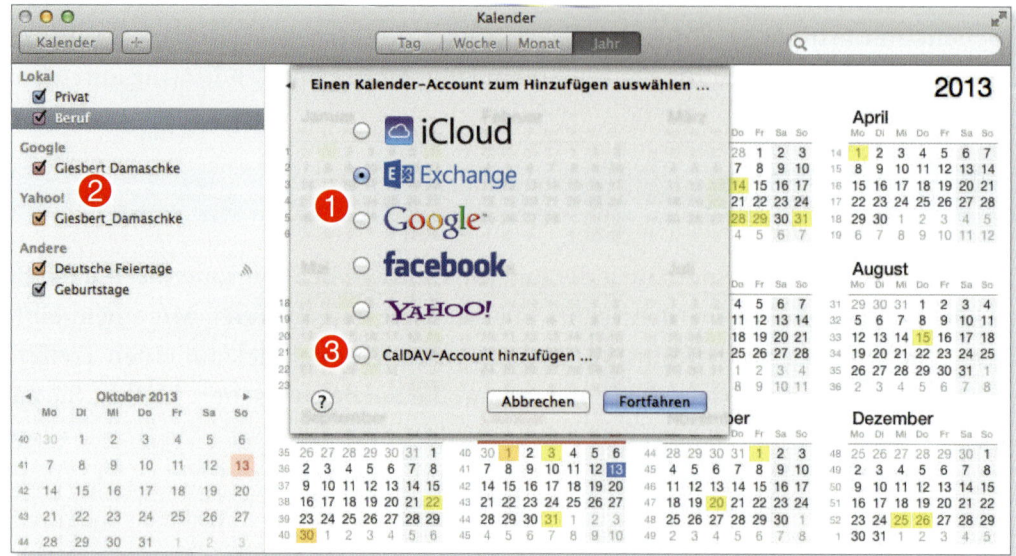

Wenn Sie Ihren Online-Kalender bei einem der populären Anbieter verwalten ❶, dann genügen Ihre Zugangsdaten, um Ihre Internet-Kalender auch über das Kalenderprogramm verwalten zu können ❷. Für alle anderen Anbieter ❸ benötigen Sie genauere Angaben, z. B. die Serveradresse des Kalenders. Diese Informationen bekommen Sie von Ihrem Anbieter.

Sonderfall iCloud

Wenn Sie einen Kalender von etwa Google oder Yahoo einbinden, finden Sie in der Kalenderliste die entsprechenden Rubriken, in denen Ihre verschiedenen Kalender verwaltet werden: *Lokal*, *Google* und *Yahoo*. Sie können also weiterhin lokale Kalender verwalten und gleichzeitig Ihren Kalender bei Google und Yahoo pflegen.

Bei iCloud ist das ein wenig anders. Zwar wird der iCloud-Kalender genauso eingebunden wie die Kalender anderer Anbieter auch, aber sobald Sie unter *Apfel-Menü –> Systemeinstellungen –> iCloud* den Punkt *Kalender* aktivieren, werden die lokalen Kalender mit denen bei iCloud zusammengeführt. Konsequenz: Sie können keine lokalen Kalender mehr verwalten. Jeder Termin, den Sie eintragen, landet automatisch bei iCloud, also auf den Servern von Apple.

Sobald Sie den Kalender von iCloud aktivieren, werden Ihre bis dahin lokal gespeicherten Kalender nach iCloud verschoben; lokale Kalender sind in diesem Fall nicht mehr vorgesehen.

Termine und Kalender teilen, abonnieren und veröffentlichen

Das Programm *Kalender* verwaltet alle Daten im ICS-Format. Dabei handelt es sich um einen Standard für Kalendereinträge, den nicht nur *Kalender* unter OS X beherrscht, sondern den praktisch alle Kalenderprogramme auf anderen Plattformen verstehen. Es ist also problemlos möglich, einen Termin oder einen kompletten Kalender in Form einer ICS-Datei auszutauschen.

Teilen

Um ein Ereignis zu teilen, gibt es verschiedene Möglichkeiten:

- *Einladung:* Sie tragen die Teilnehmer in den Ereignisdetails ein und klicken auf *Senden*. Die Teilnehmer erhalten eine Einladung per E-Mail, die sie mit einem Klick auf einen Link annehmen oder ablehnen. Das funktioniert allerdings nur, wenn Teilnehmer in einem Netzwerk arbeiten, das Kalendereinladungen unterstützt, also zum Beispiel Google, iCloud oder Exchange. In diesem Fall werden Sie automatisch darüber informiert, ob ein Teilnehmer einen Termin akzeptiert hat oder nicht.

- *Per Mail:* Sie verschicken einen Termin als ICS-Anhang per Mail; die Empfänger können die Datei in ihr Kalendersystem übernehmen. In diesem Fall werden Sie nicht automatisch über die Annahme oder Ablehnung eines Termins informiert. Um einen Termin per Mail zu verschicken, klicken Sie den Eintrag mit der rechten Maustaste an und wählen *Ereignis senden*.

Abonnieren

Sie können Kalender nicht nur auf Ihrem Mac oder bei einem Anbieter wie Google, Yahoo oder Apple führen. Es ist auch möglich, fremde Kalender via Internet einzubinden bzw. zu „abonnieren". Ein Beispiel für einen solchen Kalender ist der Kalender *Deutsche Feiertage*, den Apple dem Programm von Haus aus mit auf den Weg gibt.

Nehmen wir an, ein Kino möchte seine Besucher über sein aktuelles Programm auf dem Laufenden halten. Dann kann der Betreiber des Kinos einen Kalender mit den Startterminen der Filme als abonnierbaren Kalender im Internet publizieren. Diesen Kalender können Sie dann dem *Kalender*-Programm auf

Ihrem Mac hinzufügen. Sobald der Anbieter des Kino-Kalenders neue Termine einträgt, tauchen diese Termine auch in Ihrem *Kalender*-Programm auf.

Um einen Kalender zu abonnieren, benötigen Sie seine Adresse im Internet, die Ihnen vom Anbieter des Kalenders mitgeteilt wird. Wählen Sie *Ablage –> Neues Kalenderabonnement*, und geben Sie diese Adresse ein.

Häufig machen es Ihnen die Anbieter der Kalender auch einfach und stellen auf einer Webseite einen Link zum Kalender bereit. In diesem Fall genügt ein Klick auf den Link, um die Adresse an das *Kalender*-Programm zu übergeben.

Beispiele: Einige Beispiele für abonnierbare Kalender, wie Feiertags- und Ferienkalender, Kalender mit den Mondphasen oder den Zeiten für Sonnenaufgang und Sonnenuntergang, finden Sie unter **www.webcal.fi**. Falls Sie sich für Fußball interessieren, sollten Sie **www.fussball-spielplan.info** besuchen: Hier können Sie die Spielpläne der Fußballbundesliga abonnieren.

Geburtstage

Eine besondere Form der abonnierten Kalender ist der Geburtstagskalender. Damit werden die Geburtstage, die Sie im Programm *Kontakte* eingetragen haben, automatisch als Kalender eingebunden. Wenn Sie ein Datum in *Kontakte* ändern oder einen Geburtstag zu einer Visitenkarte hinzufügen, wird diese Änderung automatisch auch von *Kalender* übernommen.

Standardmäßig ist der Geburtstagskalender bereits aktiviert. Falls das nicht der Fall sein sollte, wählen Sie dazu *Kalender –> Einstellungen –> Allgemein* und aktivieren dort den Punkt *Geburtstagskalender einblenden*.

Veröffentlichen

Falls Sie Ihre Kalender mit iCloud verwalten, können Sie auch selbst Kalender im Internet veröffentlichen. Zeigen Sie dazu auf den gewünschten Kalender. Rechts wird nun ein Antennensymbol eingeblendet. Klicken Sie dieses an, um den Kalender freizugeben. Alternativ dazu klicken Sie den gewünschten Kalender mit der rechten Maustaste an und wählen *Freigabeeinstellungen*.

Hier gibt es nun zwei Möglichkeiten:

- *Für bestimmte Personen:* Tragen Sie die E-Mail-Adressen der Personen ein, die auf den Kalender zugreifen dürfen. Anschließend klicken Sie auf den Pfeil neben der Adresse und legen fest, welche Zugriffsrechte die eingeladene Person haben soll. Standardmäßig hat sie Schreibrechte, kann also selbst Termine eintragen. Möchten Sie das ändern, aktivieren Sie *Nur Lesen*. Nach einem Klick auf *Fertig* verschickt Kalender entsprechende Benachrichtigungen. Die Empfänger können diesen Kalender dann mit einem Mausklick einbinden. So lässt sich sehr einfach eine Arbeitsgruppe bilden, die ihren gemeinsamen Terminplan via Internet abstimmt.

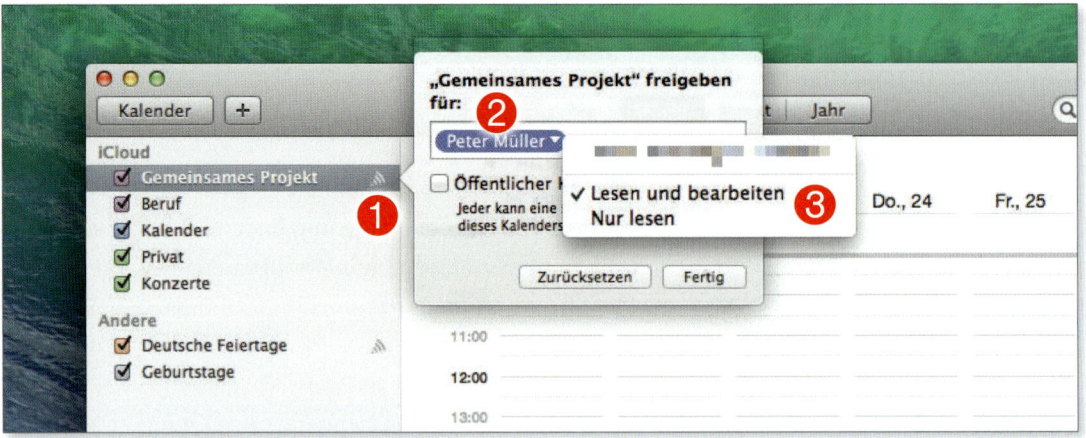

Möchten Sie mit mehreren Personen einen gemeinsamen Kalender führen, klicken Sie auf das kleine Antennensymbol neben dem Kalendereintrag ❶, geben die Namen bzw. E-Mail-Adressen der Teilnehmer ein ❷ und legen anschließend fest, welche Rechte eine Person hat ❸.

- *Für alle freigeben:* Klicken Sie dazu auf *Öffentlicher Kalender*. Sobald Sie diesen Punkt aktiviert haben, wird die Internetadresse des Kalenders eingeblendet. Durch einen Klick auf die *Senden*-Taste – den geschwungenen Pfeil – können Sie die Adresse sofort per E-Mail oder auch bei Twitter bekannt geben. Mit einem Rechtsklick auf die Adresse lässt diese sich auch in die Zwischenablage kopieren. Nun können Sie die URL zum Beispiel auf Ihrer Webseite veröffentlichen und so anderen Personen die Möglichkeit bieten, den Kalender zu abonnieren. Natürlich ist ein so veröffentlichter Kalender schreibgeschützt. Man kann diesen Kalender also zwar einsehen, aber keine Ereignisse neu anlegen.

Ein Kalender lässt sich auch im Internet veröffentlichen, wo ihn andere Personen abonnieren können. Dazu klicken Sie auf das Antennensymbol neben dem Kalender ❶, aktivieren den Punkt „Öffentlicher Kalender" ❷ und veröffentlichen die URL des Kalenders mit einem Klick auf die „Senden"-Taste ❸. Wenn Sie die Adresse ❹ mit der rechten Maustaste anklicken, können Sie die Adresse auch in die Zwischenablage kopieren und in beliebige Dokumente einfügen.

Ein freigegebener Kalender ist in der Kalenderliste durch ein kleines Antennensymbol gekennzeichnet. Um eine Freigabe zu beenden, entfernen Sie den Haken bei *Öffentlicher Kalender*.

Kalender exportieren/importieren

Sie können Ihre Kalender jederzeit als Datei exportieren und so eine Sicherungskopie Ihrer Termine und Aufgaben anlegen.

Exportieren

- *Einen Kalender:* Um einen einzelnen Kalender zu exportieren, markieren Sie ihn in der Kalenderliste und wählen anschließend *Ablage –> Exportieren –> Exportieren*. Der Kalender wird im ICS-Format gespeichert. Diese Datei kann von allen Programmen gelesen werden, die dieses Standardformat unterstützen.
- *Alle Kalender:* Den kompletten Datenbestand sichern Sie über *Ablage –> Exportieren –> Kalender-Archiv*. Die Dateiendung lautet diesmal „.icbu" (was für „iCal Backup" steht; „iCal" ist der frühere Name des Programms). Dabei handelt es sich um ein proprietäres Format, das nur vom *Kalender*-Programm von OS X unterstützt wird.

Importieren

Exportierte Kalender werden über *Ablage –> Importieren* hinzugefügt:
- *ICS-Datei:* Beim Import einer ICS-Datei bietet *Kalender* an, die dort enthaltenen Einträge einem bereits vorhandenen Kalender hinzuzufügen. Möchten Sie stattdessen einen eigenen Kalender anlegen, wählen Sie im Import-Dialog die Option *Neuer Kalender*.
- *Kalender-Archiv:* Wenn Sie nicht nur eine einfache ICS-Datei, sondern ein komplettes Kalender-Archiv importieren, werden beim Import sämtliche bereits vorhandenen Einträge in Ihrem Kalender überschrieben. Da dies unter Umständen gar nicht gewünscht ist, gibt *Kalender* sicherheitshalber eine Warnung aus und fragt vor dem Import noch einmal nach.

Kapitel 11

Karten

Das Programm *Karten* kombiniert Straßen- und Landkarten mit einem Routenplaner. Mit dieser App finden Sie nicht nur den Weg zu Ihrem Ziel (und zwar weltweit), sondern sie zeigt Ihnen auch Städte und Länder in Satellitenaufnahmen und mitunter in atemberaubender 3D-Darstellung, durch die Sie sich fast wie in einem Computerspiel frei bewegen können.

Grundfunktion von Karten

Mit der *Karten*-App haben Sie jederzeit den richtigen Stadtplan und die richtige Landkarte auf Ihrem Mac. *Karten* kann Ihnen genau sagen, wo Sie sich aktuell befinden, eine beliebige Adresse im Stadtplan zeigen und Ihnen natürlich auch verraten, wie Sie von einem Ort zu einem anderen kommen. Dabei ist *Karten* nicht auf Deutschland oder Europa beschränkt, sondern funktioniert weltweit.

Beim ersten Start fragt *Karten* nach, ob das Programm die Ortsdaten Ihres Macs benutzen darf (was Sie dem Programm sinnvollerweise erlauben sollten). Über das Suchfeld finden Sie jede beliebige Adresse, und mit einem Klick auf das Buchsymbol greifen Sie auf Ihre Lesezeichen und Ihre Kontakte zu und können sich so die Adresse eines Kontakts auf einer Karte anzeigen lassen. Die Darstellung ändern Sie mit einem Klick auf die entsprechende Taste (*Standard*, *Hybrid*, *Satellit*). Über die stilisierte Kompassnadel links richten Sie die Karte nach Norden aus, und mit einem erneuten Klick wechseln Sie zu Ihrem aktuellen Standort.

Den gezeigten Kartenausschnitt zoomen Sie entweder über die Plus/Minus-Tasten rechts unten oder mit einer Zwei-Finger-Geste auf dem Trackpad: Ziehen Sie zwei Finger zusammen, zoomen Sie hinaus; ziehen Sie zwei Finger auseinander, zoomen Sie entsprechend hinein. Alternativ dazu können Sie auch die Tastenkombinationen *cmd* + + und *cmd* + – drücken. Je näher Sie sich an einen Punkt heranzoomen, desto detaillierter wird die Darstellung.

„Karten" zeigt Ihnen jede Adresse und fast jeden Ort auf dieser Welt auf einer Karte an. Geben Sie den gesuchten Ort in das Suchfeld ein ❶, oder wählen Sie eine Adresse aus Ihren Kontakten ❷. Die Darstellung wechseln Sie über die entsprechende Taste ❸. Die Kompassnadel ❹ nordet die Karte und bringt Sie immer zu Ihrem aktuellen Standort. Eine Adresse wird durch eine Stecknadel markiert ❺; klicken Sie die Stecknadel an, erhalten Sie umfangreiche Informationen zur markierten Adresse. Über die Plus/Minus-Tasten ❻ zoomen Sie sich in die Karte hinein oder aus ihr hinaus.

Kartenansichten

Mit der bloßen Anzeige einer Adresse auf einer Karte müssen Sie sich nicht begnügen, denn das Programm hat noch mehr zu bieten und kann Ihnen von fast jedem Punkt der Erde ein Satellitenfoto zeigen, die zum Teil von hoher Genauigkeit sind. Bei vielen Städten steht zudem eine 3D-Darstellung zur Verfügung, durch die Sie sich fast wie in einem Computerspiel bewegen können.

- *Standard:* Die Standardansicht zeigt Ihnen das gewohnte Bild einer Karte auf Papier, wobei wichtige Punkte (wie zentrale Bauwerke, Restaurants, Haltestellen und Ähnliches) angezeigt werden. Damit die Darstellung nicht zu überladen ist, werden diese Details erst eingeblendet, wenn Sie sich entsprechend nah herangezoomt haben.
- *Hybrid:* Hier werden Satellitenbilder und Standardansicht kombiniert.

- *Satellit:* Diese Ansicht zeigt Ihnen Satellitenaufnahmen des aktuell gewählten Gebiets. Auch hier können Sie natürlich zoomen, allerdings stehen nicht für alle Gebiete entsprechend hochaufgelöste Fotos zur Verfügung. Besonders in ländlichen, dünn besiedelten Gebieten müssen Sie sich mit Fotos aus großer Höhe begnügen.

Noch einen Schritt weiter als die Satellitenbilder geht die Darstellung in 3D. Sie ist zwar nicht für alle Orte verfügbar, aber wenn sie es ist, dann bietet sie eine atemberaubende Darstellung. Die 3D-Ansicht steht Ihnen in allen Darstellungen (Standard, Hybrid, Satellit) zur Verfügung, aber erst bei der Kombination von Satellit und 3D bekommen Sie die volle Leistungsfähigkeit dieser Ansicht zu sehen.

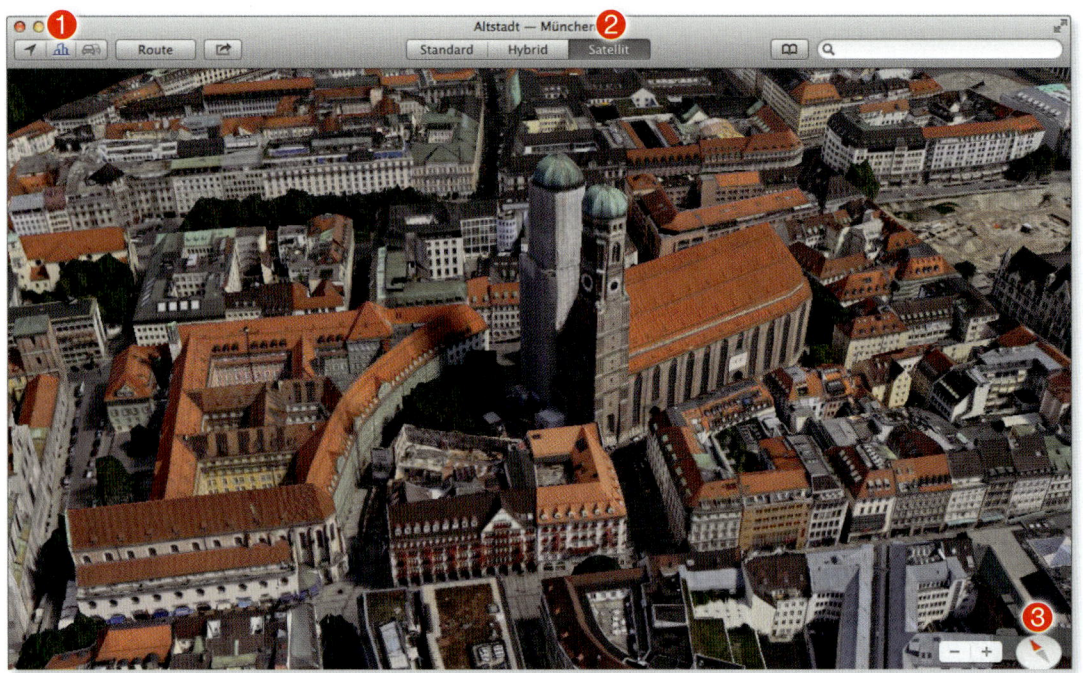

Die Kombination der 3D-Darstellung ❶ mit Satellitenaufnahmen ❷ bietet vor allem bei Großstädten eine realistische Darstellung, durch die Sie sich frei bewegen können. Den Blickwinkel ändern Sie entweder via Touchpad oder über den stilisierten Kompass unten rechts ❸.

Diese Ansicht aktivieren Sie entweder durch einen Klick auf das Häusersymbol oben links oder auf den roten Pfeil unten rechts. Über die Tastenkombinationen *alt + Pfeil nach rechts* bzw. *alt + Pfeil nach links* drehen Sie sich. Den Blickwinkel ändern Sie mit gedrückter *alt*-Taste und einer Wischbewegung mit zwei Fingern auf dem Touchpad. Alternativ dazu können Sie auch den roten Pfeil unten links anklicken und die Maus bei weiterhin gedrückter Maustaste nach oben oder unten bewegen.

Karten als Routenplaner

Mit dem Routenplaner von *Karten* können Sie sich den Weg von einem Ort zu einem anderen anzeigen lassen.

Klicken Sie dazu auf *Route*. Rechts werden nun zwei Felder eingeblendet, in denen Sie Start und Ziel der Reise eintragen. Über die Auto- und Fußgängertaste können Sie sich die Route entweder für eine Fahrt mit dem PKW oder als Fußweg anzeigen lassen. Wenn Sie auf das Autosymbol links klicken, blendet *Karten* zudem Hinweise auf die aktuelle Verkehrsdichte ein, die Sie in Ihre Planung einbeziehen können.

Da es wohl eher unhandlich ist, mit einem MacBook auf dem Schoß durch den Verkehr zu steuern und Sie unterwegs auch nicht unbedingt online sind, können Sie sich die Route samt Kartenabbildungen über das Menü *Ablage* auch ausdrucken.

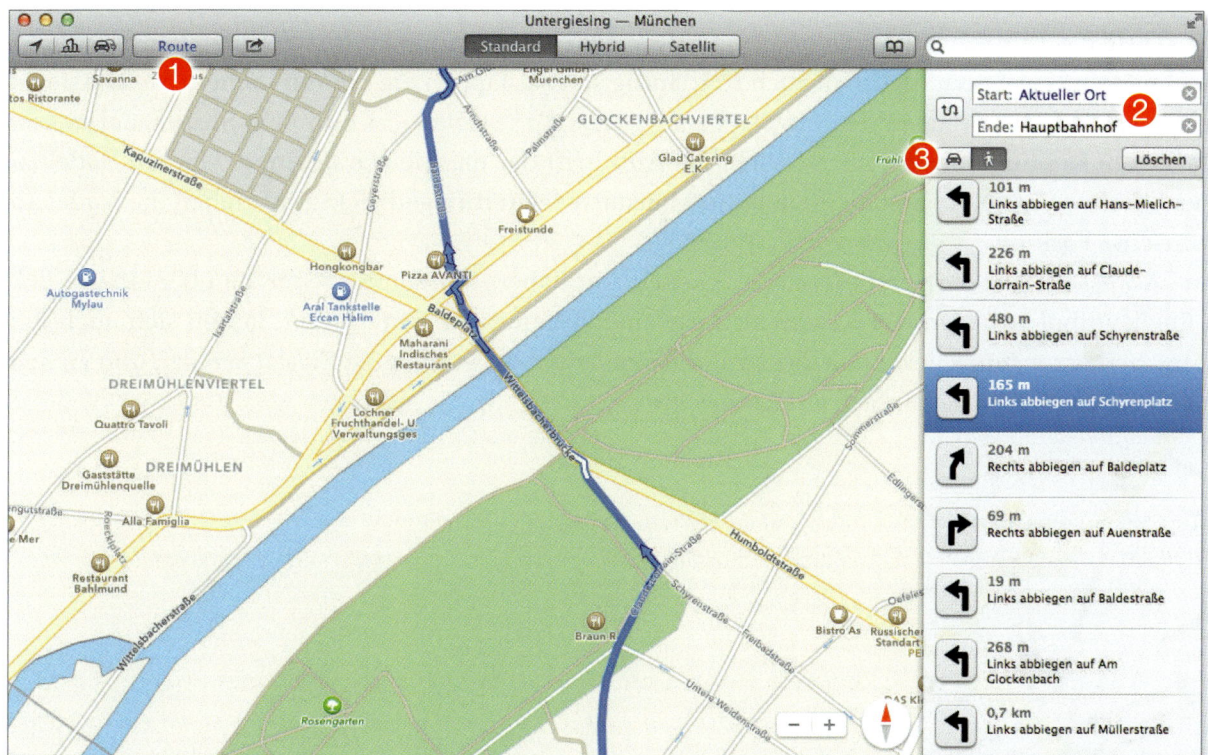

Nach einem Tipp auf „Route" ❶ *können Sie Start und Ziel Ihrer geplanten Reise eingeben* ❷ *und festlegen, ob Sie die Reise per pedes oder mit dem Auto antreten möchten* ❸*.*

Stecknadeln und Lesezeichen

Damit Sie eine gesuchte Adresse schnell lokalisieren können, setzt *Karten* eine kleine Stecknadel. Dabei wird in einer Sprechblase der aktuelle Ort angegeben. Wenn Sie auf das *i* in der Sprechblase klicken, erhalten Sie mehr Informationen und Möglichkeiten:

- *Lesezeichen hinzufügen:* Die Position wird für den späteren schnellen Zugriff als Lesezeichen gespeichert. Auf Ihre Lesezeichen greifen Sie über das Buchsymbol in der Symbolleiste zu.

- *Route berechnen: Karten* zeigt Ihnen eine Route von Ihrer aktuellen Position zum markierten Punkt.

- *Zu Kontakt hinzufügen:* Die Adresse wird entweder als neuer Kontakt aufgenommen oder Ihrem Adressbuch hinzugefügt.

- *Problem melden:* Wenn die Informationen von Karten nicht korrekt sind, können Sie über diese Taste das Problem an Apple melden und so zur Verbesserung der Kartendaten beitragen.

Stecknadeln lassen sich natürlich auch freihändig setzen. Tippen Sie mit der rechten Maustaste an die gewünschte Position, und wählen Sie *Stecknadel setzen. Karten* platziert nun eine Stecknadel mit einem lilafarbenen Kopf und zeigt, falls möglich, die Anschrift der markierten Position. Um die Nadel zu versetzen, klicken Sie sie doppelt an, halten die Maustaste weiterhin gedrückt und ziehen die Nadel an die gewünschte Position.

Eine Adresse, die Sie in den Lesezeichen gespeichert haben, können Sie jederzeit über einen Klick auf das Buchsymbol aufrufen. Da Karten sich die zuletzt benutzten Orte merkt, lassen sich auch daraus Lesezeichen erzeugen. Klicken Sie dazu auf das Buchsymbol, wählen Sie *Zuletzt benutzt*, und ziehen Sie den gewünschten Eintrag einfach auf *Lesezeichen*.

Kapitel 12

iBooks

Mit dem Programm *iBooks* können Sie elektronische Bücher auf Ihrem Mac lesen. Das Programm beherrscht die wichtigsten Standards, und aktuelles Lesefutter finden Sie in Apples *iBook Store*. Aber natürlich sind Sie nicht auf den Buchladen von Apple angewiesen, sondern können Ihre digitale Bibliothek auch aus anderen Quellen bestücken.

Formate für E-Books

 Die Applikation *iBooks* ist ein E-Book-Reader, also ein Programm, mit dem Sie elektronische Bücher auf dem Mac lesen können. Das Programm unterstützt drei populäre Formate, in denen elektronische Bücher und Dokumente üblicherweise vorliegen.

- *ePub* ist die Abkürzung für „Electronic Publication" und ähnlich wie HTML eine Seitenbeschreibungssprache, mit der sich dynamische Seiten aufbauen lassen. In der Praxis bedeutet das etwa, dass sich der Seitenumbruch der Bildschirmgröße anpasst oder sich Font und Schriftgröße verändern lassen. Dafür sind die Gestaltungsmöglichkeiten beschränkt. Ein Mehrspaltensatz, aufwendige Zeitschriftenlayouts, Marginalien, umfließender Text und ähnliche Gestaltungen sind mit ePub nicht möglich.

- *PDF* steht für „Portable Document Format" und bezeichnet einen Standard, mit dem sich beliebige Layouts problemlos auf den unterschiedlichsten Geräten anzeigen lassen. Ganz gleich, ob Sie ein PDF-Dokument auf Ihrem Computer, Ihrem Smartphone oder Ihrem Tablet betrachten – es wird auf beiden Geräten gleich aussehen. Dafür muss man allerdings ein sehr starres Layout in Kauf nehmen. Alle Elemente einer Seite (Textmenge, Umbruch, Fonts, Schriftgrößen und so weiter) sind fest vorgegeben und lassen sich nicht von Ihnen anpassen. Das führt mitunter dazu, dass eine Seite eines PDF-Dokuments entweder nur in starker Verkleinerung oder nicht vollständig angezeigt werden kann und Sie beim Lesen die Seite mit dem Finger hin- und herschieben müssen.

 PDF-E-Books werden in **iBooks** verwaltet. Wird eine PDF-Datei jedoch geöffnet, kümmert sich die App **Vorschau** darum. Weitere Informationen dazu finden Sie in Kapitel 13.

- *Textbooks (Made for iBooks)*: Dieses E-Book-Format kann nur mit *iBooks* auf dem Mac oder iPad gelesen werden. Bei *Textbooks* handelt es sich um multimedial aufbereitete Titel inklusive Videos, interaktiven Grafiken, Audio-Informationen und vielem mehr. Ähnlich wie beim PDF ist hier das Layout starr. Aber es gibt im Regelfall eine Hoch- und Querformat-Ansicht.

E-Books mit diesem Banner enthalten multimediale Komponenten und bieten deshalb ein besonderes Leseerlebnis an.

Außerdem bietet *iBooks* den Zugang zu Apples digitaler Buchhandlung (iBook Store).

Bücher für iBooks

Sie haben zwei Möglichkeiten, *iBooks* mit digitalen Büchern zu füllen, um sie auf Ihrem Mac zu lesen:

- *iBook Store:* Sie laden Bücher aus dem *iBook Store.* Die meisten Bücher sind kostenpflichtig; es gibt hier aber auch eine Reihe kostenloser Angebote. Alle Bücher, die Sie im iBook Store geladen bzw. gekauft haben, können Sie jederzeit erneut kostenlos laden.
- *Eigene Bücher:* Sie importieren ePub- und PDF-Dateien aus dem Internet, von CD oder aus anderen Quellen in das Programm.

Der einfachste und bequemste Weg, um an digitale Lektüre für *iBooks* zu kommen, führt über Apples *iBook Store.* Klicken Sie dazu oben links auf die gleichnamige Taste.

Bevor Sie sich dazu entschließen, ein Buch zu kaufen, können Sie einen Auszug herunterladen.

Aber natürlich sind Sie nicht nur auf das Angebot im *iBook Store* beschränkt, sondern können jede normale ePub- oder PDF-Datei in *iBooks* öffnen. Einzige Voraussetzung: Die Dateien dürfen keinen Kopierschutz besitzen. Um eine ePub- oder PDF-Datei zu importieren, ziehen Sie sie einfach in das Programmfenster von iBooks. Oder Sie wählen *Ablage –> Zur Bibliothek hinzufügen.*

Die Bücher lassen sich nach verschiedenen Kategorien anordnen und sortieren. Über die Suchfunktion können Sie nach Titel und Autor suchen; eine Volltextsuche über alle Bücher ist nicht möglich.

Bücher für iBooks laden Sie entweder aus dem iBook Store ❶, oder Soe importieren die Dateien über das „Ablage"-Menü ins Programm. Die Bücher lassen sich nach verschiedenen Kriterien ordnen ❷, und die Suche ❸ findet zuverlässig bestimmte Titel oder Autoren. Wie die Bücher sortiert werden sollen, legen Sie über „Sortieren nach" fest ❹. Vor dem Kauf eines Buchs im iBook Store können Sie einen Auszug ❺ laden. Noch nicht geöffnete Bücher werden mit „Neu" markiert ❻. Eine neue Sammlung legen Sie über die Plus-Taste unten links an ❼.

Die Sammlungen

Sämtliche Bücher werden in Sammlungen verwaltet, wobei *iBooks* ePub- und PDF-Dateien automatisch in zwei getrennten Sammlungen verwaltet. Dabei werden ePub-Dateien generell als Bücher bezeichnet.

Die beiden Standardsammlungen Bücher und PDF sind natürlich etwas grobmaschig und werden schon bei wenigen Bänden unübersichtlich. Doch das macht nichts, Sie können nämlich eigene Sammlungen anlegen und dort die verschiedenen E-Book-Typen – also ePub oder PDF – auch mischen.

Um eine eigene Sammlung anzulegen, gibt es zwei Möglichkeiten:

- *Leere Sammlung:* Wechseln Sie zu *Sammlungen*, und klicken Sie auf die Plus-Taste unten links. Es wird eine leere Sammlung mit dem Titel *Neue Sammlung* angelegt. Ändern Sie den Namen nach Ihren Wünschen. Um der Sammlung neue Titel hinzuzufügen, ziehen Sie sie einfach auf die neu angelegte Sammlung. Alternativ dazu können Sie die gewünschten Titel auch markieren, mit der rechten Maustaste anklicken und *Zur Sammlung hinzufügen* wählen.
- *Markierte Titel als neue Sammlung:* Markieren Sie die gewünschten Titel, klicken Sie sie mit der rechten Maustaste an, und wählen Sie *Neue Sammlung aus Auswahl.*

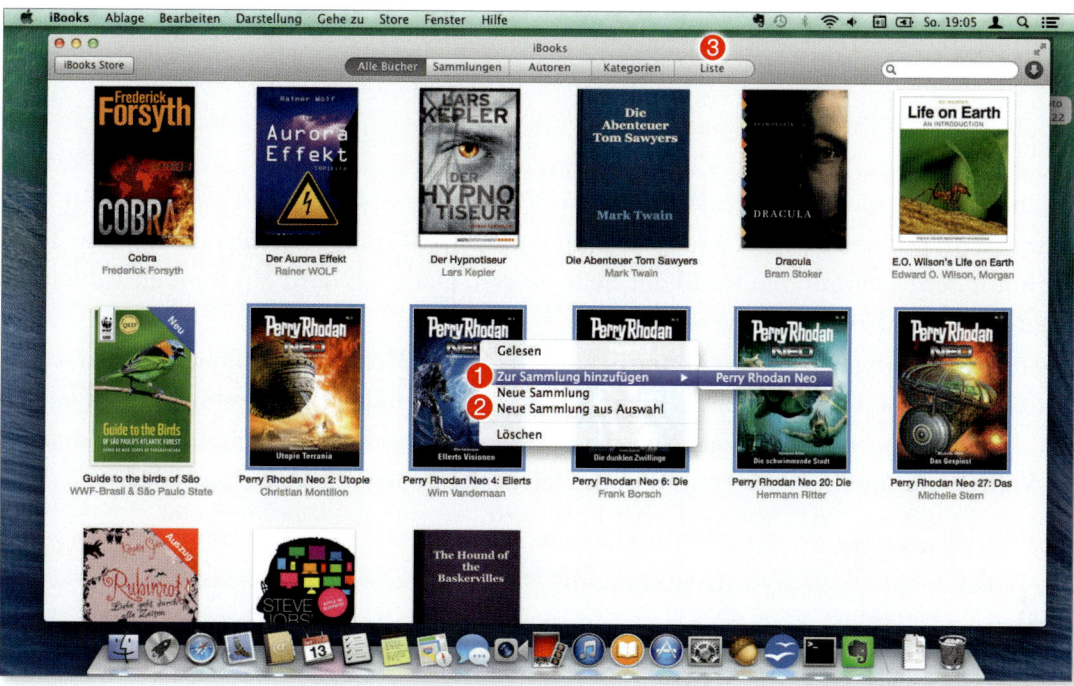

Es gibt verschiedene Wege, eine Sammlung anzulegen. Am schnellsten geht es in der Regel, wenn Sie die gewünschten Bücher mit gehaltener „Shift"-Taste oder „cmd + T" markieren, mit der rechten Maustaste anklicken und zur gewünschten Sammlung hinzufügen ❶. Falls die Sammlung noch nicht existiert, lässt sie sich so auch direkt aus der Auswahl erzeugen ❷. Wenn Sie sehr viele Bücher in Ihrer Bibliothek haben und in Sammlungen organisieren möchten, empfiehlt es sich, auf die platzsparende Darstellung „Liste" ❸ zu wechseln.

Mehrere Titel markieren: Am einfachsten ist es, die gewünschten Titel in der Darstellung **Liste** zu markieren. Hier gehen Sie so vor, wie Sie es vom Finder gewohnt sind. Mit gehaltener **Shift**-Taste markieren Sie einen zusammenhängenden Bereich; mit gedrückter **cmd**-Taste wählen Sie mehrere, nicht zusammenhängende Titel.

Um eine Sammlung zu löschen, markieren Sie den entsprechenden Eintrag in der Liste aller Sammlungen und drücken die *Backspace*-Taste. Da eine Sammlung nur Verweise auf die Bücher enthält, nicht die Bücher selbst, müssen Sie dabei nicht befürchten, Dateien zu verlieren. Die in der Sammlung enthaltenen Titel wandern wieder zurück in ihre ursprüngliche Sammlung, also nach *Bücher* oder *PDF*.

Ein E-Book lesen

Sie öffnen ein Buch mit einem Doppelklick auf das Cover. Das Buch wird in einem neuen Fenster geöffnet. Geblättert wird mit den Cursortasten oder mit einer Zwei-Finger-Wischgeste auf dem Trackpad. Sie können auch mit der Maus auf den Rand der Seite zeigen. Dadurch wird ein Pfeil eingeblendet. Klicken Sie diesen an, wird vor- bzw. zurückgeblättert.

Damit Sie möglichst ungestört lesen können, wird die Symbolleiste ausgeblendet. Sie erscheint wieder, wenn Sie mit der Maus auf die Titelleiste zeigen. Über die Symbolleiste haben Sie Zugriff auf das Inhaltsverzeichnis, Ihre Lesezeichen und Ihre Notizen. Zudem lässt sich das Erscheinungsbild anpassen, Sie können im Volltext des Buches suchen und natürlich beliebig viele Lesezeichen setzen.

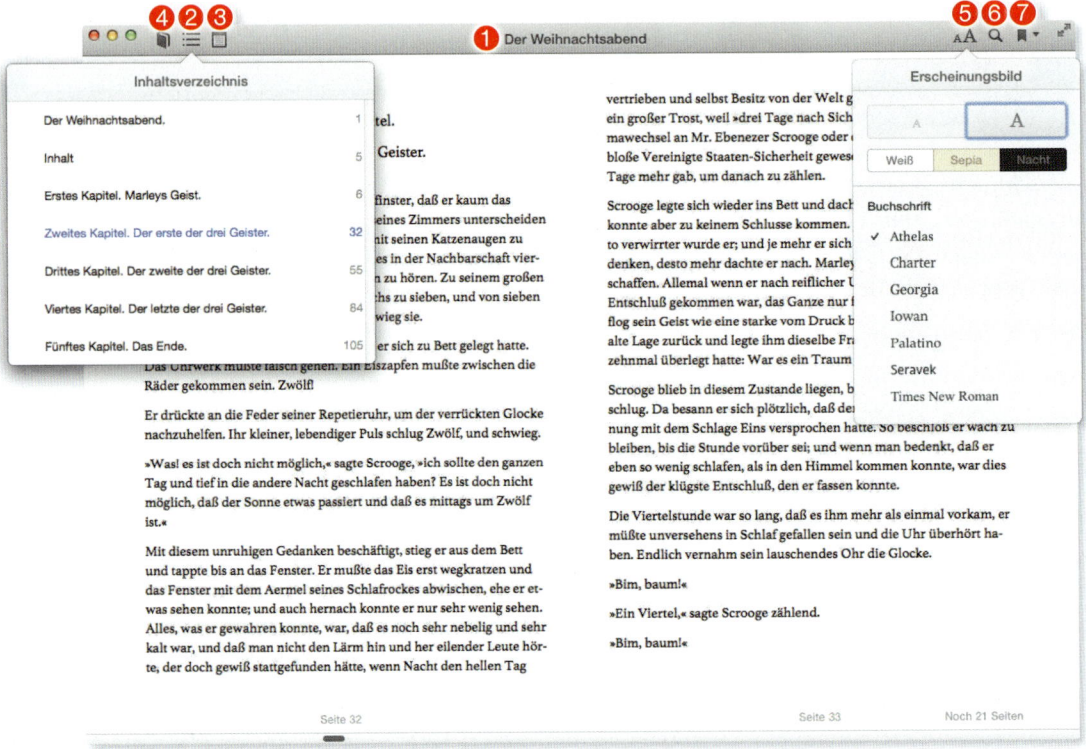

Die Symbole werden eingeblendet, wenn Sie mit der Maus auf die Titelleiste zeigen ❶. Hier können Sie auf das Inhaltsverzeichnis zugreifen ❷, Ihre Notizen und Markierungen einsehen ❸ und zur Bibliothek wechseln ❹. Schrift, Schriftgröße und Farbgebung können Sie Ihren Wünschen anpassen ❺. Über die Lupe ❻ durchsuchen Sie den kompletten Text des Buches, und Ihre Lesezeichen verwalten Sie über das Lesezeichensymbol ❼.

Markierungen, Notizen und Lesezeichen

In einem gedruckten Buch können Sie an wichtigen Stellen Lesezeichen einlegen oder beliebige Textstellen unterstreichen und Notizen an den Rand kritzeln. Das geht auch bei *iBooks*, wobei Markierungen im E-Book den großen Vorteil haben, sich rückstandslos entfernen zu lassen.

- *Markierungen und Notizen anlegen:* Blenden Sie mit einem Klick auf das Notizensymbol die Seitenleiste mit Ihren Notizen und Markierungen ein. Markieren Sie nun die gewünschte Textpassage. Anschließend wird ein Menü eingeblendet, über das Sie die Passage mit verschiedenen Farben hervorheben, unterstreichen oder mit einer Notiz versehen können. Alle Einträge werden sofort in die Seitenleiste übernommen.

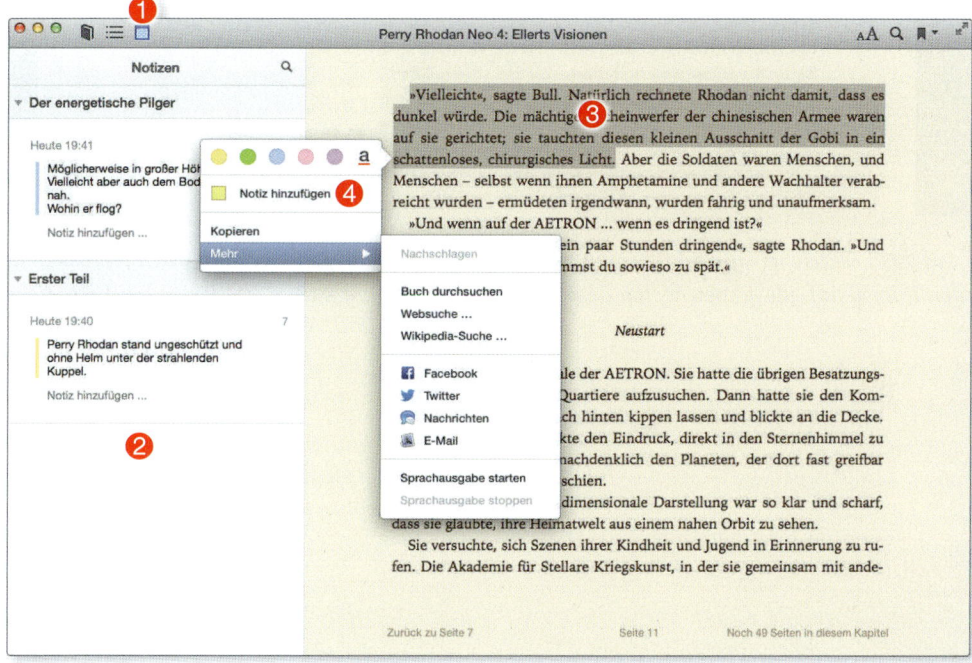

Um eine Notiz oder Markierung anzubringen, blenden Sie mit einem Klick auf das Notizensymbol ❶ die Seitenleiste mit Ihren Notizen ein ❷. Markieren Sie nun die gewünschte Passage ❸, und wählen Sie eine farbige Hervorhebung. Fügen Sie eine Notiz hinzu ❹, oder wählen Sie eine andere Aktion.

- *Markierung/Notiz löschen:* Blenden Sie die Seitenleiste mit den Notizen und Markierungen ein. Klicken Sie auf die Seitenzahl der Markierung, die Sie löschen möchten. Klicken Sie mit rechts in die markierte Passage, und wählen Sie *Markierung löschen*.

- *Lesezeichen:* Sie können in jedem Buch beliebig viele Lesezeichen anlegen. Klicken Sie dazu einfach auf das Lesezeichensymbol. Möchten Sie gezielt auf ein Lesezeichen zugreifen, klicken Sie auf den Pfeil neben dem Lesezeichensymbol und anschließend auf das gewünschte Lesezeichen. Ein Lesezeichen entfernen Sie, indem Sie auf das *x* klicken, das eingeblendet wird, sobald Sie auf ein Lesezeichen zeigen.

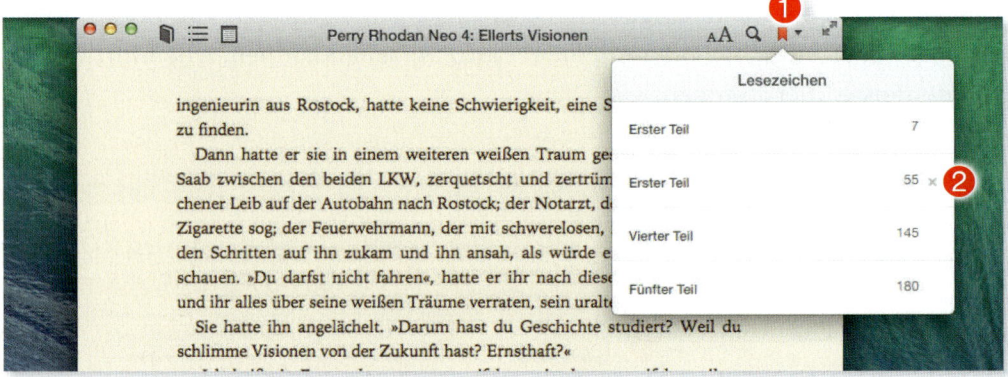

Mit einem Klick auf das Lesezeichensymbol ❶ legen Sie ein Lesezeichen an. Ein Klick auf den Pfeil neben dem Symbol gibt Ihnen Zugriff auf alle gespeicherten Lesezeichen. Ein Klick auf das „x" ❷ löscht ein Lesezeichen.

Kapitel 13

TextEdit, Vorschau, Notizen, Erinnerungen, Rechner

OS X bringt eine Reihe von Programmen mit, die Ihnen bei täglichen Aufgaben helfen: Textverarbeitung, Notizblock, Aufgabeliste, Taschenrechner – und ein Programm, das zwar schlicht *Vorschau* heißt, aber sehr viel mehr kann, als sein Name verspricht. Außerdem widmen wir uns der Frage, wie OS X Dokumente speichert und welche systemweiten Schreibhilfen Ihnen das System zu bieten hat.

Die Apps für den Büroalltag

Ein Mac kann sofort nach dem Auspacken produktiv genutzt werden, ohne dass Sie dazu spezielle Programme installieren müssen. Denn von Haus sind beim Betriebssystem OS X bereits einige nützliche Programme dabei, die ich Ihnen in diesem Kapitel vorstellen möchte.

- *TextEdit:* TextEdit ist eine kleine, aber recht leistungsfähige Textverarbeitung. Sie kann mit den großen Office-Programmen natürlich nicht mithalten, reicht aber für viele alltägliche Aufgaben problemlos aus.
- *Notizen:* Ein kleines Programm für Notizen aller Art.
- *Erinnerungen:* Hierbei handelt es sich um eine Aufgabenverwaltung.
- *Vorschau:* Das Programm *Vorschau* dient in erster Linie dazu, PDF- und Grafik-Dateien anzuzeigen. Doch es kann noch sehr viel mehr, denn damit lassen sich diese Dokumente auch bearbeiten.
- *Lexikon:* Das Lexikon bietet Ihnen Zugriff auf verschiedene deutsche und englische Lexika und kann einen gesuchten Begriff auch an die Wikipedia weiterreichen.
- *Rechner:* Der Taschenrechner von OS X kann mehr als nur die vier Grundrechenarten.

Die Textverarbeitung TextEdit

 Auf den ersten Blick scheint *TextEdit* ein simpler Editor ohne Besonderheiten zu sein. Doch das täuscht: Das kleine Programm entpuppt sich bei näherer Bekanntschaft als zwar etwas in die Jahre gekommene, aber doch recht leistungsfähige Textverarbeitung, die für viele der alltäglichen Aufgaben durchaus genügen kann.

Schreiben

Wie bei jeder Textverarbeitung können Sie nach dem Start von TextEdit sofort damit loslegen, Ihren Text zu schreiben. Formatiert wird der Text über die Symbolleiste (die, anders als bei anderen Programmen unter OS X, fest vorgegeben ist und sich weder anpassen noch ausblenden lässt). Hier wählen Sie Schrift, Schriftschnitt, Größe, Vorder- und Hintergrundfarbe, Textausrichtung und Zeilenabstand. Über das Dropdown-Menü rechts außen können Sie verschiedene Listentypen einstellen.

Standardmäßig arbeitet TextEdit mit der Schrift Helvetica in 12 Punkt. Wenn Sie das ändern möchten, wählen Sie *TextEdit –> Einstellungen –> Neues Dokument* und legen hier die *Schrift für formatierten Text* fest.

TextEdit bietet das von anderen Programmen dieser Art her vertraute Erscheinungsbild. Ihren Text formatieren Sie über die verschiedenen Symbole. Hier haben Sie Zugriff auf die Formatvorlagen (die bei TextEdit „Stile" heißen) ❶, können Schrift, Schriftschnitt und -größe bestimmen ❷, die Vorder- und Hintergrundfarbe definieren ❸, den Schriftstil definieren ❹, die Textausrichtung festlegen ❺, den Durchschuss bestimmen ❻ und schließlich Listen einfügen ❼.

 **TextEdit und iCloud:** Wenn Sie in **Apfel-Menü –> Systemeinstellungen –> iCloud** den Punkt **Dokumente & Daten** aktiviert haben, benutzt TextEdit als Speicherort standardmäßig die Apple-Server. Das Programm startet dann nicht mit einem leeren Dokument, sondern mit einem Dialog zum Öffnen eines Dokuments. Über die Tasten **iCloud** bzw. **Lokal** legen Sie fest, wo TextEdit Dokumente ablegen soll. Ein neues, leeres Dokument legen Sie mit einem Klick auf **Neues Dokument** an.

Bilder

TextEdit macht seinem Namen alle Ehre: Es ist ein Programm zum Erfassen und Bearbeiten von Texten. Bilder, die von Text umflossen werden, lassen sich hier nicht einfügen. Allerdings ist es möglich, ein Bild als Anhang aufzunehmen. In diesem Fall wird das Bild als eigener Absatz in das Dokument integriert. Sie können Text also vor und nach einem Bild platzieren, nicht aber neben einem Bild. Sie können das Bild auch nicht skalieren: Wie groß ein Bild im Text erscheint, bestimmt TextEdit. Um ein Bild aufzunehmen, ziehen Sie es entweder mit der Maus an die gewünschte Position oder wählen *Bearbeiten –> Anhänge hinzufügen*.

Reiner Text

TextEdit erfüllt unter OS X zwei Aufgaben: Zum einen ist es die kleine Textverarbeitung für den Alltag, zum anderen ein Editor zur Bearbeitung reiner Textdateien. Standardmäßig arbeitet TextEdit mit Formaten (also etwa fett, kursiv, verschiedenen Schriften und Schriftgrößen) und speichert diese im Dateiformat RTF, das von praktisch sämtlichen Textprogrammen auf allen Systemen korrekt geöffnet werden kann. Über *Format –> In reinen Text umwandeln* bzw. *Format –> In formatierten Text umwandeln* wechseln Sie zwischen den beiden Möglichkeiten.

Möchten Sie TextEdit vor allem als Editor für reinen Text – also ohne Formate wie fett, kursiv oder unterschiedliche Schriften/Schriftgrößen – einsetzen, dann aktivieren Sie unter *TextEdit –> Einstellungen –> Neues Dokument* die Option *Reiner Text*. Hier können Sie auch den Font einstellen, in dem TextEdit Ihren Text in diesem Modus standardmäßig anzeigen soll.

Soll dann doch einmal ein Text mit Auszeichnungen und Formaten geschrieben werden, wechseln Sie über *Format –> In formatierten Text umwandeln* vorübergehend den Modus.

Stile

Was bei einer ausgewachsenen Textverarbeitung die Formatvorlagen sind, das sind bei TextEdit die *Stile*. In einem Stil sind die verschiedenen Formatierungen von Zeichen und Absätzen gespeichert, die per Mausklick auf den aktuellen Text angewandt werden können. Die verfügbaren Stile stehen in der Symbolleiste über das ¶-Symbol links außen zur Verfügung.

Um einen Stil zu definieren, markieren Sie den Text, der formatiert werden soll, und formatieren ihn über die Symbolleiste in gewünschter Weise (Schrift, Größe, Zeilenabstand und so weiter).

Anschließend klicken Sie auf das ¶-Symbol und wählen *Stile einblenden*. Aktivieren Sie *Dokumentstile*. Über die Pfeiltasten blättern Sie nun durch alle Stile, die im aktuellen Dokument benutzt werden. Wird die von Ihnen gewünschte Formatierung angezeigt, können Sie den Stil mit *Als Favorit sichern* der Stilauswahl hinzufügen.

Beispiel: Stil definieren

Dazu ein einfaches Beispiel: Sie möchten Überschriften mit der Schrift Avenir, dem Schriftschnitt Black und mit einer Größe von 36 Punkt formatieren. Außerdem soll der Zeilenabstand zum folgenden Absatz 1,4 betragen und die Überschrift zentriert werden.

Dazu schreiben Sie einen beliebigen Text und markieren ihn. Anschließend wählen Sie über die Symbolleiste die gewünschten Einstellungen *Avenir*, *Black*, *36,* klicken die Taste zum Zentrieren von Text an und wählen als Zeilenabstand *1,4*. Nun klicken Sie auf das ¶-Symbol und wählen *Stile einblenden*. Hier wird der gerade geschriebene, markierte und formatierte Text angezeigt. Der Punkt *Dokumentstile* ist bereits aktiviert. Wählen Sie hier *Als Favorit sichern*.

Soll eine Formatierung als Formatvorlage (die in TextEdit „Stil" heißt) gespeichert werden, wird zuerst im Dokument beliebiger Text ❶ *über die Symbolleiste* ❷ *wie gewünscht formatiert. Dann wird die Option „Dokumentstile" aktiviert* ❸ *und diese Formatierung anschließend als Favorit gespeichert* ❹.

Beim Speichern eines Stils, der Schriften und Zentrierungen enthält, müssen Sie darauf achten, dass die beiden Punkte *Schrift als Teil des Stils verwenden* und *Lineal als Teil des Stils verwenden* aktiviert sind. Bei der Namensgebung sind Sie frei. Es empfiehlt sich aber, eine möglichst sprechende Bezeichnung zu wählen. Mit einem Klick auf *Hinzufügen* wird der Stil von TextEdit übernommen.

Damit alle Formatierungen eines Stils übernommen werden, müssen Sie darauf achten, dass Schrift und Lineal mitgespeichert werden ❶. Bei der Benennung wählen Sie am besten einen sprechenden Namen ❷. Mit „Hinzufügen" wird Ihr neuer Stil als Favorit übernommen ❸.

Öffnen Sie nun mit *cmd + N* ein neues, leeres Dokument, und schreiben Sie eine Überschrift. Markieren Sie die Überschrift, und wählen Sie im Stile-Menü ¶ Ihren neu definierten Stil aus. Der markierte Text wird in der definierten Weise formatiert.

Stile löschen

Um einen Stil zu löschen, lassen Sie sich wieder mit ¶ die Stile anzeigen. Wählen Sie hier nun *Bevorzugte Stile* und über das Dropdown-Menü den gewünschten Stil, etwa den soeben definierten Stil. Mit *Von Favoriten entfernen* wird der Stil gelöscht.

Druckvorschau

Üblicherweise passt TextEdit den Zeilenumbruch der Fenstergröße an. Wenn Sie das Fenster aufziehen, werden die Zeilen länger; schieben Sie es zusammen, werden die Zeilen kürzer. Das ist einerseits ganz praktisch, wird aber fatal, wenn Sie die Dokumente nicht nur am Bildschirm bearbeiten, sondern auch drucken wollen. Denn dann übernimmt TextEdit das Bildschirmformat auch für den Ausdruck.

Haben Sie auf einem breiten iMac-Bildschirm das Fenster zum Beispiel großzügig aufgezogen, wird der Ausdruck entsprechend unlesbar, da TextEdit automatisch zu einem sehr kleinen Font greift, um den Zeilenumbruch auf dem deutlich schmaleren Papier so hinzubekommen wie auf dem breiten Bildschirm.

Um diese unschöne Überraschung zu verhindern und TextEdit anzuweisen, die Papierbreite als Formatierungsmaßstab zu benutzen, wählen Sie *Format –> Seitenränder einblenden*. Das Programm zeigt nun die Seitenränder des aktuell eingestellten Papierformats an und passt den Text entsprechend ein.

Speichern

Ein Dokument speichern Sie mit *cmd + S*. Hier legen Sie den Namen, den gewünschten Speicherort und das Format fest, in dem Sie speichern möchten. Dabei unterstützt TextEdit die gängigen Formate einer Textverarbeitung, also etwa das Standardformat RTF, das Open-Office-Format ODT oder die Word-Formate DOC bzw. DOCX.

Versionen

TextEdit nutzt das *Versionen*-Feature von OS X. Standardmäßig müssen Sie sich dabei um (fast) nichts mehr kümmern; TextEdit sorgt schon dafür, dass keiner Ihrer Texte verloren geht. Bei *Versionen* handelt es sich um eine systemweite Funktion, die auch von anderen Programmen genutzt wird und am Beispiel von TextEdit erläutert werden soll.

Vielleicht haben Sie schon verblüfft festgestellt, dass es bei TextEdit und anderen Programmen die von Windows und anderen Systemen her vertraute *Sichern unter*-Funktion nicht mehr gibt. Stattdessen finden Sie hier den Befehl *Duplizieren*. Vielleicht haben Sie sich auch schon gefragt, wie Sie ein aktuelles Dokument ohne diese Funktion umbenennen oder in einem anderen Format speichern können.

Doch der Reihe nach: Beginnen wir mit der Frage, was eigentlich passiert, wenn Sie in TextEdit (oder einer anderen Applikation von OS X) ein Dokument speichern.

 Systemweit: Alle im Folgenden beschriebenen Funktionen stehen auch in anderen Programmen, die mit der Systemfunktion **Versionen** arbeiten, zur Verfügung.

Versionen sichern

Wenn Sie ein neues Dokument in TextEdit anlegen, dann finden Sie, wie zu erwarten, den Punkt *Ablage –> Sichern*, über den Sie das Dokument speichern können. Dabei fragt TextEdit die üblichen Details ab: den Namen des Dokuments, den Speicherort und das Format, in dem das Dokument abgelegt werden soll.

Sobald Sie das Dokument bearbeitet haben und Ihre Änderungen speichern möchten, wählen Sie ebenfalls *Ablage –> Sichern* oder drücken *cmd + S*. Anders als Sie es vielleicht gewohnt sind, wird dabei allerdings nicht das bereits gespeicherte Dokument mit dem geänderten Inhalt überschrieben, sondern

TextEdit speichert lediglich die Unterschiede zwischen der aktuellen und der gespeicherten Fassung eines Dokuments. So kann TextEdit sämtliche Versionen des von Ihnen gespeicherten Dokuments gegebenenfalls rekonstruieren. Sie müssen also nicht befürchten, durch unachtsames Speichern eine frühere Version Ihres Dokuments zu verlieren.

Nach dem ersten Speichern eines Dokuments müssen Sie sich im Grunde nicht mehr ums Speichern kümmern: Das übernimmt ab sofort TextEdit. Wenn Sie zum Beispiel ein Dokument ändern und dann das Programm mit *cmd + Q* beenden, werden Sie nicht – wie sonst üblich – gefragt, ob Sie die Änderungen speichern möchten. Stattdessen wird das Programm einfach ohne Rückfrage beendet. Doch keine Sorge, Ihre Änderungen sind nicht verloren, denn die speichert TextEdit automatisch.

> **!** **Automatisches Sichern:** Wenn Sie selbst nicht sichern, sichert TextEdit alle fünf Minuten den jeweiligen Zustand eines Dokuments.

Mit Versionen arbeiten

Sobald Sie (bzw. das System) mehr als eine Version einer Datei gespeichert haben, können Sie durch alle gespeicherten Versionen blättern. Wählen Sie dazu *Ablage –> Zurücksetzen auf –> Alle Versionen durchsuchen*.

Damit ändert sich das Aussehen des Schreibtischs vollständig. Menüleiste und Dock verschwinden, und der Hintergrund wird durch ein animiertes Weltallfoto ersetzt. Vor diesem Hintergrund schwebt links die aktuelle Fassung Ihres Dokuments. Rechts daneben sehen Sie alle früheren Versionen in Form eines Stapels, der sich in den Weiten des Weltalls verliert.

Sie können nun durch die früheren Versionen blättern. Klicken Sie dazu den jeweiligen Titel der Version an. Bei sehr vielen Fassungen kann Ihnen die Zeitleiste am rechten Rand helfen, die gesuchte Version zu finden. Unterhalb des Dokumentenstapels wird das Datum des obersten Eintrags eingeblendet.

Wenn Sie die gesuchte Fassung gefunden haben, genügt ein Klick auf *Wiederherstellen*, um zu der früheren Version zurückzukehren. Dabei wird die aktuelle Fassung eines Dokuments als weitere Version dem Stapel hinzugefügt.

Falls Sie nur einen Teil (etwa einen Absatz) aus einer früheren Fassung benötigen, ist auch das kein Problem. Denn Sie können in den verschiedenen Versionen beliebige Bereiche markieren, kopieren und in das aktuelle Dokument einfügen.

Mit *Fertig* verlassen Sie diese spezielle Form einer Dokumentenzeitmaschine.

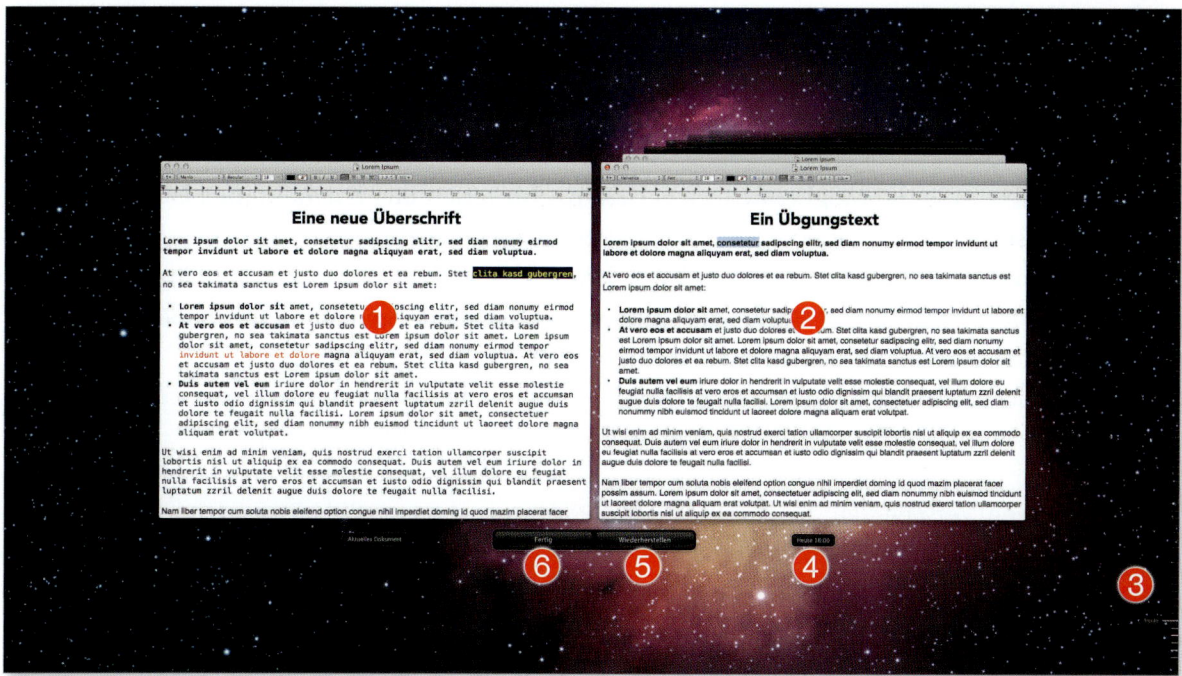

Bei jedem Speichern eines Dokuments wird die aktuelle Fassung als Version gesichert, ohne das Dokument zu überschreiben. So lassen sich frühere Versionen eines Dokuments problemlos wiederherstellen. In der „Versionen"-Darstellung sehen Sie links Ihr aktuelles Dokument ❶, rechts alle anderen gespeicherten Versionen des Dokuments ❷. Sie können sich durch den Dokumentenstapel klicken oder über die Zeitleiste rechts ❸ gezielt zu einem bestimmten Zeitpunkt springen. Dabei zeigt OS X Ihnen immer an, von wann die gezeigte Version ist ❹. Sie können eine Version so bearbeiten, wie andere Dokumente auch (also etwa einen Abschnitt markieren, kopieren und in die aktuelle Version einfügen). Soll die komplette frühere Version hergestellt werden, klicken Sie auf „Wiederherstellen" ❺, und mit „Fertig" ❻ verlassen Sie diese Darstellung.

Schützen

Versionen hin, automatisches Sichern her: Irgendwann ist ein Dokument abgeschlossen und sollte nicht mehr geändert werden. In diesem Fall schließen Sie die aktuelle Fassung ab und schützen sie so vor versehentlichen Bearbeitungen.

Dazu klicken Sie in den Dateinamen im Dokumentenfenster und wählen *Geschützt*. Diese Funktion entspricht dem Schützen einer Datei auf Systemebene, die Sie in Kapitel 3 kennengelernt haben.

Sobald das Dokument nun bearbeitet werden soll, erscheint ein Hinweis auf diesen Schutz. Sie haben dann die Wahl, den Schutz wieder aufzuheben oder lieber mit einer Kopie des Dokuments weiterzuarbeiten.

Duplizieren

Die Funktion *Versionen* ist außerordentlich praktisch und schützt Sie mit hoher Zuverlässigkeit vor Daten- und Dokumentverlust.

Allerdings scheint es keine Möglichkeit zu geben, nachträglich das Format eines Dokuments, seinen Speicherort oder seinen Namen zu ändern. Sobald diese Angaben beim ersten Speichern einmal festgelegt wurden, bleibt TextEdit dabei und bietet scheinbar keine Möglichkeit, daran etwas zu ändern. Doch keine Sorge: Möchten Sie ein Dokument statt in RTF lieber als DOC speichern, dann legen Sie ein Duplikat des aktuellen Dokuments an. Wählen Sie dazu *Ablage –> Duplizieren*.

Das Duplikat ist für TextEdit ein neues, noch nicht gespeichertes Dokument, und entsprechend fragt TextEdit die erforderlichen Parameter wie Name, Speicherort und Dateiformat ab.

 **Umbenennen/Verschieben:** Soll das Dokument nur umbenannt oder verschoben werden, kommen Sie ohne Duplikat aus. Klicken Sie dazu auf den Namen des Dokuments in der Titelleiste. Nun wird ein kleines Fenster eingeblendet, in dem Sie Namen und Speicherort ändern und auch gleich passende Tags vergeben können.

Versionen löschen

Vielleicht wird Ihnen jetzt ein wenig mulmig. Wenn das System laufend Versionen speichert, dann besteht ja die Gefahr, dass Sie Ihre Festplatte mit alten und völlig unbrauchbaren Varianten von Dokumenten füllen. Obendrein möchte man auch nicht unbedingt, dass jeder, der Zugriff auf den Mac hat, auch automatisch alle früheren Fassungen eines Dokuments durchstöbern kann.

Doch keine Sorge, Versionen lassen sich gezielt löschen. Zeigen Sie dazu in der Versionen-Darstellung mit der Maus auf den oberen Bildschirmrand. Nun wird das Menü der aktuellen Applikation eingeblendet. Über *Ablage –> Zurücksetzen auf* können Sie jetzt die angezeigte Version löschen. Wenn Sie die *alt*-Taste gedrückt halten, können Sie auch sämtliche gespeicherten Versionen von der Festplatte entfernen, dann ist die aktuelle Fassung eines Dokuments die einzige, die noch existiert. Aber Vorsicht! Das Löschen von Versionen kann nicht rückgängig gemacht werden – was weg ist, ist weg.

Versionen lassen sich über das „Ablage"-Menü endgültig löschen. Möchten Sie alle gespeicherten Versionen löschen, halten Sie die „alt"-Taste gedrückt. Nach einer Sicherheitsabfrage löscht OS X alle gespeicherten Versionen. Ihre aktuelle Fassung ist dann die einzige Version, die von der Datei noch existiert.

Weitergeben: Wenn Sie ein Dokument weitergeben, dann übergeben Sie immer nur die letzte, aktuelle Version. Der Empfänger Ihres Dokuments bekommt also nicht alle Versionen, und es besteht auch nicht die Gefahr, dass Sie versehentlich Vorstufen oder Varianten eines Dokuments weitergeben, die Sie lieber für sich behalten wollen.

Systemweite Schreibhilfen

Neben der Funktion *Versionen* gibt OS X noch weitere Hilfestellungen beim Umgang mit Texten bzw. Dokumenten, die von allen Programmen unter OS X genutzt werden können: eine systemweite Rechtschreibprüfung und eine ebenfalls systemweite Symbol- und Textersetzung.

Sonderzeichen eingeben

Die üblichen Sonderzeichen, wie Umlaute oder Vokale mit Akzent können Sie problemlos über die Tastatur eingeben. Aber gelegentlich steht man vor dem Problem, nicht ganz so triviale Zeichen eingeben zu müssen, etwa „œ", „æ" oder „ë".

Doch keine Sorge: Hier hat OS X ein pfiffiges Feature zu bieten. Halten Sie dazu den entsprechenden Buchstaben – also etwa ein *e* – etwas länger gedrückt. Es wird eine kleine Auswahlleiste mit den verschiedenen Varianten des Buchstabens angezeigt, wobei jeder Variante eine Ziffer zugeordnet ist. Sie können die Buchstabentaste nun loslassen und mit den Pfeil- oder der entsprechenden Zifferntaste die gewünschte Variante eintippen.

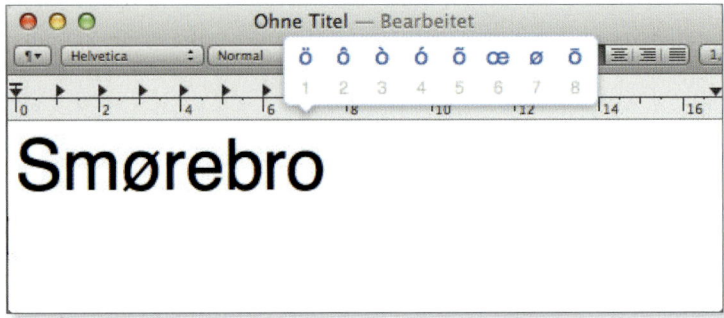

Manche Zeichenvarianten geben Sie ein, indem Sie das entsprechende Zeichen etwas länger gedrückt halten und anschließend die gewünschte Variante auswählen.

Über diesen kleinen Trick haben Sie Zugriff auf die wichtigsten Sonderzeichen und Buchstabenvarianten. Doch OS X beherrscht sehr viel mehr Zeichen als nur Buchstaben, zum Beispiel allerlei grafische Sonderzeichen. Über die Tastenkombination *ctrl + cmd + Leertaste* blenden Sie ein kleines Menü ein, über das Sie auf den kompletten Zeichenvorrat von OS X zugreifen können.

Mit der Tastenkombination „ctrl + cmd + Leertaste" haben Sie Zugriff auf den kompletten, sehr umfangreichen Zeichenvorrat von OS X.

Rechtschreibung

Die systemweite Rechtschreibprüfung hat den Vorteil, dass Wörter, die Sie in der einen Applikation dem Wörterbuch hinzugefügt haben, auch in einem anderen Programm erkannt werden – vorausgesetzt, das Programm greift auf diesen Service von OS X zurück.

Standardmäßig ist bei TextEdit und ähnlichen Programmen die sofortige Prüfung und Korrektur während des Schreibens aktiviert.

Erkennt die Rechtschreibprüfung ein Wort als falsch, so wird es mit einer roten gepunkteten Linie markiert. Die automatische Rechtschreibkorrektur blendet während des Tippens eine mögliche Wortergänzung ein. Möchten Sie diese Ergänzung oder Korrektur übernehmen, geben Sie ein Leer- oder ein Satzzeichen ein. Das Wort wird korrigiert und bis zur nächsten Eingabe blau unterstrichen markiert.

Um eine Fehlschreibung nachträglich zu korrigieren, klicken Sie sie mit der rechten Maustaste an und wählen den passenden Korrekturvorschlag.

Wenn das Wort korrekt geschrieben, aber als vermeintlicher Fehler markiert ist, können Sie es mit *Schreibweise ignorieren* für die aktuelle Bearbeitung von der Rechtschreibprüfung ausnehmen oder mit *Schreibweise lernen* dem Wörterbuch von OS X hinzufügen.

Sollten Sie einmal versehentlich eine Fehlschreibung als korrekt markiert haben, lässt sich dieser Fehler mit einem kleinen Trick beheben: Markieren Sie das falsch geschriebene Wort im Text, klicken Sie es mit der rechten Maustaste an, und wählen Sie im Kontextmenü den Eintrag *Rechtschreibung verlernen*.

Rechtschreibprüfung ausschalten

Die automatische Prüfung und Korrektur ist mitunter hilfreich, kann aber auch stören – etwa bei einer raschen Notiz, bei der es auf die Rechtschreibung vorerst nicht ankommt. Wenn Sie relativ schnell tippen, kann es zudem passieren, dass Sie ungewollt automatische Korrekturen in Ihren Text übernehmen.

Möchten Sie Ihre Texte ohne diese etwas ablenkenden Markierungen schreiben, sondern nachträglich korrigieren, dann deaktivieren Sie unter *Bearbeiten –> Rechtschreibung und Grammatik* die Punkte *Während der Texteingabe prüfen* und *Rechtschreibung autom. korrigieren*.

Um zum Abschluss der Textarbeit den kompletten Text zu überprüfen, wählen Sie *Bearbeiten –> Rechtschreibung und Grammatik –> Rechtschreibung und Grammatik einblenden*.

Die Rechtschreibkorrektur blendet während des Schreibens Korrekturvorschläge ein.

Dabei ist die Rechtschreibprüfung multilingual, die jeweilige Sprache wird also automatisch erkannt. Sie lässt sich aber auch manuell über ein Dropdown-Menü einstellen. Die Option *Grammatik prüfen* funktioniert leider nur bei englischen Texten, nicht bei deutschen. Schade eigentlich.

Diese Änderungen gelten nur für das aktuelle Programm bzw. das aktuelle Dokument. Möchten Sie die automatische Korrektur systemweit deaktivieren, so rufen Sie *Apfel-Menü –> Systemeinstellungen* auf, wählen dort *Tastatur –> Text* und entfernen das Häkchen bei *Automatische Korrektur*.

Symbol- und Textersetzung

Praktisch ist auch das automatische Ersetzen von Texten, Kürzeln, Symbolen und Zeichen. So wird die Eingabe von „(c)" automatisch in das Copyright-Zeichen („©") umgewandelt oder aus "geraden" Anführungszeichen werden immer „typografische".

Natürlich können Sie auch eigene Kürzel definieren und in Zukunft einfach mit „mfg" unterschreiben, damit ein „Mit freundlichen Grüßen" im Text erscheint.

Sie bearbeiten die Ersetzungstabellen unter *Apfel-Menü –> Systemeinstellungen –> Tastatur* auf der Registerkarte *Text*. Mit einem Klick auf das Plus-Zeichen fügen Sie eine neue Ersetzung hinzu, mit dem Minus-Zeichen löschen Sie einen Eintrag.

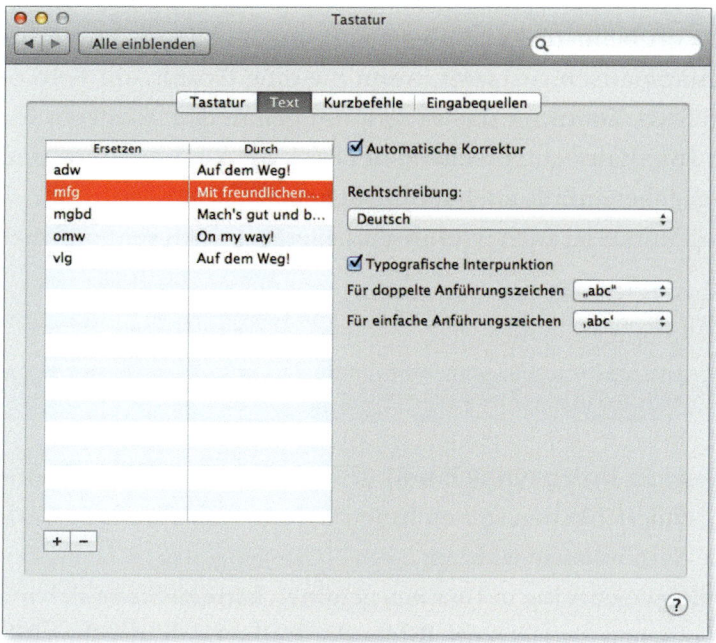

In der „Symbol- und Textersetzung" definieren Sie Kürzel (etwa: „mfg"), die bei der Eingabe automatisch durch den gewünschten Text („Mit freundlichen Grüßen") ersetzt werden.

Damit ein Programm auf diese Ersetzungstabelle zurückgreift, müssen Sie die Symbol- und Textersetzung meist explizit aktivieren. Das erledigen Sie in allen Programmen, die diese Funktion unterstützen, indem Sie den Menüpunkt *Bearbeiten –> Ersetzungen –> Text ersetzen* aktivieren.

Transformationen

Ein Standardeintrag im *Bearbeiten*-Menü, der in vielen Programmen auftaucht, ist der Punkt *Transformationen*. Damit ist es möglich, bei einem markierten Text die Groß-/Kleinschreibung zu normieren:

- *Großschreibung:* Der markierte Text wird in Großbuchstaben geschrieben: „DAS IST EIN TEST".
- *Kleinschreibung:* Der markierte Text wird vollständig kleingeschrieben: „das ist ein test".
- *Großschreiben:* Jedes Wort wird gemischt geschrieben: „Das Ist Ein Test".

Vorschau

Ein hilfreiches, oft benutztes und ebenso oft unterschätztes Programm ist *Vorschau*. Das Programm wird automatisch gestartet, wenn Sie eine Grafik, ein Foto oder eine PDF-Datei per Doppelklick öffnen. Dann tut das Programm genau das, was sein Name sagt: Es gibt Ihnen eine Vorschau über den Inhalt der entsprechenden Datei. Sie können Fotos und Bilder betrachten und PDF-Dateien lesen und gegebenenfalls auch durchsuchen.

Aber der Name des Programms ist auch irreführend, bietet es doch sehr viel mehr als nur einen raschen Einblick in eine Datei.

Ansichten

Standardmäßig zeigt *Vorschau* Ihnen einfach und unkompliziert den Inhalt einer Datei an. Für die verschiedenen Bearbeitungsmöglichkeiten stehen Ihnen weitere Ansichten zur Verfügung, die Sie im Menü *Darstellung* oder über die Symbolleiste wählen.

Haben Sie mehrere Bilder gleichzeitig in *Vorschau* geöffnet, können Sie es sich mit *Darstellung –> Diashow* vor dem Mac gemütlich machen und sich die Bilder der Reihe nach in voller Bildschirmgröße anzeigen lassen. Das funktioniert übrigens auch mit mehrseitigen PDF-Dateien.

Möchten Sie ein Detail eines Bildes genauer betrachten, können Sie es mit *Werkzeuge –> Lupe einblenden* pixelgenau vergrößern. Mit *esc* blenden Sie die Lupe wieder aus.

Außerdem unterstützt *Vorschau* die Vollbilddarstellung.

Bildbearbeitung

Mit *Vorschau* können Sie Bilder und Grafiken nicht nur betrachten, sondern auch bearbeiten:

- **Konvertieren:** Um ein Bild in einem anderen Format zu speichern – statt als TIFF z. B. als PNG –, öffnen Sie die Datei mit einem Doppelklick in *Vorschau*, wählen *Ablage –> Duplizieren* und können nach Aufruf von *Ablage –> Sichern* das gewünschte Format angeben. Standardmäßig zeigt *Vorschau* Ihnen nur die gängigsten Formate, wie PNG, JPEG oder TIFF. Halten Sie beim Mausklick die *alt*-Taste gedrückt, wird die Liste deutlich umfangreicher.
- **Skalieren:** Die Größe eines Bildes lässt sich über *Werkzeuge –> Größenkorrektur* ändern. So wird aus einem sehr großen 12-Megapixel-Foto in voller Auflösung rasch ein webtaugliches Bild.

- *Drehen und Spiegeln:* Im *Werkzeuge*-Menü finden Sie auch entsprechende Einträge zum Drehen oder Spiegeln eines Bildes.
- *Farbkorrektur:* Mit *Werkzeuge –> Farbkorrektur* können Sie Farben, Belichtung, Sättigung und andere Parameter eines Bildes bearbeiten.

Für weitere Bearbeitungsfunktionen wählen Sie *Darstellung –> Werkzeugleiste einblenden.* Hier finden Sie die üblichen Werkzeuge für Anmerkungen, Farbkorrekturen und Ähnliches mehr.

„Vorschau" bietet eine Reihe von Bearbeitungsfunktionen, mit denen Sie etwa die Farbe von Bildern korrigieren oder Texte einfügen können.

PDF-Dateien in Vorschau

Auch eine PDF-Datei wird standardmäßig in *Vorschau* geöffnet und angezeigt. Auch hier hat *Vorschau* erstaunlich viele Bearbeitungsmöglichkeiten zu bieten. Zu den obligatorischen Standards gehört, dass Sie Text kopieren und in eigene Dokumente übernehmen können.

Aber dabei lässt es *Vorschau* noch lange nicht bewenden. Zur besseren Orientierung empfiehlt es sich bei PDF-Dateien, in der Seitenleiste die Miniaturen der Seiten einzublenden. Wählen Sie dazu *Darstellung –> Miniaturen.*

- *Lesezeichen:* Damit Sie sich in längeren PDF-Dokumenten zurechtfinden, können Sie Lesezeichen setzen. Wählen Sie dazu *Werkzeuge –> Lesezeichen hinzufügen.*

- *Anmerken:* Über *Werkzeuge –> Anmerken* können Sie Notizen, Markierungen wie Pfeile oder Linien sowie Links hinzufügen. Text in einer PDF-Datei kann durch- oder unterstrichen werden, farbige Markierungen sind ebenfalls möglich.

- *Signaturen:* Mit *Vorschau –> Einstellungen –> Signaturen* können Sie Ihre Unterschrift mit der Kamera Ihres Macs fotografieren, um sie später in ein PDF-Dokument zu übernehmen. Dazu unterschreiben Sie zuerst mit einem dicken schwarzen Stift auf einem weißen Blatt Papier. Rufen Sie nun *Vorschau –> Einstellungen –> Signaturen* auf, und klicken Sie auf *Eine Signatur erstellen.* Das Fenster *Signaturaufnahme* öffnet sich. Halten Sie die Unterschrift vor die Kamera, und richten Sie sie so aus, dass sie in diesem Fenster auf der blauen Linie steht. *Vorschau* scannt Ihre Unterschrift und zeigt eine *Signaturvorschau.* Mit einem Klick auf *Akzeptieren* wird die Signatur übernommen. Um eine Signatur in ein PDF-Dokument einzufügen, wählen Sie *Werkzeuge –> Anmerken –> Signatur.* Klicken Sie in das Dokument, und platzieren und skalieren Sie die Unterschrift mit der Maus. Kehren Sie über *Werkzeuge –> Anmerken –> Signatur* wieder in den normalen Modus zurück.

- *Leere Seite einfügen:* Mit *Bearbeiten –> Einfügen* fügen Sie in ein PDF-Dokument Seiten aus einem anderen PDF-Dokument oder eine neue, leere Seite ein.

- *Verschieben:* In der Seitenleiste lassen sich die Seiten eines PDF-Dokuments beliebig verschieben.

- *Löschen:* Markieren Sie die gewünschte Seite, und drücken Sie die *Backspace*-Taste.

- *Dokumente aufteilen:* Mehrseitige PDF-Dokumente können problemlos geteilt werden. Es ist auch möglich, gezielt einzelne Seiten aus einem Dokument in ein neues zu kopieren. Markieren Sie dazu in der Seitenleiste die Seiten, die in das neue PDF übernommen werden sollen. Kopieren Sie sie dann mit *cmd + C*, und drücken Sie anschließend *cmd + N*. *Vorschau* erzeugt nun ein neues PDF-Dokument mit den gewünschten Seiten.

- *Seiten zwischen PDFs austauschen:* Wenn Sie zwei mehrseitige PDF-Dokumente öffnen, können Sie über die Seitenleiste die Seiten der Dateien beliebig zwischen den beiden PDFs verschieben.

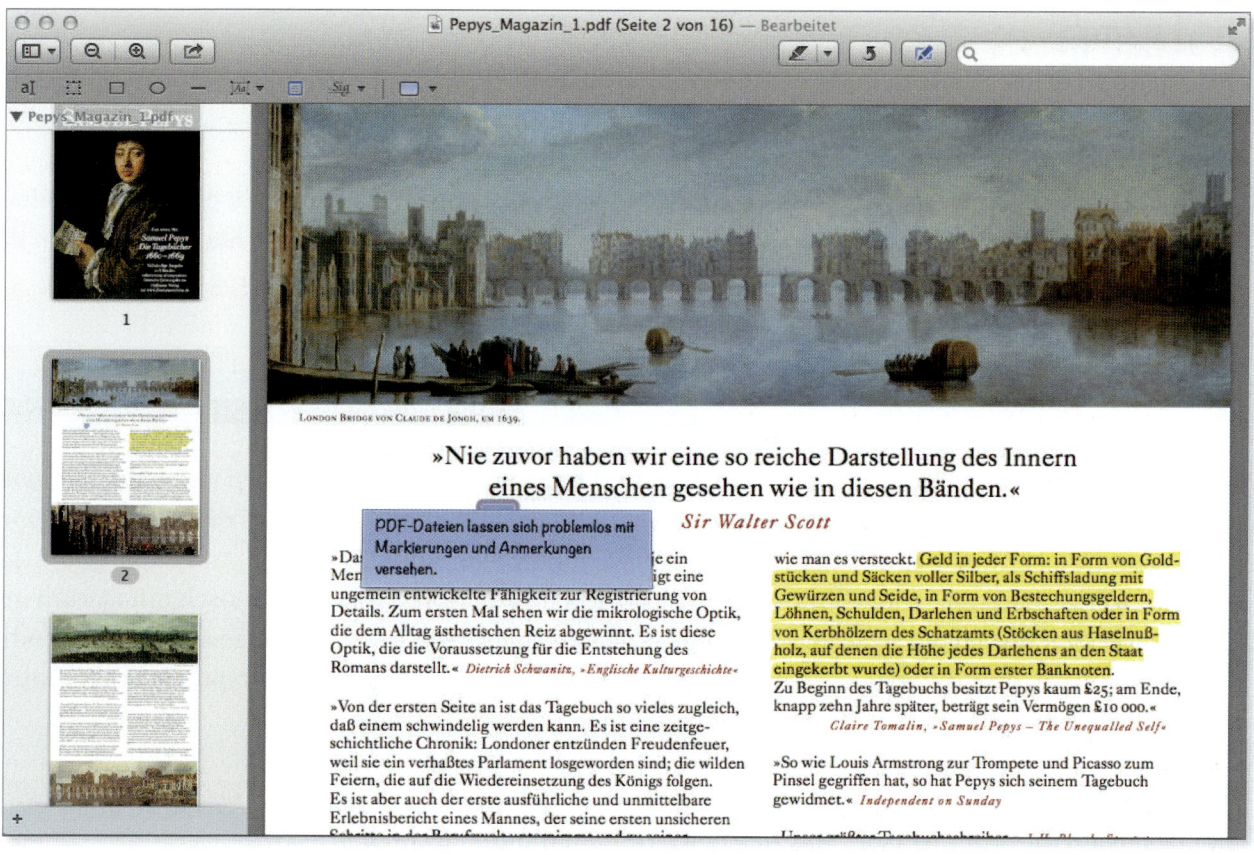

Auch bei PDF-Dateien wartet „Vorschau" mit einer Reihe von Bearbeitungsfunktionen auf. Neben Anmerkungen oder Hervorhebungen können Sie etwa auch die Seitenreihenfolge in einem Dokument ändern, einzelne Seiten aus einer PDF-Datei herausschneiden und in einer neuen PDF-Datei speichern oder Seiten aus anderen PDF-Dateien in eine weitere Datei übernehmen.

Notizen

 Das Programm *Notizen* macht genau das, was sein Name verspricht: Es bietet Ihnen einen unkomplizierten Block für Notizen und Einfälle aller Art. Dabei müssen Sie sich nicht um das Speichern oder Sortieren Ihrer Notizen kümmern, das übernimmt das Programm für Sie.

Neue Notiz anlegen, bearbeiten, löschen

Nach dem Start sehen Sie einen leeren Notizzettel und links eine Liste aller Notizen (die natürlich noch leer ist). Um eine neue Notiz anzulegen, klicken Sie auf das Plus-Zeichen unten links oder klicken doppelt in das Fenster.

Auf diese Weise lassen sich beliebig viele Notizen anlegen. Jede Notiz wird automatisch mit Datum und Uhrzeit der letzten Bearbeitung gespeichert, ein explizites Speichern Ihrer Eingabe ist nicht notwendig.

Möchten Sie später eine Notiz bearbeiten, tippen Sie in der Übersicht auf den entsprechenden Eintrag und anschließend in die Notiz.

Über das Suchfeld oben links können Sie alle Notizen durchsuchen.

Möchten Sie eine Notiz per E-Mail oder als Nachricht verschicken, wählen Sie *Ablage –> Bereitstellen* oder klicken auf die *Senden*-Taste – das ist Pfeiltaste – am unteren Rand der Notiz.

Um eine Notiz zu löschen, wählen Sie sie in der Liste aus und klicken auf den Papierkorb oder drücken die *Backspace*-Taste.

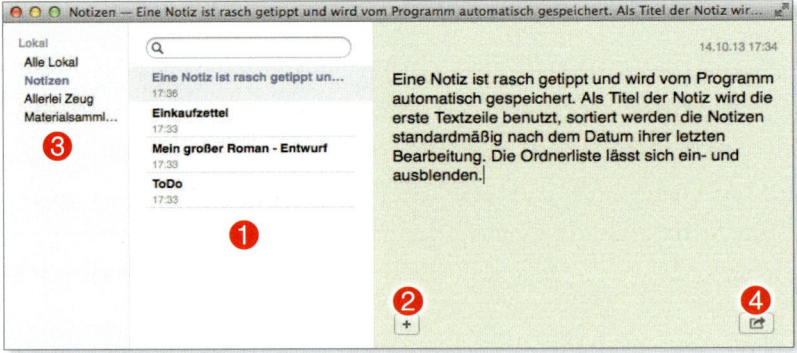

Mit „Notizen" steht Ihnen jederzeit ein kleiner, aber flexibler und leistungsfähiger Notizblock zur Verfügung. Eine neue Notiz legen Sie mit einem Doppelklick in die Liste der Notizen ❶ oder mit einem Klick auf die Plus-Taste ❷ an. Notizen lassen sich in Ordnern organisieren ❸ und per Mail versenden ❹.

Sortierung

Standardmäßig werden Ihre Notizen automatisch nach dem Bearbeitungsdatum sortiert. Das führt dazu, dass eine ältere Notiz an den Anfang geschoben wird, sobald Sie diese Notiz bearbeiten.

Das ist zwar praktisch, da so alle aktuellen Notizen am Anfang stehen, es kann aber auch etwas lästig sein, denn so ändert sich immer wieder die Reihenfolge der Notizen, was die Orientierung bei einer umfangreichen Sammlung mitunter etwas erschwert.

In diesem Fall ändern Sie einfach die Sortierung mit *Darstellung –> Sortieren nach*. Wenn Sie hier zum Beispiel *Erstellungsdatum* wählen, bleiben ältere Notizen auch dann an ihrer Position, wenn Sie sie nachträglich bearbeiten.

Formatieren

Über *Format –> Schrift –> Standardschrift* wählen Sie die Schrift, in der Ihre Notizen dargestellt werden sollen. Diese Einstellung gilt für alle Notizen.

Soll ein Textbereich in einer anderen als der von Ihnen gewählten Standardschrift dargestellt werden, so wählen Sie über *Format –> Schrift –> Schriften einblenden* den gewünschten Font aus. Text, den Sie auf diese Weise formatiert haben, bleibt von der Umstellung der Standardschrift unberührt.

Über das *Format*-Menü legen Sie auch die von einer Textverarbeitung her vertrauten Formatierungen, wie Einrückung, Textausrichtung, Schriftgröße, Fettung und Ähnliches, fest.

Ordner

Die Notizen lassen sich auch mithilfe von Ordnern organisieren. Wählen Sie dazu *Ablage –> Neuer Ordner*. Nun wird links die Ordnerliste eingeblendet, in der Sie dem neuen Ordner einen Namen geben. Die Ordnerliste lässt sich auch über das Menü *Darstellung* ein- und ausblenden.

Um eine Notiz in einem Ordner abzulegen, lassen Sie sich zuerst mit einem Mausklick *Alle Notizen* anzeigen und ziehen die Notiz anschließend in den gewünschten Ordner. Wenn Sie in der Liste einen Ordner auswählen und anschließend eine neue Notiz anlegen, wird diese Notiz automatisch im aktuellen Ordner abgelegt.

Notizzettel

Häufig möchte man nicht gleich auf alle Notizen Zugriff haben, sondern nur auf einen bestimmten Notizzettel. Kein Problem: Wenn Sie auf einen Eintrag in der Übersicht Ihrer Notizen doppelklicken, wird die entsprechende Notiz in einem eigenen Fenster geöffnet. Wenn Sie nun *Fenster –> Oben schweben* wählen, wird der Notizzettel nicht mehr von anderen Fenstern überdeckt – Sie haben ihn damit jederzeit im direkten Zugriff.

Erinnerungen

 Erinnerungen ist Ihre Aufgabenliste auf dem Mac. Das Programm macht seinem Namen alle Ehre, denn es erinnert Sie an die Fälligkeit einer Aufgabe. Und wenn Sie Ihre Erinnerungen mit iCloud synchronisieren, können Sie auch mit mehreren Personen eine gemeinsame Aufgabenliste nutzen.

Eine Aufgabe anlegen

Der Einsatz des Programms ist denkbar einfach: Sie klicken in den stilisierten Aufgabenblock, tragen Ihre Aufgabe ein („Einkaufen") und drücken die Eingabe-Taste. Die Aufgabe wird notiert, der Cursor springt in die nächste Zeile, und Sie können die nächste Aufgabe eintragen.

Während der Eingabe sehen Sie rechts ein kleines *i*. Wenn Sie darauf klicken, können Sie Ihre Aufgabe mit einem Fälligkeitsdatum, einer Priorität und einer Notiz versehen. Falls Sie die Ortungsdienste aktiviert haben, können Sie mit einem Klick auf *Ortsabhängig* auch festlegen, dass das Programm Sie beim Erreichen oder Verlassen eines Ortes an eine Aufgabe erinnern soll. Das Info-Fenster rufen Sie auch mit der Tastenkombination *cmd + I* auf oder durch einen Doppelklick auf einen Eintrag.

„Erinnerungen" bietet einen kleinen Aufgabenblock, in dem Sie schnell und unkompliziert Ihre Aufgaben notieren und in Listen organisieren können. Eine neue Erinnerung legen Sie mit einem Doppelklick in den Aufgabenblock an ❶ oder mit einem Klick auf die Plus-Taste ❷. Ein Klick auf das „i" ❸ öffnet die Details der Erinnerung ❹. Erinnerungen lassen sich in Listen organisieren ❺. Eine neue Liste erzeugen Sie mit einem Klick auf die Plus-Taste ❻. Die Monatsübersicht blenden Sie über das Kalendersymbol ❼ ein, und ein Klick auf den Pfeil ❽ öffnet die aktuelle Erinnerung in einem eigenen Fenster.

Erledigen und löschen

Sobald eine Aufgabe erledigt ist, klicken Sie in das Kästchen vor dem entsprechenden Eintrag und haken ihn so gewissermaßen ab. Der Eintrag wird sanft ausgeblendet und in die Liste *Abgeschlossen* geschoben. Um eine Aufgabe zu löschen, klicken Sie sie mit der rechten Maustaste an und wählen *Löschen*. Alternativ dazu können Sie sie auch anklicken und die *Backspace*-Taste drücken.

Listen

Die verschiedenen Aufgaben werden in Listen geordnet. Um eine Liste anzulegen, klicken Sie unten links auf das Plus-Zeichen. Die Aufgaben lassen sich mit der Maus in die verschiedenen Listen sortieren. Sie können sie auch mit der rechten Maustaste anklicken und über den Punkt *Zur Liste bewegen* in die gewünschte Liste verschieben.

Um eine Liste für die gemeinsame Nutzung mit anderen Personen freizugeben, zeigen Sie auf den Eintrag der Liste. Es wird ein Antennensymbol angezeigt, das Sie anklicken. Nun erscheint ein kleiner Dialog, in dem Sie die E-Mail-Adresse der Person eintragen, mit der Sie die Liste gemeinsam nutzen möchten. Sie können hier auch mehrere E-Mail-Adressen eintragen. Das funktioniert allerdings nur, wenn sowohl Sie als auch alle anderen Personen die Erinnerungen via iCloud verwalten.

Lexikon

 Zu den unscheinbaren, aber hilfreichen Programmen von OS X gehört auch ein Lexikon, das Sie entweder direkt als Programm oder über das Kontextmenü in anderen Programmen aufrufen können.

Wenn Sie etwa auf einer Webseite oder in einem Dokument über einen Begriff stolpern, der Ihnen nicht geläufig ist, klicken Sie ihn mit der rechten Maustaste an und wählen *Suche nach*. OS X schlägt nun im Lexikon nach und blendet die gefundenen Informationen ein.

Fingertipp: Beim Trackpad können Sie auch mit drei Fingern doppelt auf einen Begriff tippen, um ihn im Lexikon nachzuschlagen.

Das Lexikon-Programm kann auf verschiedene Lexika zugreifen. Standardmäßig sind allerdings nur zwei aktiviert: „Duden: Wissensnetz deutsche Sprache" und das „Apple-Lexikon" (das allerdings nicht mehr auf dem neuesten Stand ist). Außerdem können Sie via *Lexikon* auch die Wikipedia konsultieren.

Über *Lexikon –> Einstellungen* lassen sich weitere Nachschlagewerke aktivieren, etwa das englische „Oxford Dictionary of English" oder ein Japanisch/Englisches Wörterbuch.

Auf ein Deutsch/Englisches Wörterbuch hat Apple leider verzichtet, doch dieses Manko lässt sich rasch beheben: Auf der Webseite *www.tekl.de* finden Sie unter dem Punkt *Lexikon-Plugins* ein entsprechendes Wörterbuch, das Sie mit wenigen Mausklicks installieren können.

Auf das Lexikon können Sie von jedem Programm aus zugreifen (links: Safari), Sie können es aber auch als eigenständiges Programm benutzen (rechts).

Rechner

Ein Taschenrechner darf natürlich auch unter OS X nicht fehlen. Zwar stehen Ihnen für einfache Rechenoperationen der Taschenrechner im Dashboard oder die Rechenfunktionen von Spotlight zur Verfügung, aber manchmal darf's auch ein wenig mehr sein als die vier Grundrechenarten. Hier setzen Sie das kleine Programm *Rechner* ein. Das Tool funktioniert genauso wie ein normaler Taschenrechner, beherrscht aber einige Tricks: So ist es zum Beispiel möglich, die durchgeführten Berechnungen unter dem Menüpunkt *Ablage* als Beleg in einer Textdatei zu sichern bzw. zu drucken.

Umrechnen

Das Programm kann auch Maße, Gewichte und andere Einheiten umrechnen. Ein kleines Beispiel: Sie möchten 15 US-Dollar in Euro umrechnen. Geben Sie dazu zuerst den umzurechnenden Wert ein – also 15 –, und wählen Sie dann *Umrechnen –> Währung*. Legen Sie die Ausgangs- und die Zielwährung fest (also *US-Dollar* und *Euro*), und klicken Sie anschließend auf *Umrechnen*.

> **!** **Aktualisieren:** Währungskurse ändern sich ständig und müssen regelmäßig aktualisiert werden. Bevor Sie eine Währung umrechnen, sollten Sie also auf die Taste **Aktualisieren** im Umrechnungsdialog klicken.

Viele Rechner

Seine Stärken entfaltet das Programm, wenn Sie das Menü *Darstellung* öffnen. Das ist nämlich ein wenig irreführend benannt, denn hier ändert sich nicht das Erscheinungsbild, sondern die Funktionalität des Programms. Über *Darstellung –> Wissenschaftlich* bzw. *Darstellung –> Programmierer* erweitern Sie die Leistungsfähigkeit und damit das Einsatzgebiet des Programms im Alltag.

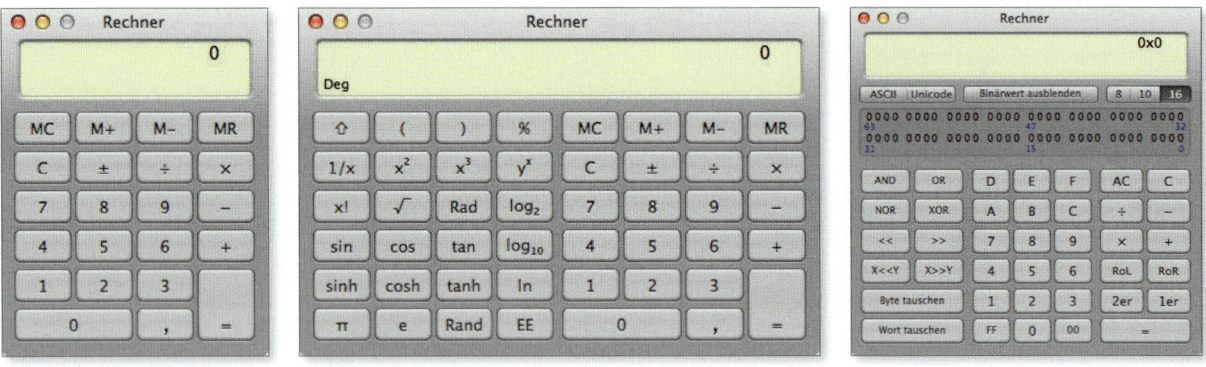

Der Rechner entpuppt sich als erstaunlich leistungsfähig und kann nicht nur als einfacher Taschenrechner (links), sondern auch als wissenschaftlicher Rechner (Mitte) oder als Hilfsmittel für Programmierer (rechts) eingesetzt werden.

Kapitel 14

FaceTime & Nachrichten

E-Mail ist nicht der einzige Weg, um mit Ihrem Mac Kontakt zu Freunden, Bekannten und Kollegen zu halten. Dank *FaceTime* steht Ihnen ein weltweiter, kostenloser Video-Chat zur Verfügung, und *Nachrichten* ist ein universeller Chat-Client, mit dem Sie nicht nur mit anderen plaudern, sondern auch Videokonferenzen führen und Dateien austauschen können.

FaceTime

 Mit FaceTime bietet Ihr Mac Ihnen die Möglichkeit, kostenlos Videotelefonate via Internet rund um den Globus zu führen – vorausgesetzt, die Gesprächspartner benutzen einen Computer mit OS X ab Version 10.6.6 oder ein iOS-Gerät (iPhone, iPod touch, iPad) ab iOS 4.

MacBook und iMac sind dank integrierter Kamera samt Mikro von Haus aus für FaceTime gerüstet, beim Mac mini und dem Mac Pro werden zusätzlich Kamera und Mikro benötigt.

FaceTime aktivieren

Beim ersten Start von FaceTime werden Sie aufgefordert, Ihre Apple-ID für FaceTime zu aktivieren und sich beim System anzumelden, was Sie mit der Eingabe Ihres Kennworts und einem Klick auf *Anmelden* erledigen. Anschließend sind Sie von anderen FaceTime-Geräten über Ihre Apple-ID zu erreichen und können andere Personen anrufen, die sich bei FaceTime angemeldet haben.

Anrufen

Ein Videotelefonat ist denkbar einfach: Starten Sie FaceTime, klicken Sie unten rechts auf *Kontakte*, und wählen Sie den gewünschten Eintrag. Mit einem Klick auf die Telefonnummer bzw. E-Mail-Adresse, über die der Kontakt via FaceTime zu erreichen ist, starten Sie den Anruf.

Alternativ dazu können Sie auch in der *Kontakte*-App auf das Etikett vor einer Telefonnummer/E-Mail-Adresse klicken und *FaceTime* wählen.

Um Ihre wichtigsten Kontakte schnell verfügbar zu haben, markieren Sie sie als Favoriten. Klicken Sie dazu entweder unter *Favoriten* auf das Plus-Zeichen oder beim entsprechenden Eintrag auf *Als Favorit sichern*.

Mit FaceTime können Sie kostenlose Videotelefonate mit anderen Apple-Anwendern führen. Wählen Sie Ihren Gesprächspartner aus Ihren Kontakten ❶. *Kontakte, die Sie im schnellen Zugriff haben möchten, markieren Sie als Favoriten* ❷. *Über die Plus-Taste* ❸ *können Sie neue Personen in Ihre Kontakte aufnehmen. In der „Anrufliste"* ❹ *sind alle geführten und verpassten FaceTime-Anrufe aufgelistet. Bei umfangreichen Kontaktbeständen hilft Ihnen die Suche* ❺, *um den gewünschten Gesprächspartner rasch zu finden. Zu Beginn sehen Sie im Video-Fenster* ❻ *sich selbst. Sobald die Verbindung steht, erscheint hier Ihr Gesprächspartner.*

Ein Telefonat

Sobald der Angerufene das Gespräch angenommen hat, sehen Sie ihn im Fenster der FaceTime-App auf dem Mac und können sich nun mit ihm unterhalten. Gleichzeitig sieht Ihr Gesprächspartner das, was die Kamera Ihres Macs an ihn überträgt.

Damit Sie wissen, was Ihr Gegenüber zu sehen bekommt, wird eine Miniatur eingeblendet, in der das Bild zu sehen ist, das Ihr Mac überträgt. Diese Miniatur können Sie mit der Maus verschieben.

Mit einem Klick auf den Pfeil in der Miniatur wechseln Sie zwischen Hoch- und Querformat des Bildes. Möchten Sie Ihr Gegenüber bildschirmfüllend sehen, klicken Sie auf den Doppelpfeil.

Möchten Sie vorübergehend die Tonübertragung unterbrechen, tippen Sie auf das durchgestrichene Mikrofon. Mit einem erneuten Tipp auf dieses Symbol schalten Sie den Ton wieder ein.

Angerufen werden

Werden Sie über FaceTime angerufen, startet FaceTime automatisch, aktiviert die Frontkamera und weist Sie auf eine FaceTime-Einladung hin. Im oberen Bildschirmbereich sehen Sie die Telefonnummer/E-Mail-Adresse des Anrufers. Falls der Anrufer in *Kontakte* gespeichert ist, zeigt FaceTime den Namen des Anrufers an.

Über zwei große Tasten können Sie die Einladung *Ablehnen* oder *Annehmen*. Nach dem Ende des Telefonats (bzw. wenn Sie es ablehnen) wechselt OS X wieder zu der Applikation, die vor dem Anruf aktiv war.

Weitere Adressen für FaceTime

Sie können mehr als nur eine Mail-Adresse für FaceTime einrichten. Rufen Sie dazu *FaceTime –> Einstellungen* auf, und klicken Sie auf *Weitere E-Mail hinzufügen*.

Es wird nun eine Überprüfungs-Mail an die angegebene Adresse geschickt. Rufen Sie also Ihre Mails ab, und klicken Sie auf den Link, den Apple Ihnen geschickt hat. Im Browser öffnet sich ein Webformular, in dem Sie sich mit Ihrer Apple-ID anmelden und so die neue E-Mail-Adresse bestätigen.

 Adressen löschen: Um eine FaceTime-Adresse zu löschen, rufen Sie **FaceTime –> Einstellungen** auf. Klicken Sie auf die Adresse, die Sie löschen möchten, und wählen Sie **E-Mail entfernen**.

FaceTime deaktivieren

Wie erwähnt startet FaceTime automatisch, sobald ein Anruf eintrifft. Das ist natürlich nicht immer erwünscht, manchmal möchte man auch einmal nicht erreichbar sein. In diesem Fall können Sie FaceTime ganz einfach deaktivieren.

Rufen Sie dazu *FaceTime –> FaceTime deaktivieren* auf. Keine Sorge; Ihre Kontaktdaten werden dabei nicht gelöscht. Sobald Sie FaceTime erneut aktivieren, sind Sie wieder unter den eingegebenen Adressen zu erreichen.

Nachrichten

 Mit *Nachrichten* bietet OS X ein leistungsfähiges Chat-Programm, das nicht nur für ein Plauderstündchen zwischendurch, sondern auch für den raschen Dateiaustausch und für Videokonferenzen eingesetzt werden kann.

Account

Damit Sie die Fähigkeiten von *Nachrichten* nutzen können, brauchen Sie Zugang zu einem Chat-Netzwerk. Standardmäßig arbeitet *Nachrichten* mit Apples eigenem Netzwerk *iMessage*, das Sie mit Ihrer Apple-ID nutzen können. Aber natürlich ist es auch möglich, mit anderen Chat-Netzwerken arbeiten.

Um einen Account einzutragen, wählen Sie *Nachrichten –> Accounts hinzufügen*. Von Haus aus bietet *Nachrichten* Ihnen Google, Yahoo und AOL an. Sie können aber auch andere Accounts eintragen.

Nachricht schreiben

Um eine Nachricht zu schreiben, geben Sie oben im *Mit*-Feld den gewünschten Kontakt ein. Mit einem Klick auf das blaue Plus-Zeichen werden Ihre Kontakte angezeigt, aus denen Sie den gewünschten Gesprächspartner wählen.

Ihre Nachricht schreiben Sie unten in die Eingabezeile. Mit einem Druck auf die Eingabetaste schicken Sie Ihre Meldung ab.

„Nachrichten" gruppiert Chats in Konversationen. Eine neue Konversation starten Sie mit einem Klick auf das stilisierte Blatt Papier mit Stift ❶. Im Feld „Mit" ❷ geben Sie Ihren Gesprächspartner ein. Ein Klick auf die Kamera ❸ führt das Gespräch via FaceTime weiter. Ihre Nachricht tippen Sie in das kleine Feld am Fuß des Fensters ein ❹. Ein Klick auf den Smiley ❺ öffnet die Zeichenübersicht, über die Sie die verschiedensten Emoji-Symbole in Ihre Nachricht aufnehmen können. Fotos ❻ oder andere Dateien fügen Sie Ihrer Nachricht einfach hinzu, indem Sie sie in das Nachrichtenfenster ziehen.

Dateiaustausch

Sie können jedem Kontakt via *Nachrichten* auch rasch eine Datei zukommen lassen. Dazu ziehen Sie die Datei in das Nachrichtenfenster. Die Datei wird als Anhang verschickt. Ihr Gegenüber kann dann entscheiden, ob es die Datei annimmt (also herunterlädt) oder nicht. Eine Datei, die Sie empfangen und akzeptieren, landet im Ordner *Downloads*.

Video-Chat

Möchten Sie sich mit Ihrem Gesprächspartner von Angesicht zu Angesicht unterhalten, klicken Sie auf das Kamerasymbol, um einen Video-Chat zu starten. Falls Sie aktuell via iMessage mit Ihrem Gegenüber verbunden sind, startet daraufhin FaceTime. Bei Chats in anderen Systemen wird der Video-Chat im *Nachrichten*-Fenster angezeigt.

Sie können nicht nur ein Gespräch unter vier Augen führen, sondern auch mit mehreren Personen eine Videokonferenz organisieren.

Kapitel 15

Kamera, Drucker & Co anschließen

Bislang haben wir uns fast ausschließlich mit Software, also dem Betriebssystem und seinen Programmen, beschäftigt. Aber zu einem Computer gehört natürlich auch die Hardware. In diesem Kapitel widmen wir uns daher der Frage, wie Sie Fotos von Ihrer Kamera auf den Mac laden, Musik von CD importieren, Drucker und Scanner ansteuern oder Bluetooth-Geräte anschließen. Zudem erfahren Sie, worauf Sie beim Anschluss einer externen Festplatte achten sollten.

Fotos importieren

 Wer seine Fotos von der digitalen Kamera oder dem Smartphones auf den Mac kopieren will, der benötigt dazu keine Zusatzsoftware, denn OS X bringt mit dem Programm *iPhoto* alles mit, was Sie für den Import (und die spätere Verwaltung) Ihrer Fotos benötigen.

Bilder einlesen

Schließen Sie Ihre Kamera an den Mac an, und schalten Sie sie ein. Normalerweise startet daraufhin automatisch das Programm *iPhoto*. Falls das nicht der Fall sein sollte, starten Sie es über das Launchpad oder Spotlight (s. dazu Kapitel 4). Die angeschlossene Kamera wird in der Seitenleiste unter *Geräte* aufgeführt, die auf der Kamera gespeicherten Fotos werden in Vorschaubildern angezeigt. Falls Ihnen die Vorschaubilder zu klein oder zu groß sind, können Sie sie mit dem Zoom-Regler vergrößern bzw. verkleinern.

! **Smartphones und Kamera-Handys:** Wenn Sie ein Smartphone oder ein Handy mit Kamerafunktion an Ihren Mac anschließen, dann wird das Gerät wie eine normale digitale Kamera behandelt, taucht also in iPhoto ebenfalls als Kamera auf.

Der Import ist nun eine Sache weniger Mausklicks. Mit einem Klick auf *Fotos importieren* werden sämtliche Bilder in iPhoto geladen. Möchten Sie nur bestimmte Fotos importieren, markieren Sie sie mit gedrückter *cmd*-Taste und klicken anschließend auf *Auswahl importieren*.

Nach dem Import können Sie noch entscheiden, ob die importierten Bilder auf der Kamera verbleiben oder gelöscht werden sollen. Die importierten Fotos werden automatisch im Abschnitt *Neu* unter *Letzter Import* angezeigt.

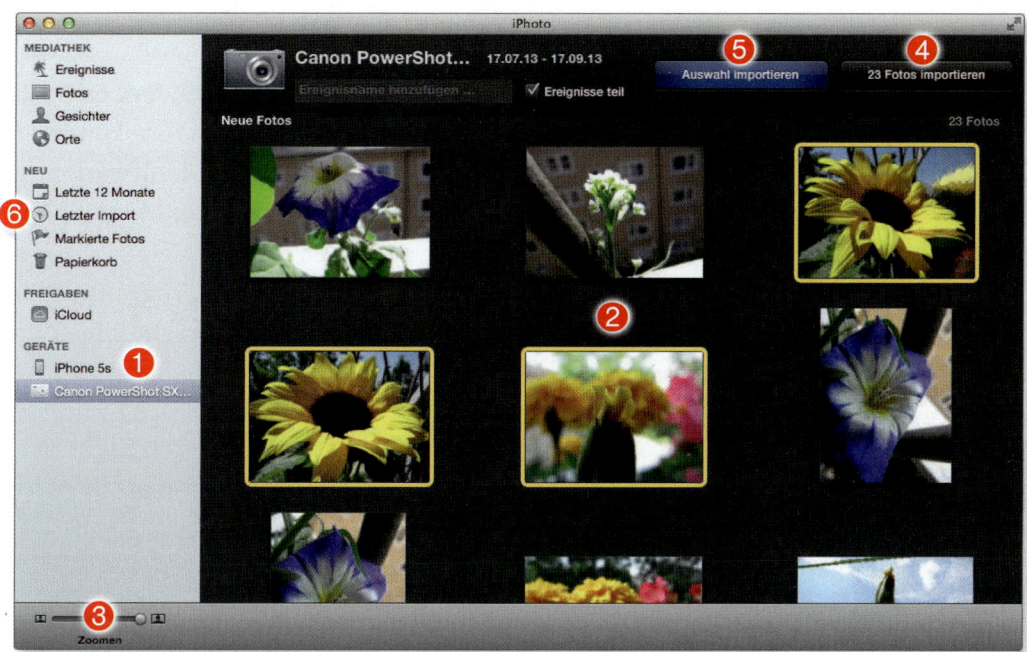

Mit iPhoto importieren und verwalten Sie Ihre Fotos auf dem Mac. Angeschlossene Kameras können unter „Geräte" ❶ ausgewählt werden, wobei auch Smartphones als Kamera erkannt werden. Die auf der Kamera gespeicherten Fotos werden in Vorschaubildern ❷ gezeigt, deren Größe Sie über einen Zoom-Regler ❸ bestimmen. Sie können entweder alle Fotos importieren ❹ oder nur ausgewählte Bilder ❺. Alle importierten Fotos sind über „Letzter Import" ❻ erreichbar.

Musik-CDs importieren

Heute wird Musik zwar oft als Datei online gekauft und mit einem iPod unterwegs abgespielt, aber es gibt noch zahlreiche CDs auf dem Markt, und mancher Anwender besitzt umfangreiche CD-Sammlungen. Diese Schätze sind natürlich nicht „verloren", sondern können mit dem Mac jederzeit geborgen werden. Dabei ist es möglich, die CD über ein CD/DVD-Laufwerk am Mac wiederzugeben oder die CD zur „rippen", also die Musik von der CD als Datei auf den Mac zu kopieren, um sie anschließend unabhängig von der CD jederzeit hören oder auf einen iPod kopieren zu können.

Sobald Sie ein CD-Laufwerk anschließen und eine CD einlegen, startet das Programm *iTunes* und fragt Sie, ob Sie die CD importieren möchten. Nach einem Klick auf *Ja* dauert es nicht lange, und die Musik kann via iTunes wiedergegeben und organisiert werden.

Musik-CDs lassen sich schnell und unkompliziert mit iTunes importieren.

Drucken & Scannen

 Drucken unter OS X ist ausgesprochen einfach: Drucker anschließen, fertig. Da OS X von Haus aus eine riesige Menge an Druckertreibern mitbringt, müssen Sie sich bei praktisch allen handelsüblichen Druckern um nichts kümmern: Das Gerät funktioniert einfach, sobald es angeschlossen ist.

Nur in sehr seltenen Fällen meldet OS X, dass kein Treiber verfügbar ist. In diesem Fall müssen Sie dann auf die Treiber-CD des Herstellers zurückgreifen, die in der Regel mit dem Drucker geliefert wird.

Drucker löschen/hinzufügen

OS X merkt sich alle Drucker, die Sie jemals angeschlossen haben. Um einen überflüssigen Druckereintrag wieder zu entfernen, rufen Sie *Systemeinstellungen –> Drucker & Scanner* auf. Markieren Sie hier den gewünschten Eintrag, und klicken Sie auf die Minus-Taste. Nach einer Sicherheitsabfrage wird der Druckereintrag gelöscht.

Falls Sie versehentlich Ihren Standarddrucker gelöscht haben, lässt er sich sehr einfach wieder hinzufügen (vorausgesetzt, er ist aktuell an Ihren Mac angeschlossen):

- *Der Drucker ist ausgeschaltet:* Schalten Sie den Drucker ein. OS X erkennt ihn automatisch und trägt ihn sofort wieder ein.
- *Der Drucker ist eingeschaltet:* Klicken Sie auf das Plus-Zeichen. OS X sucht nach neuen Druckern und zeigt Ihnen alle gefundenen Geräte (auch Netzwerkdrucker) in einem Fenster an. Wählen Sie den gesuchten Drucker aus, und klicken Sie auf *Hinzufügen*.

Der Druckdialog

Mit *Ablage –> Drucken* bzw. *cmd + P* öffnen Sie bei praktisch jeder Applikation den Druckdialog, der sich je nach Programm und angeschlossenem Drucker zwar unterscheidet, in der Regel aber demselben Schema folgt.

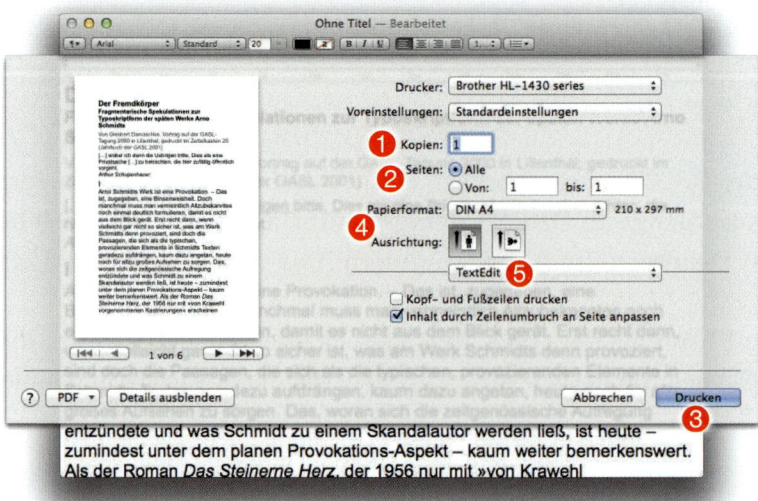

Bevor Sie vollen Zugriff auf sämtliche Druckereinstellungen haben, müssen Sie sich im Druckdialog die Details einblenden lassen.

Der Dialog startet in einer Kurzfassung, in der Sie lediglich den Drucker, die Anzahl der Kopien ❶ und die zu druckenden Seiten ❷ (*Alle* bzw. *Bereich*) angeben. Außerdem sehen Sie eine Druckvorschau. Ist alles so, wie Sie es sich vorstellen, schicken Sie mit einem Klick auf *Drucken* ❸ die Daten an den Drucker ab.

In der Praxis bedeutet das fast immer, dass Sie nach dem Aufruf des Druckdialogs noch genau einen Mausklick benötigen, um ein Dokument komplett zu drucken. Möchten Sie es allerdings etwas differenzierter haben, müssen Sie ins Detail der Druckersteuerung gehen und folgerichtig auf *Details einblenden* klicken.

Nun können Sie etwa *Papierformat* und *Ausrichtung* ❹ festlegen oder den Seiteninhalt skalieren. Außerdem sehen Sie ein Dropdown-Menü, in dem standardmäßig der Name des Programms steht ❺. Klicken Sie dieses Menü an, können Sie zwischen den Punkten *Layout*, *Papierhandhabung*, *Papiereinzug*, *Deckblatt* und *Einstellungen für Druckoptimierung* wählen.

Unter *Layout* legen Sie etwa fest, wie viele Seiten pro Blatt gedruckt werden sollen. Einen beidseitigen Druck können Sie unter *Papierhandhabung* einstellen. Hier wählen Sie unter *Zu druckende Seiten* entweder *Nur ungerade* oder *Nur gerade*. Nachdem der Drucker die ungeraden oder geraden Seiten ausgegeben hat, nehmen Sie das Papier aus dem Drucker, drehen es herum, legen es wieder ein und drucken nun die geraden bzw. ungeraden Seiten. In welcher Reihenfolge Sie hier vorgehen und wie herum die Seiten gedreht werden müssen, hängt vom Druckermodell ab; hier gibt es leider keinen echten Standard. Am besten probieren Sie das einmal mit einem kurzen mehrseitigen Dokument aus.

Als PDF drucken

Eine Besonderheit von OS X ist die Integration von PDF. Sie benötigen weder für die Anzeige noch für die Erzeugung von PDF-Dateien spezielle Software. Für die Anzeige ist *Vorschau* zuständig (s. dazu Kapitel 13), und für die Erzeugung werden die Druckroutinen von OS X genutzt, die auch dann funktionieren, wenn Sie keinen Drucker angeschlossen haben. Denn damit werden nicht nur Dokumente an den Drucker geschickt, sondern auf Wunsch auch zum PDF-Modul von OS X. Sie „drucken" also gewissermaßen in eine PDF-Datei statt auf ein Blatt Papier.

Manche Programme bringen bereits einen Menüeintrag für den Export nach PDF mit. Bei allen anderen Programmen können Sie über den Druckdialog eine PDF-Datei erzeugen. Rufen Sie dazu mit *cmd + P* den Druckdialog auf, und klicken Sie darin auf die Taste *PDF*.

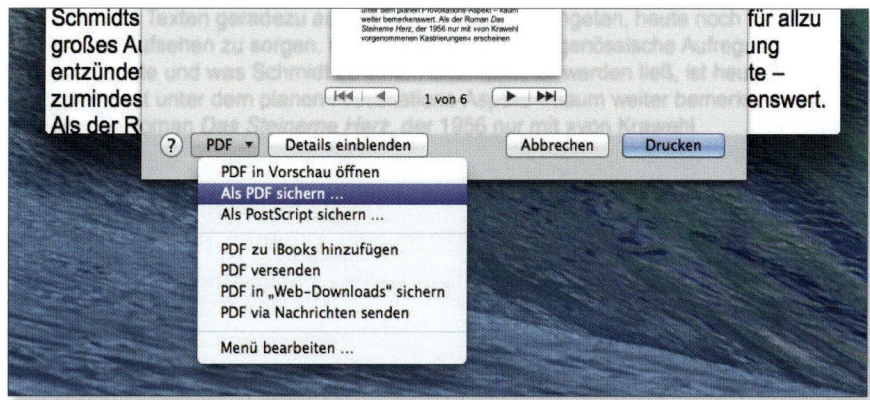

Über den Druckdialog lässt sich ein Dokument auch „Als PDF sichern". Diese Option steht auch zur Verfügung, wenn überhaupt kein Drucker angeschlossen ist.

Scanner

 Scanner werden von OS X genauso behandelt wie Drucker: Sobald ein Scanner angeschlossen ist, wird er kurzerhand dem System hinzugefügt und steht sofort zur Verfügung. Dabei werden die heute üblichen Kombigeräte, die Drucker und Scanner in einem sind, als zwei Geräte verwaltet.

Wie bei Ihrem Drucker können Sie auch Ihren Scanner unter *Systemeinstellungen –> Drucker & Scanner* löschen und manuell hinzufügen.

Auch bei Scannern bietet OS X von Haus die Möglichkeit, das Gerät anzusteuern. Sie müssen also keine Extrasoftware des Herstellers installieren.

Um ein Dokument einzuscannen, gibt es folgende Möglichkeiten:

- *Vorschau:* Wählen Sie im Programm *Vorschau* den Menüpunkt *Ablage –> Aus Scanner importieren*.
- *Digitale Bilder:* Angeschlossene Scanner werden auch vom Programm *Digitale Bilder* verwaltet und in der Seitenleiste aufgeführt. Klicken Sie den Eintrag für Ihren Scanner an, um ein Dokument zu scannen.
- *Systemeinstellungen:* Wählen Sie unter *Systemeinstellungen –> Drucken & Scannen* Ihren Scanner, und klicken Sie auf *Scanner öffnen*.

Wenn Sie im Scan-Dialog auf *Scannen* klicken, wird das aktuelle Dokument in voller Größe eingelesen. Möchten Sie nur einen Ausschnitt scannen bzw. Auflösung, Farbe und Dateiformat des Scans einstellen, klicken Sie im Dialog auf *Details einblenden*.

USB-Sticks und Festplatten

Externe Laufwerke wie USB-Sticks oder Festplatten dienen zum Datenaustausch mit anderen Anwendern ebenso wie als Backup-Medium für eigene Dateien.

 Festplattendienstprogramm: Zur Verwaltung, Partitionierung und Formatierung eines Laufwerks dient das Festplattendienstprogramm. Sie finden es im Launchpad im Ordner *Andere*.

Laufwerk anschließen

Ein angeschlossenes Laufwerk erscheint im Finder unter *Geräte*. Falls das nicht der Fall sein sollte, müssen Sie unter *Finder –> Einstellungen –> Seitenleiste* den Punkt *Externe Festplatten* aktivieren.

Sie können sich ein angeschlossenes Laufwerk auch auf dem Schreibtisch zeigen lassen. Aktivieren Sie dazu unter *Finder –> Einstellungen –> Allgemein* im Abschnitt *Diese Objekte auf dem Schreibtisch anzeigen* den Punkt *Externe Festplatten*.

Laufwerk trennen

Wenn Sie eine externe Platte oder einen USB-Stick vom Mac trennen möchten, sollten Sie das Laufwerk nicht einfach abziehen. Das ist zwar möglich, birgt aber immer die (wenn auch geringe) Gefahr eines Datenverlusts.

Stattdessen sollten Sie das Laufwerk auswerfen. Klicken Sie dazu in der Seitenleiste des Finders auf das Auswurfsymbol neben dem Laufwerkseintrag. Sobald das Laufwerk im Finder nicht mehr angezeigt wird, können Sie es vom Mac trennen.

Formatieren

 Um eine Festplatte oder einen USB-Stick zu formatieren (also den Inhalt komplett zu löschen und unter Umständen ein anderes Speicherformat festzulegen), schließen Sie das Laufwerk an den Mac an und starten das Festplattendienstprogramm.

In der Seitenleiste sehen Sie nun das Laufwerk und die darauf enthaltenen Partitionen. In der Regel werden Sie hier nur einen Eintrag sehen. Klicken Sie diesen Eintrag an, und wechseln Sie zur Registerkarte *Löschen*.

Hier legen Sie nun das gewünschte Format fest, geben der Partition einen passenden Namen und klicken auf *Löschen*. Da es sich hierbei um einen sehr radikalen Schritt handelt, fragt OS X sicherheitshalber noch einmal nach, bevor die Partition tatsächlich gelöscht wird.

Umformatieren

Neue Festplatten oder USB-Sticks sind üblicherweise mit dem Microsoft-Format FAT16 oder FAT32 vorformatiert. Das hat den Vorteil, dass Sie die Speichermedien sofort nach dem Auspacken an praktisch jedem Computer einsetzen und so Daten zwischen Windows-, Linux- und OS-X-Computern austauschen können.

Nun kommt Ihr Mac zwar problemlos mit FAT16/32 zurecht, doch so richtig wohl fühlt sich OS X erst mit dem Mac-eigenen Format. Wenn Sie ein externes Laufwerk nur an Ihrem Mac benutzen, sollten Sie das externe Laufwerk entsprechend umformatieren.

Schließen Sie dazu das Laufwerk an, Ihren Mac an und starten Sie das Festplattendienstprogramm:

1. Wählen Sie das Laufwerk in der Seitenleiste aus, und klicken Sie auf *Partition*.
2. Unter *Partitionslayout* wählen Sie *1 Partition*.
3. Klicken Sie auf *Optionen*, wählen Sie *GUID-Partitionstabelle*, und klicken Sie auf *OK*.

4. Unter *Partitionsinformationen* geben Sie der neuen Partition einen Namen und wählen als *Format* den Eintrag *Mac OS X Extended (Journaled)*.

5. Nach einem Klick auf *Anwenden* und der Bestätigung einer Sicherheitsabfrage nimmt das Programm seine Arbeit auf, löscht alle eventuell bestehenden Partitionen und legt die gewünschte Partition im angegebenen Format an.

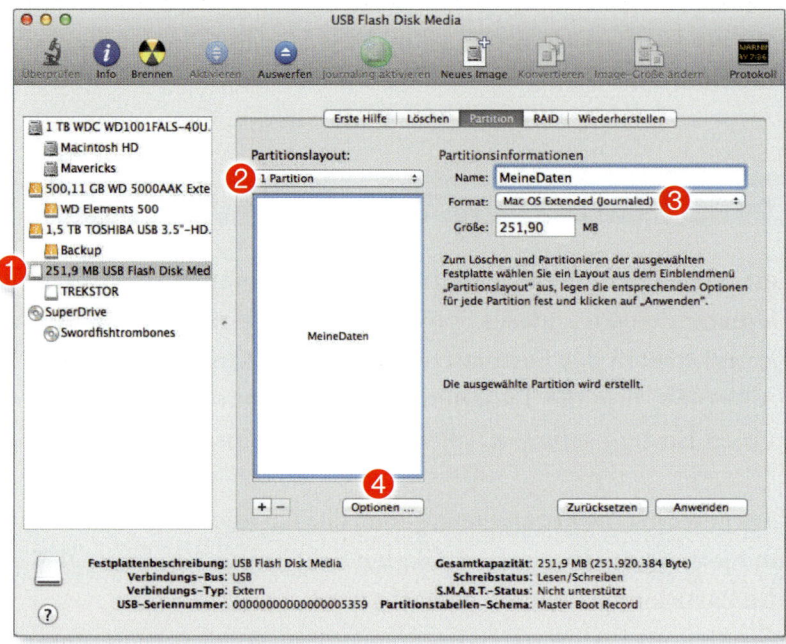

USB-Sticks sind normalerweise im MS-DOS-Format formatiert. Falls Sie einen Stick nur am Mac einsetzen, sollten Sie ihn für diesen Einsatz optimieren. Dazu wählen Sie ihn im Festplattendienstprogramm aus ❶ und wählen im Register „Partition" den Eintrag „1 Partition" ❷. Als Format wählen Sie „Mac OS Extended (Journaled)" ❸, und unter „Optionen" ❹ aktivieren Sie die „GUID-Partitionstabelle".

Mehrere Partitionen

Sie können ein Laufwerk auch in mehrere Partitionen unterteilen, die im Finder dann als eigene Laufwerke angezeigt werden. So können Sie etwa auf der Festplatte Platz für ein zweites Betriebssystem schaffen. Auch in diesem Fall kommt das Festplattendienstprogramm zum Einsatz.

1. Schließen Sie das Laufwerk an, wählen Sie es in der Seitenleiste des Festplattendienstprogramms aus, und klicken Sie auf *Partition*.

2. Unter *Partitionslayout* wählen Sie die gewünschte Anzahl an Partitionen, also z.B. *2 Partitionen*.

3. Legen Sie die jeweilige Größe einer Partition fest, indem Sie die Trennlinie zwischen den Partitionen mit der Maus verschieben oder eine Partition anklicken und im Feld *Größe* den gewünschten Wert eintragen.

4. Legen Sie für alle Partitionen einen Namen und das gewünschte Format fest, und klicken Sie auf *Anwenden*.

5. Das Festplattendienstprogramm informiert Sie nun über die geänderten Werte und macht sich nach einer Bestätigung an die Arbeit.

Bluetooth-Geräte

 Standardmäßig werden bei einem neuen iMac Tastatur und Trackpad/Maus via Bluetooth mit dem Mac verbunden. Natürlich können Sie auch andere Geräte auf diese Weise mit dem Mac koppeln.

Bluetooth ein/aus

Damit Ihr Mac sich mit Bluetooth-Geräten verbinden kann, muss Bluetooth natürlich aktiviert sein. Das ist bei neueren Macs, die mit Bluetooth-Peripherie ausgeliefert werden, standardmäßig der Fall. Normalerweise erkennen Sie dies am Bluetooth-Symbol in der Menüleiste oben rechts.

Falls das ausnahmsweise einmal nicht der Fall sein sollte, rufen Sie *Systemeinstellungen –> Bluetooth* auf und wählen dort *Aktiviert* und *Bluetooth-Status in der Menüleiste anzeigen*.

Die Option *Sichtbar* müssen Sie nur aktivieren, wenn Sie möchten, dass Ihr Mac von einem Bluetooth-Gerät automatisch erkannt werden soll. Das muss zur Verbindungsaufnahme nicht unbedingt der Fall sein, die Kontaktaufnahme kann auch von Ihrem Mac (und nicht vom Bluetooth-Gerät) aus erfolgen.

Wenn Sie an Ihrem Mac mit einer Bluetooth-Maus und -Tastatur arbeiten, können Sie Bluetooth nicht ausschalten, weil Sie ansonsten Ihren Mac nicht mehr steuern können. OS X informiert Sie darüber und lässt Bluetooth aktiviert.

Geräte koppeln

Sobald der Mac ein Bluetooth-Gerät erkennt, wird es häufig automatisch verbunden („gekoppelt"). Mitunter müssen Sie diesen Prozess allerdings explizit starten, weil das Bluetooth-Gerät über einen Code freigegeben werden muss.

In diesem Fall rufen Sie *Systemeinstellungen –> Bluetooth* auf und klicken in das „Geräte"-Fenster. Ihr Mac sucht nun nach neuen Bluetooth-Geräten und zeigt eventuelle Treffer an. Nun können Sie das neue Gerät mit dem Mac koppeln.

Geräte trennen

Ein einmal gekoppeltes Gerät wird von OS X automatisch erkannt und verbunden, sobald es verfügbar ist. Möchten Sie ein Gerät explizit nicht mehr mit OS X verbinden, klicken Sie in der Menüleiste auf das Bluetooth-Symbol, wählen das Gerät aus und klicken auf *Trennen*.

Kapitel 16

Backup und Datensicherheit

In diesem Kapitel widmen wir uns dem wichtigen Thema Datensicherheit. Hier erfahren Sie, wie Sie ganz einfach und schnell ein Backup Ihrer Dateien und des gesamten Systems anlegen, wie OS X die verschiedenen Kennwörter speichert, wie Sie Ihr System vor dem Zugriff allzu neugieriger Zeitgenossen schützen und wie es um Schadsoftware beim Mac bestellt ist.

Time Machine

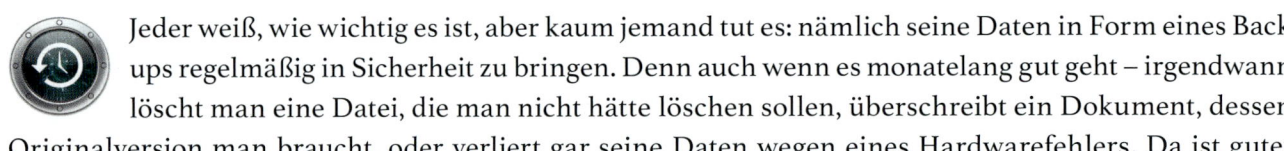 Jeder weiß, wie wichtig es ist, aber kaum jemand tut es: nämlich seine Daten in Form eines Backups regelmäßig in Sicherheit zu bringen. Denn auch wenn es monatelang gut geht – irgendwann löscht man eine Datei, die man nicht hätte löschen sollen, überschreibt ein Dokument, dessen Originalversion man braucht, oder verliert gar seine Daten wegen eines Hardwarefehlers. Da ist guter Rat teuer. Teurer jedenfalls als ein rettendes Backup. Denn das kostet Sie nur eine externe Festplatte. Um alles andere kümmern sich OS X und Time Machine.

Mit der Zeitmaschine gegen Datenverlust

Time Machine ist eine „Einmal einschalten und vergessen"-Lösung, die Ihnen alle Entscheidungen in Sachen Backup abnimmt.

- *Automatische Backups*: Bei Time Machine müssen Sie sich nicht mehr darum kümmern, dass ein Backup angelegt wird, denn das passiert nach dem Anschließen einer externen Festplatte hinfort automatisch.
- *Keine Konfiguration*: Sie müssen sich auch nicht mit der Konfiguration des Programms herumschlagen, weil man Time Machine nicht konfigurieren muss (und es auch kaum kann, selbst wenn man es wollte).
- *Alles sichern*: Sie müssen sich keine Gedanken darüber machen, welche Ordner und Dateien gesichert werden sollen, weil Time Machine einfach alles sichert, was es an Daten auf der Festplatte findet. Sie können allerdings Ausnahmen definieren, aber dazu folgt weiter unten mehr.
- *Inkrementelle Backups*: Sie müssen sich auch nicht für die richtige Strategie entscheiden, denn Time Machine legt inkrementelle Backups auf Stunden-, Tages- und Wochenbasis an. *Inkrementell* bedeutet, dass Time Machine beim Start einmal alles komplett sichert und in Zukunft nur noch die Veränderungen im Datenbestand protokolliert. Das macht das Programm für die letz-

ten 24 Stunden stündlich, für den letzten Monat im Tagesrhythmus und für alles, was älter als vier Wochen ist, im Wochenabstand. Die Wochenbackups werden so lange aufgehoben, solange Time Machine Speicherplatz zur Verfügung hat. Wird der Platz auf der Platte eng, informiert Time Machine Sie und beginnt damit, die ältesten Backups zu löschen.

Worauf Sie achten sollten

Auch wenn Time Machine so einfach wie nur möglich zu handhaben ist, sollten Sie vor dem ersten Backup auf drei Dinge achten:

- *Formatierung:* Auf einer frisch gekauften Festplatte sind fast immer eine DOS-Partitionstabelle („Master Boot Record") und eine Partition im MS-DOS-Format FAT vorhanden. Zwar kann OS X damit problemlos umgehen, aber die optimale Leistung erzielen Sie mit Mac-eigenen Formaten. Daher sollten Sie eine neue Festplatte vor dem Einsatz von Time Machine mit dem Festplattendienstprogramm auf die GUID-Partitionstabelle ändern und eine Partition im Format *OS X Extended (Journaled)* anlegen. Wie das geht, erfahren Sie in Kapitel 15.
- *Das erste Backup braucht etwas Zeit:* Bei der ersten Sicherung Ihres Systems wird der Ist-Zustand gespeichert. Das kann, je nach Datenmenge, einige Zeit dauern. Sie sollten damit also nicht unbedingt beginnen, wenn Sie Ihren Mac eigentlich gerade ausschalten wollten. (Keine Sorge, später werden nur noch die Daten gespeichert, die sich tatsächlich verändert haben. Dann dauert ein Durchlauf nur ein paar Minuten oder nicht einmal das.)
- *Mehr ist mehr:* Die externe Festplatte kann gar nicht groß genug sein. Hier gilt die einfache Faustregel, dass mehr ganz einfach mehr ist. Sie sollten allerdings nicht unbedingt die billigste Platte kaufen, die Sie kriegen können. Denn was nutzt Ihnen das schönste Backup, wenn die Festplatte nach kurzer Zeit ihren Geist aufgibt?

Das Backup liegt auf dem Backup-Laufwerk in einem Ordner namens *Backups.backupdb.* Außerhalb dieses Ordners können Sie das Laufwerk zwar auch für andere Zwecke nutzen, aber das sollten Sie nicht tun. Denn diese Daten werden zum einen nicht von Time Machine gesichert, zum anderen beschneiden Sie den Platz, der Time Machine für Backups zur Verfügung steht.

Daten sichern mit Time Machine

Um in Zukunft vor Datenverlust – nun, natürlich nicht völlig, aber doch sehr ordentlich – gefeit zu sein, müssen Sie eins tun: eine externe Festplatte an Ihren Mac anschließen.

Bei einer neu angeschlossenen Festplatte meldet sich Time Machine und fragt nach, ob das neue Laufwerk für Backups benutzt werden soll. Natürlich können Sie dies auch später entscheiden: Dazu rufen Sie *Systemeinstellungen –> Time Machine* auf, klicken auf *Volume auswählen* und legen ein Laufwerk fest.

Achten Sie darauf, dass der Punkt *Time Machine in der Menüleiste anzeigen* aktiviert ist. So haben Sie jederzeit schnellen Zugriff auf das Programm und seine Einstellungen.

Sobald Sie Time Machine erlaubt haben, ein Laufwerk als Backup-Medium zu benutzen, beginnt das Programm mit der Sicherung Ihrer Daten.

Die Konfiguration von Time Machine ist ausgesprochen simpel. Im Grunde müssen Sie nur ein externes Laufwerk anschließen.

Verschlüsseln

Normalerweise speichert Time Machine alle Daten unverschlüsselt im Klartext. Das ist am schnellsten und auch am bequemsten, aber nicht am sichersten. Denn jeder, der Zugriff auf Ihr Backup-Laufwerk hat, kann anhand von Time Machine Ihren kompletten Mac rekonstruieren. Wenn Sie auf Nummer sicher gehen wollen, dann aktivieren Sie nach einem Klick auf *Volume auswählen* den Punkt *Backup-Volume verschlüsseln*.

Manuelles Backup

Falls die letzte Speicherung erst wenige Minuten her ist und Sie just im Moment einige Dokumente und Dateien gespeichert haben, für deren Sicherung Sie nicht auf den nächsten Durchgang warten möchten, dann können Sie den Sicherungsvorgang manuell anstoßen. Klicken Sie dazu auf das Time-Machine-Symbol in der Menüleiste, und wählen Sie den Eintrag *Backup jetzt erstellen*.

Time Machine sichert in regelmäßigen Abständen Ihre Daten, aber natürlich können Sie ein Backup auch manuell anstoßen.

Bereiche vom Backup ausnehmen

Das Grundkonzept von Time Machine sieht vor, kurzerhand alles zu sichern, was dem Programm vor die Nase kommt. Das ist im Grunde auch ein sehr sinnvoller Ansatz, aber es gibt, wie immer, auch Ausnahmen.

So möchte man vielleicht nicht, dass ein bestimmter Ordner mit sensiblen Daten auch im Backup auftaucht. Es ist auch wenig sinnvoll, temporäre Ordner, in denen man nur vorübergehend umfangreiche Dateien zwischenlagert, ins Backup aufzunehmen.

In solchen Fällen empfiehlt es sich, bestimmte Ordner oder Laufwerke explizit vom Backup auszunehmen. Dazu rufen Sie *Systemeinstellungen -> Time Machine* auf. Alternativ dazu können Sie auch auf das Time-Machine-Symbol in der Menüleiste klicken und den Punkt *Systemeinstellungen „Time Machine" öffnen* wählen. Dort klicken Sie auf *Optionen*. Es öffnet sich ein Dialog, in dem Sie festlegen, welche Laufwerke oder Ordner nicht gesichert werden sollen. Um einen neuen Eintrag hinzuzufügen, klicken Sie auf die Plus-Taste und fügen die Ordner oder Laufwerke hinzu, die Time Machine ignorieren soll. Um einen Eintrag zu löschen und den entsprechenden Ordner bzw. das entsprechende Laufwerk doch ins Backup aufzunehmen, wählen Sie den Eintrag aus und klicken auf die Minus-Taste.

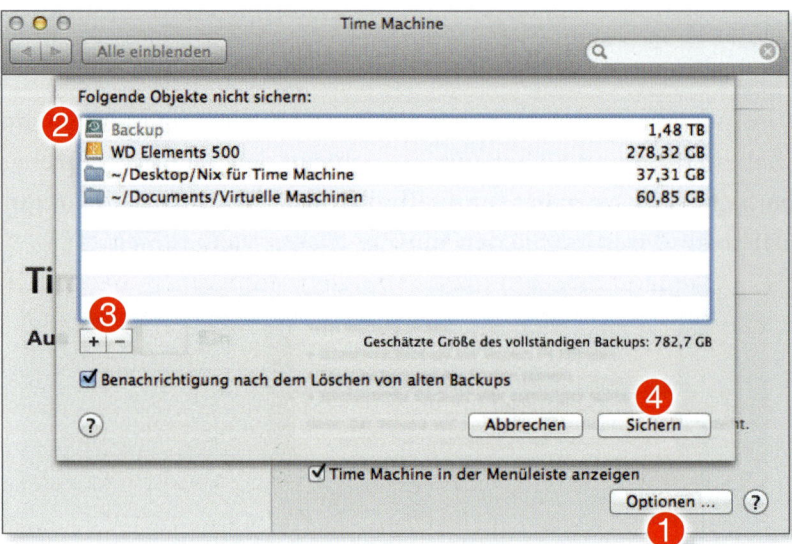

In den „Optionen" ❶ von Time Machine legen Sie fest, welche Ordner oder Laufwerke Time Machine nicht sichern soll. Das Backup-Laufwerk ❷ gehört standardmäßig dazu (andernfalls wäre die Zeitmaschine ja in einer endlosen Sicherungsschleife gefangen). Über die Plus/Minus-Tasten ❸ fügen Sie weitere Ordner/Laufwerke hinzu bzw. entfernen sie wieder. Mit einem Klick auf „Sichern" ❹ werden die Einstellungen übernommen.

Daten zurückholen mit Time Machine

Die regelmäßige Sicherung von Daten ist nur die halbe Miete. Denn was nützt Ihnen das schönste und einfachste Backup, wenn der Zugriff auf die gesicherten Daten wieder mit Mühen und Plagen verbunden ist? Da würde wieder die Bequemlichkeit siegen, und man würde auf ein Backup gleich ganz verzichten.

Zeitreise

Hier hat sich Apple etwas Besonderes einfallen lassen. Sobald Sie das Programm Time Machine starten, verändert sich das komplette Aussehen des Desktops: Der aktuelle Inhalt rutscht nach unten aus dem Bildschirm und macht einem Weltall Platz, in dessen Mitte gestaffelte Fenster sich in der Unendlichkeit verlieren. Am rechten Rand sehen Sie eine Zeitleiste, unten befinden sich einige Tasten.

Die ganze Anmutung wirkt ein wenig wie ein Computerspiel – und das ist natürlich Absicht. Denn so erreicht man zweierlei:

- *Zugänglichkeit:* Das mit allerlei unangenehmen Erfahrungen und Vorurteilen belastete Thema „Backup" verliert durch den eher spielerischen Zugang seinen Schrecken. Das führt dazu, dass ein Time-Machine-Backup von den Anwendern tatsächlich benutzt wird.
- *Zeitreise:* Die radikale Veränderung der Oberfläche macht unmissverständlich deutlich, dass man sich jetzt nicht mehr im normalen Arbeitsbetrieb befindet, sondern sich auf eine Zeitreise in die Datenvergangenheit des Macs macht.

Die sich in der Ferne verlierenden Fenster stellen den Systemzustand des Macs zu den verschiedenen Sicherungszeitpunkten dar. Über die Pfeile rechts kann man in der Zeit vor- und zurückblättern, wobei man immer zum nächsten Zeitpunkt springt, an dem sich der Inhalt des aktuell gezeigten Ordners verändert hat. Über die Zeitleiste am rechten Rand lässt sich aber auch jeder Zeitpunkt gezielt ansteuern.

Eine Datei zurückholen

Möchten Sie eine bestimmte Datei aus dem Backup zurückholen, gehen Sie folgendermaßen vor:

1. Öffnen Sie den Ordner, in dem Sie die Datei zuletzt gespeichert haben. Klicken Sie auf das Time-Machine-Symbol in der Menüleiste, und wählen Sie *Time Machine öffnen*.
2. Der Bildschirm ändert sich und zeigt nun den aktuellen Inhalt des gewählten Ordners im Finder vor dem Time-Machine-Himmel an.

3. Klicken Sie sich so lange über die Pfeiltasten in die Vergangenheit, bis das gesuchte Dokument auftaucht. Das Datum des Backups wird am unteren Bildschirmrand angezeigt.

4. Auch in Time Machine funktioniert die Übersicht. Sie können also ein Dokument oder eine Datei markieren und sich mit einem Druck auf die Leertaste den Inhalt zeigen lassen. So können Sie rasch feststellen, ob es sich um die gesuchte Datei handelt.

5. Wenn Sie die gesuchte Datei gefunden haben, klicken Sie auf die Taste *Wiederherstellen* rechts unten.

6. In einer schicken Animation wird die markierte Datei zurück in die Gegenwart geholt. Gleichzeitig kehren Sie zum gewohnten Schreibtisch zurück. Die gesuchte Datei befindet sich jetzt in dem Ordner, von dem aus Sie die Zeitreise unternommen haben.

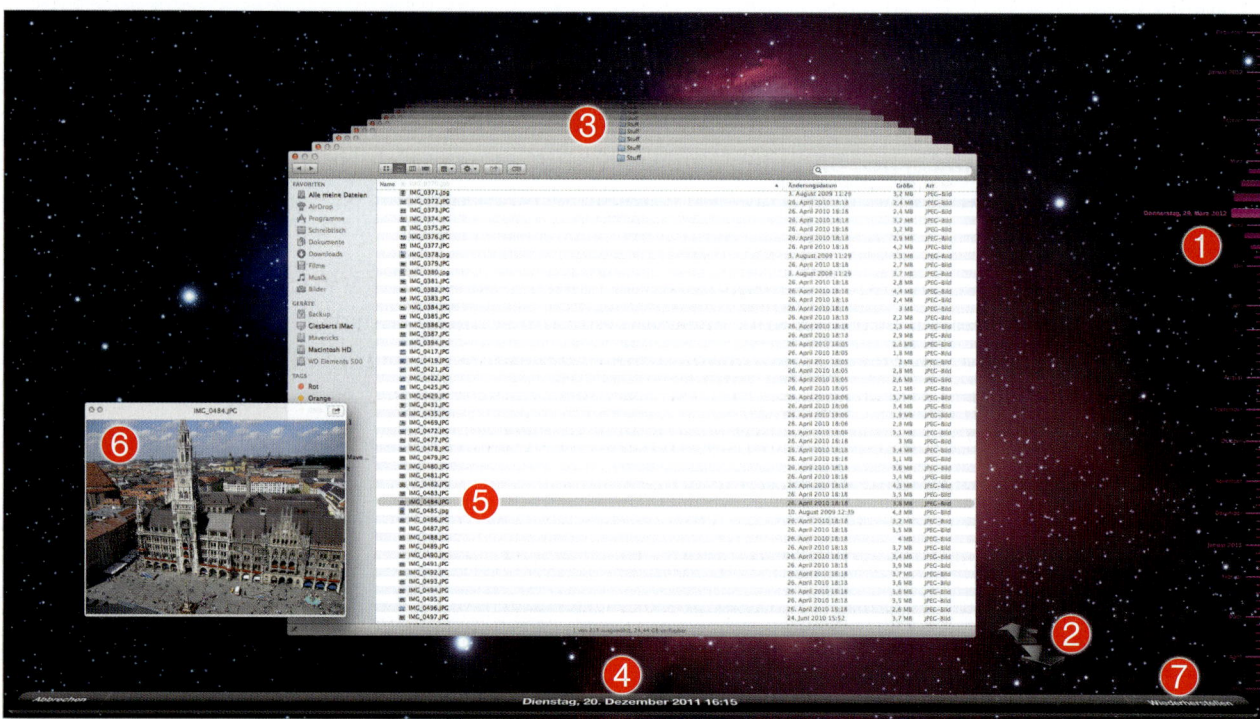

Sobald Sie die Datenzeitreise gestartet haben, können Sie sich über die Zeitleiste ❶, die Pfeiltasten ❷ oder einen Klick auf weiter zurückliegende Fenster ❸ durch Ihr Backup bewegen. Am unteren Rand zeigt Ihnen Time Machine das Datum des aktuell gezeigten Backups ❹. Markieren Sie die Dateien, die Sie zurückholen möchten ❺. Drücken Sie die Leertaste, um einen Blick in das Dokument oder auf ein Bild zu werfen ❻ und so zu entscheiden, ob es sich tatsächlich um die gesuchte Datei handelt. Mit einem Klick auf „Wiederherstellen" ❼ holt OS X die Datei aus dem Backup zurück und verlässt Time Machine.

 **Suchen in der Vergangenheit:** Sollte die gesuchte Datei nicht in einer früheren Version des aktuell gewählten Ordners zu finden sein, können Sie mit Spotlight natürlich auch die Vergangenheit durchsuchen und nach der vermissten Datei fahnden.

E-Mails zurückholen

Was mit einzelnen Dateien und Ordnern funktioniert, funktioniert übrigens auch mit E-Mails. Haben Sie versehentlich eine wichtige Mail gelöscht, können Sie sie mit Time Machine zurückholen. Dazu starten Sie *Mail* und öffnen den Ordner, in dem Sie die vermisste Mail zuletzt gesehen haben. Klicken Sie in der Menüleiste auf das Time-Machine-Symbol, und wählen Sie *Time Machine öffnen*. Nun können Sie im Backup nach der vermissten E-Mail stöbern und diese mit einem Klick auf *Wiederherstellen* der Vergangenheit entreißen.

Backups löschen

Backups sind in der Regel dazu da, Dateien, die Sie versehentlich gelöscht haben, wieder hervorzuzaubern. Das ist gut und schön, aber manchmal soll eine Datei, die gelöscht wurde, auch wirklich gelöscht bleiben und nicht unverhofft über das Backup wieder im unpassendsten Moment auftauchen.

In solchen Fällen kann man eine Datei oder auch gleich ein ganzes Backup vom Time-Machine-Laufwerk löschen. Diese Daten lassen sich dann nicht mehr via Time Machine rekonstruieren.

Starten Sie dazu Time Machine, lokalisieren Sie im Backup die Datei, die Sie nicht mehr sehen möchten, und klicken Sie auf die Aktionstaste (das Zahnrad). Hier wählen Sie *Alle Backups von {Dateiname} löschen*. Nach einer Sicherheitsabfrage wird die Datei vollständig entfernt.

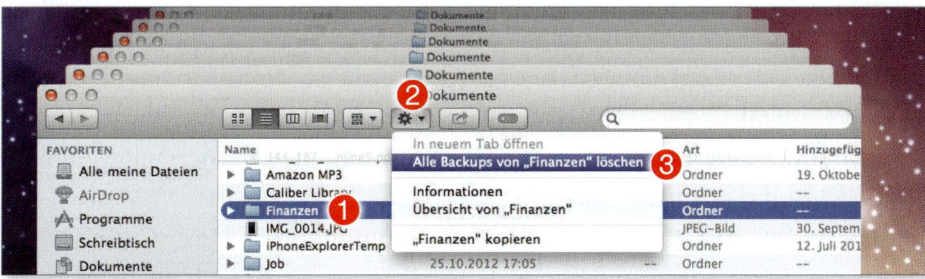

Damit sensible Daten, die Sie sicher löschen möchten, nicht im Backup vor sich hin schlummern, können Sie sie bei Bedarf auch vollständig aus dem Backup löschen. Markieren Sie dazu den gewünschten Eintrag im Finder ❶, klicken Sie auf das Zahnrad ❷, und wählen Sie „Alle Backups löschen" ❸.

Systemwiederherstellung mit (und ohne) Time Machine

Time Machine eignet sich nicht nur zur Wiederherstellung einzelner Dateien, sondern kann auch dazu benutzt werden, ein komplettes System zu rekonstruieren. Es kommt zwar sehr selten vor, dass OS X komplett neu installiert werden muss, aber es ist doch beruhigend, dass man selbst für diesen Ausnahmefall mit Time Machine gut gerüstet ist.

Denn OS X legt eine Rettungspartition auf der Festplatte an, mit deren Hilfe sich das System komplett neu installieren bzw. aus dem Time-Machine-Backup rekonstruieren lässt.

Von der Recovery HD starten

Die Rettungspartition bzw. die Recovery HD (wie sie offiziell heißt) wird vom System komplett versteckt und ist von OS X aus im normalen Betrieb nicht erreichbar. Um von dieser Partition zu booten, müssen Sie Ihren Mac neu starten und dabei einen kleinen Trick anwenden.

Wählen Sie also *Apfel-Menü –> Neustart*. Sobald alle aktiven Programme geschlossen wurden und der Mac kurz herunterfährt (anders gesagt: wenn der Bildschirm schwarz wird), drücken Sie die *alt*-Taste und halten sie so lange gedrückt, bis Ihnen Ihr Mac zwei große Festplattensymbole zeigt. Steuern Sie mit den Pfeiltasten *Wiederherst. 10.9* an, und drücken Sie die *Eingabe*-Taste.

Neuinstallation

Anschließend bootet der Mac, zeigt aber nicht den vertrauten Schreibtisch, sondern ein großes Fenster namens *OS X Dienstprogramme*.

Hier können Sie nun Ihren Mac aus einem vorhandenen Backup wiederherstellen, aber das System auch komplett neu aufsetzen und von vorn anfangen.

Und es ist möglich, im Internet nach Hilfe für Probleme mit Ihrem Mac zu suchen oder das Festplattendienstprogramm zu starten, um zum Beispiel das Startlaufwerk Ihres Macs auf Fehler zu überprüfen (und um diese Fehler gegebenenfalls zu reparieren).

OS X und seine Kennwörter

Ein Kennwort schützt Daten, Dateien und Ihr gesamtes System vor unbefugtem Zugriff. Dabei kennt OS X verschiedene Arten von Kennwörtern. Die beiden wichtigsten sind:

- *Benutzerkennwort:* Dieses Kennwort legen Sie in der Regel beim ersten Einschalten zusammen mit dem Benutzernamen fest. Es schützt Ihr Benutzerverzeichnis und muss von Ihnen bei der Anmeldung am System angegeben werden.
- *Administratorkennwort:* Dieses Kennwort wird verlangt, wenn Sie etwas tun wollen, was über die Befugnisse eines normalen Anwenders hinausgeht. Üblicherweise betrifft dies Zugriffe auf Systemebene.

Als erster (und oftmals auch einziger) Benutzer eines Macs sind Sie automatisch der Herr und Meister über schlechterdings alles, was auf Ihrem Computer vor sich geht. Kurz: Sie sind Benutzer und Admin des Systems.

Ihr Kennwort ist damit automatisch das Administratorkennwort und der Schlüssel zum gesamten System. Wenn etwas in den Systemtiefen verändert werden soll, das ein einfacher Benutzer normalerweise nicht ändert, oder wenn ein Programm versucht, auf Daten und Verzeichnisse zuzugreifen, auf die üblicherweise kein Programm zugreift, dann öffnet sich ein Fenster, und Sie werden dazu aufgefordert, den Vorgang durch die Eingabe Ihres Kennworts zu legitimieren. Erst danach werden Daten verändert oder ausgelesen.

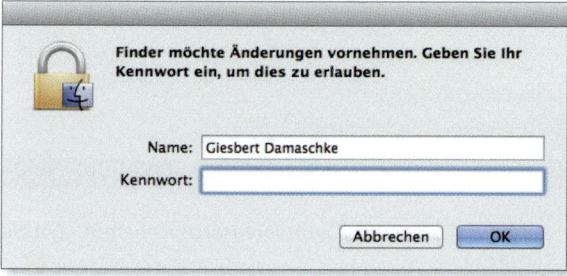

Bei systemnahen Zugriffen werden Sie nach Ihrem Administratorkennwort gefragt.

 **Vorsicht!** Sobald Sie mit einer solchen Dialogbox konfrontiert werden, ist Vorsicht angesagt. Füllen Sie sie nicht leichtsinnig aus, sondern vergewissern Sie sich, dass die Eingabe Ihres Kennworts auch tatsächlich zu einem von Ihnen ausgelösten Arbeitsschritt gehört.

Das Kennwort ändern

Wenn man seinen Mac zum ersten Mal einschaltet und einrichtet, ist man mitunter viel zu neugierig und mit anderen Dingen beschäftigt, als sonderlich viele Gedanken an die Wahl seines Benutzerkennworts zu verschwenden. Später nagt dann der Verdacht, dass „schatzi" vielleicht doch etwas zu simpel gewesen ist. Vielleicht ist Ihr Kennwort aber auch übertrieben kompliziert und Sie können es sich selbst nicht merken. Wie dem auch sei: Natürlich besteht die Möglichkeit, das Kennwort nachträglich zu ändern.

Dazu rufen Sie *Systemeinstellungen –> Benutzer & Gruppen* auf. Wählen Sie in der linken Spalte Ihren Benutzernamen, klicken Sie auf *Kennwort* und dort auf *Kennwort ändern*. Wenn Sie sich von OS X ein Kennwort vorschlagen lassen möchten, rufen Sie mit einem Klick auf das kleine Schlüsselsymbol rechts neben dem Feld *Neues Kennwort* den *Kennwortassistenten* auf.

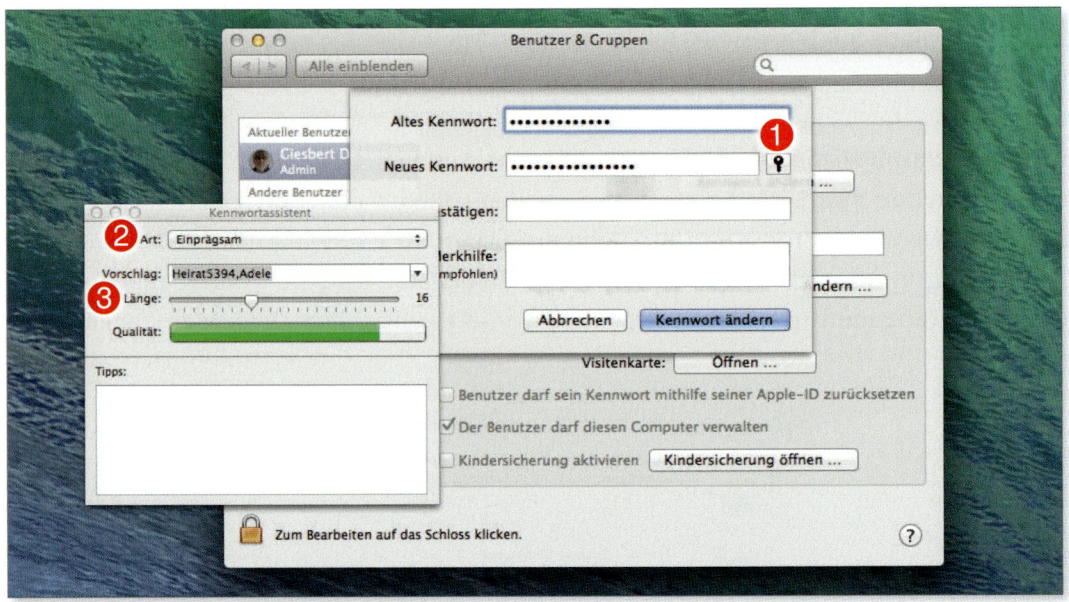

Bei der Wahl eines sicheren Kennworts kann Ihnen der Kennwortassistent helfen, den Sie mit einem Klick auf den Schlüssel ❶ aufrufen. Der Assistent kann verschiedene Arten von Kennwörtern generieren ❷, die Länge ❸ legen Sie selbst fest.

Die Schlüsselbundverwaltung

 Neben Ihrem Benutzerkennwort werden Sie im Laufe der Zeit noch etliche andere Kennwörter eingeben müssen: beim Zugriff auf geschützte Webseiten, beim Abruf Ihrer E-Mails, beim Lesen verschlüsselter Daten und Ähnlichem mehr.

Nun wäre es sehr aufwendig und inkonsistent, wenn jedes Programm die benutzten Kennwörter selbst verwalten müsste. Zudem gibt es Fälle, in denen mehrere Programme auf ein und dasselbe Kennwort zugreifen müssen, was bei einer separaten Verwaltung zu lästigen Mehrfacheingaben führt.

Eine Datei für alle

Daher verwaltet OS X sämtliche Kennwörter, die Sie an Ihrem Mac eingeben, in einer zentralen Schlüsselbunddatei. Sobald Sie in einem Programm oder beim Zugriff auf eine Webseite ein Kennwort eingeben, werden Sie gefragt, ob das neue Kennwort im Schlüsselbund gespeichert werden soll. Beim nächsten Zugriff wird das gespeicherte Kennwort automatisch ausgelesen – Sie müssen sich um nichts mehr kümmern.

Dabei kann der Mac mehrere Schlüsselbunddateien verwalten, von Haus aus sind das vier: *Anmeldung*, *Lokale Objekte*, *System* und *System-Roots*. Ihre Kennwörter und Daten sind in den Dateien *Anmeldung* und *Lokale Objekte* gespeichert. Zusätzlich kann noch der Eintrag *iCloud* erscheinen. Wenn Sie in den *Systemeinstellungen –> iCloud* den *Schlüsselbund* aktiviert haben, wird dieser neue Schlüsselbund sich in die Liste einreihen.

Die Schlüsselbundverwaltung

Der Schlüsselbund wird von OS X im Großen und Ganzen autonom verwaltet. Das ist auch gut so, schließlich soll Ihnen das Verfahren Arbeit abnehmen und nicht neue Aufgaben aufbürden.

Doch manchmal ist es notwendig, gezielt auf einzelne Schlüssel im Schlüsselbund zuzugreifen. Sei es, weil Sie einen Eintrag löschen möchten, sei es, weil Sie ein Kennwort vergessen haben und es nun nachschlagen wollen.

In solchen und anderen Fällen schlägt die Stunde der Schlüsselbundverwaltung, die Sie im Launchpad im Ordner *Andere* finden.

- *Löschen:* Klicken Sie den Eintrag doppelt an, um sich zu vergewissern, dass Sie den richtigen Eintrag löschen wollen. Schließen Sie das Informationsfenster, und drücken Sie die *Backspace*-Taste. Nach einer Sicherheitsabfrage wird der Eintrag gelöscht.

- *Einsehen:* Klicken Sie den Eintrag doppelt an, und aktivieren Sie *Kennwort einblenden*. Es erscheint ein Dialog, in dem Sie das Administratorkennwort eingeben und festlegen, ob die Anzeige des angeforderten Kennworts immer, nur einmal oder gar nicht erlaubt werden soll. Diese Angaben gelten nur, solange das Programm läuft. Beenden Sie die Schlüsselbundverwaltung und starten Sie sie erneut, werden die Kennwörter erst nach erneuter Eingabe des Kennworts angezeigt.

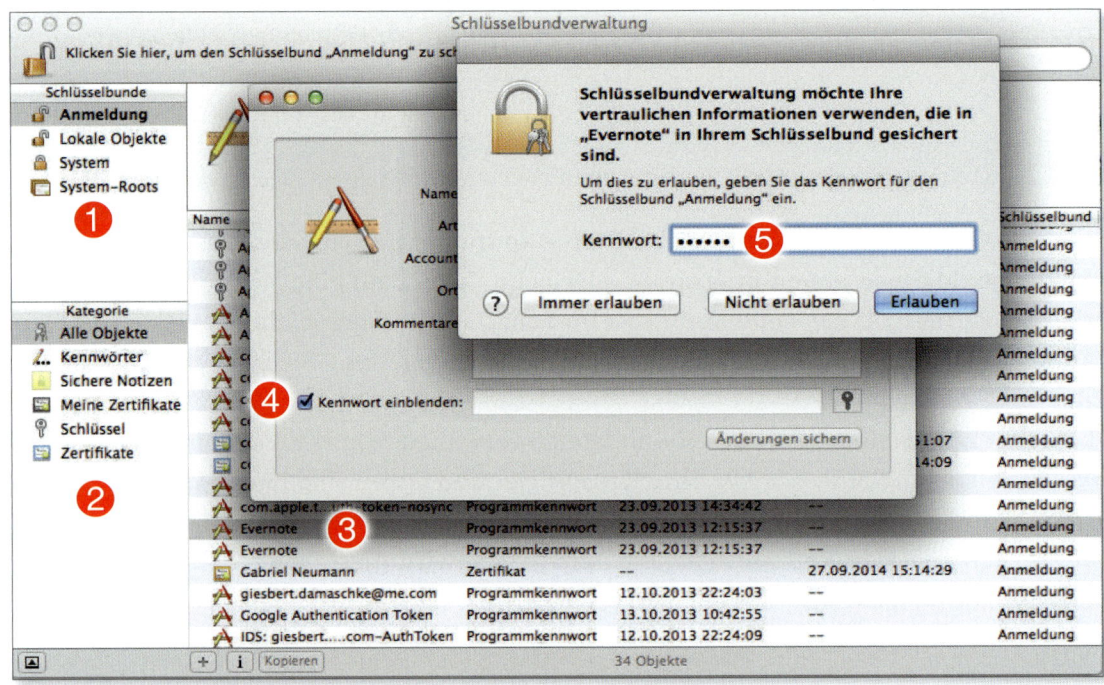

Die Schlüsselbundverwaltung speichert alle Kennwörter, die Sie auf Ihrem Mac benutzen. Das Programm verwaltet verschiedene Schlüsselbunddateien ❶, deren Inhalt in verschiedene Kategorien geordnet ist ❷. Sollten Sie einmal ein Kennwort vergessen haben, können Sie es hier nachschlagen. Doppelklicken Sie dafür den gewünschten Eintrag doppelt an ❸, und aktivieren Sie „Kennwort einblenden" ❹. Nach der Eingabe des Adminkennworts ❺ wird das Kennwort des Eintrags angezeigt.

Schlüsselbund bei iCloud

Wenn Sie mit verschiedenen Macs arbeiten, dann können Sie sich die Arbeit mit iCloud erleichtern. Denn in diesem Fall ist es möglich, die Schlüsselbunddateien via iCloud zwischen verschiedenen Geräten synchron zu halten. Haben Sie etwa auf dem einen Mac ein Kennwort für eine Webseite im Schlüsselbund gespeichert, stehen die Zugangsdaten automatisch auch auf dem anderen Mac zur Verfügung und müssen dort nicht erneut eingegeben werden.

Damit iCloud die Dateien synchron hält, aktivieren Sie unter *Apfel-Menü –> Systemeinstellungen –> iCloud* den Punkt *Schlüsselbund*. Nach der Eingabe Ihrer Apple-ID werden Sie aufgefordert, einen *iCloud-Sicherheitscode* anzulegen. Dies ist ein Code aus vier Ziffern, über den der Schlüsselbund auf einem anderen Mac aktiviert werden kann. Falls Ihnen ein simpler Vierziffern-Code zu unsicher erscheint, können Sie nach einem Klick auf *Weitere Optionen* einen komplexen Code aus Ziffern, Buchstaben und Satzzeichen bilden.

Der iCloud-Schlüsselbund wird mit einem Sicherheitscode gesichert.

Den Zugriff mit einem Bildschirmschoner sichern

Ein Bildschirmschoner ist nicht nur hübsch anzusehen, er kann auch eine Zugangsbarriere für vorwitzige Kollegen sein, die während Ihrer Abwesenheit einen Blick auf Ihre Daten werfen möchten. Dazu legen Sie zuerst einen Bildschirmschoner fest, den Sie mit einer Mausbewegung sofort aktivieren können, und sorgen dann dafür, dass der Bildschirmschoner nur nach der Eingabe Ihres Kennworts verlassen wird.

Bildschirmschoner festlegen

Wählen Sie *Apfel-Menü –> Systemeinstellungen –> Schreibtisch & Bildschirmschoner*, und suchen Sie sich einen Bildschirmschoner aus. Anschließend klicken Sie auf *Aktive Ecken*. Hier können Sie festlegen, dass eine Zeigerbewegung in eine bestimmte Ecke den Bildschirmschoner aktiviert. Damit Sie ihn nicht versehentlich auslösen, halten Sie zusätzlich die *esc*-, *alt*-, *cmd*- oder *Shift*-Taste (oder eine Kombination aus diesen Tasten) gedrückt und wählen im Dropdown-Menü der gewünschten Ecke den Eintrag *Bildschirmschoner ein*.

Nun können Sie den Bildschirmschoner einschalten, indem Sie die Maus in die gewählte Ecke bewegen und dabei die festgelegte(n) Taste(n) drücken.

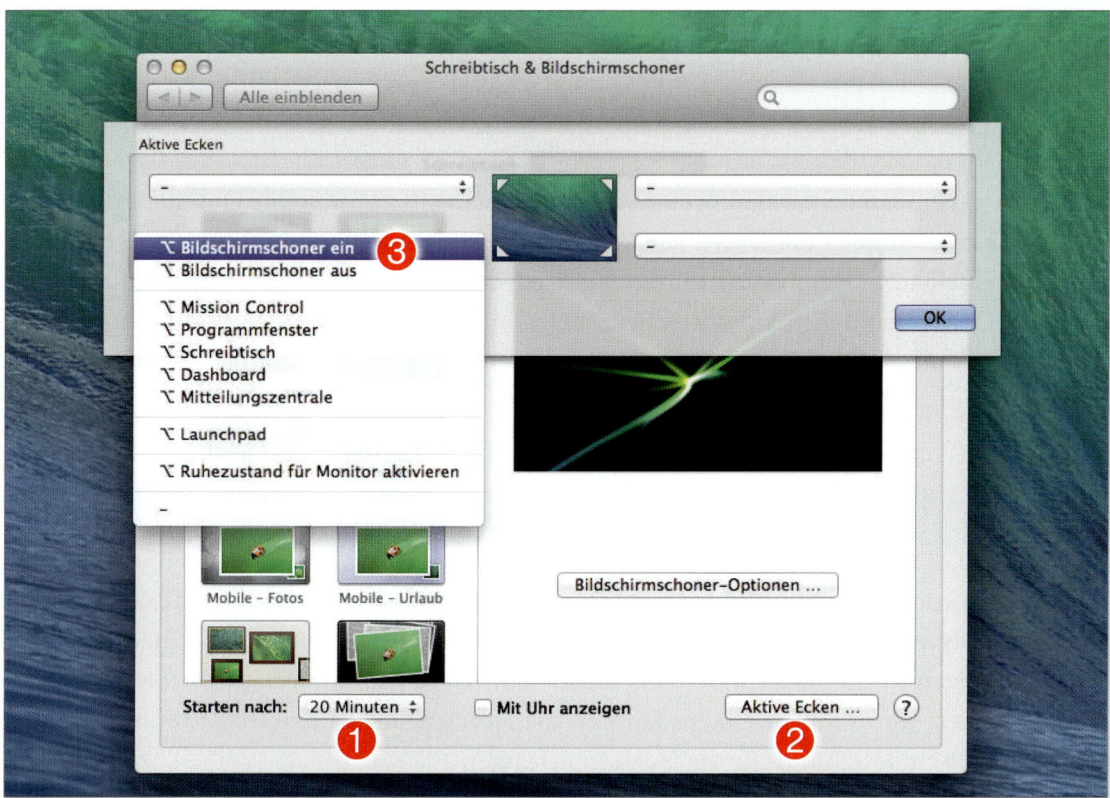

Der Bildschirmschoner wird üblicherweise nach einer bestimmten Ruhezeit automatisch gestartet ❶. *Wenn Sie eine „Aktive Ecke"* ❷ *festlegen, lässt sich der Bildschirmschoner auch durch eine Tastenkombination und eine Mausbewegung in diese Ecke aktivieren. In diesem Beispiel* ❸ *startet der Bildschirmschoner, wenn die Maus in die Ecke links unten bewegt und dabei die alt-Taste gedrückt wird.*

Kennwort für den Bildschirmschoner

Standardmäßig gibt OS X nach Aktivierung des Bildschirmschoners den Zugriff nur nach Eingabe des Benutzerkennworts wieder frei. Falls das bei Ihnen nicht der Fall sein sollte, wählen Sie *Apfel-Menü –> Systemeinstellungen –> Sicherheit –> Allgemein*. Hier können Sie festlegen, ab wann das System nach dem Start des Bildschirmschoners das Kennwort abfragt.

In Zukunft können Sie bei kurzer oder längerer Abwesenheit Ihren Mac nun blitzschnell vor fremdem Zugriff schützen. Sobald der Bildschirmschoner über die Mausbewegung samt Tastendruck gestartet ist, können Sie Ihren Mac beruhigt unbeaufsichtigt lassen, denn nun geht ohne Ihr Kennwort gar nichts mehr.

Daten verschlüsseln

Der beste Schutz gegen den Datenklau besteht darin, den Zugriff auf sensible Daten nicht nur mit einem Kennwort zu sichern, sondern die Daten selbst zusätzlich zu verschlüsseln. Denn den einfachen Kennwortschutz für gespeicherte Daten kann man mit entsprechender krimineller Energie relativ leicht umgehen. Sobald ein Datendieb den Kennwortschutz ausgehebelt hat, hat er gewonnen. Bei verschlüsselten Daten hilft ihm das aber nicht weiter, denn die ergaunerten Daten sind dank Verschlüsselung für ihn nur unlesbarer Datenmüll.

Sichere Notizen

Bei den *Sicheren Notizen* handelt es sich um verschlüsselt gespeicherte Texte, die als Teil des Schlüsselbunds verwaltet werden. Das ist zwar etwas umständlich, hat aber den Vorteil, dass Ihre Notizen immer zusammen mit dem Schlüsselbund kopiert und transportiert oder via iCloud synchronisiert werden können. Sie können die Notizen im Schlüsselbund *Anmeldung* speichern oder einen eigenen Schlüsselbund für die Notizen erzeugen.

Dazu starten Sie die Schlüsselbundverwaltung und wählen *Ablage –> Neuer Schlüsselbund*. Geben Sie dem neuen Schlüsselbund einen Namen (etwa: „Meine Notizen"), und legen Sie einen Speicherort fest, zum Beispiel: *Dokumente*.

Markieren Sie Ihren neuen Schlüsselbund in der linken Spalte, wählen Sie die Kategorie *Sichere Notizen* und klicken Sie auf das Plus-Zeichen am unteren Rand. Sie können nun eine Notiz anlegen, die nur in der Schlüsselbundverwaltung und mit Ihrem Kennwort gelesen werden kann.

FileVault

Was mit Notizen und Image-Dateien geht, geht auch mit der kompletten Festplatte. Mit *FileVault* wird die Festplatte in Ihrem Mac komplett verschlüsselt.

FileVault aktivieren Sie unter *Apfel-Menü –> Systemeinstellungen –> Sicherheit*. Das Programm erzeugt zuerst einen Wiederherstellungsschlüssel, den Sie benötigen, falls Sie Ihr Kennwort vergessen haben. Um diesen Schlüssel nicht zu verlieren, können Sie ihn auf den Servern von Apple speichern. Keine Sorge, der Schlüssel wird natürlich ebenfalls verschlüsselt und kann von Apple nicht gelesen werden. Als Zugriffsschutz legen Sie Antworten auf drei Fragen fest.

Nach einem Neustart beginnt FileVault mit der Verschlüsselung der kompletten Festplatte. Während dieses Vorgangs können Sie mit Ihrem Mac wie gewohnt weiterarbeiten.

Über das Festplattendienstprogramm können Laufwerke wie externe Festplatten oder USB-Sticks ganz einfach verschlüsselt werden. Voraussetzung ist, dass die Datenträger im Mac-Format formatiert sind. Sobald der Datenträger verbunden ist, kann über das Kontextmenü der Eintrag „xy verschlüsseln" ausgewählt werden.

Über das Verschlüsseln von Datenträgern sind deren Informationen vor fremden Blicken sicher.

Die Firewall

Ein weiterer Schutzmechanismus von OS X ist die Firewall, deren Aufgabe es ist, Anfragen zu kontrollieren, die Ihren Mac über das Internet erreichen.

Aktivieren

Die Firewall von OS X kontrolliert ausschließlich Kontaktaufnahmen aus dem Internet, nicht aber, ob eine Applikation von Ihrem Mac aus Daten ins Internet schickt. Sie ist standardmäßig ausgeschaltet.

Um die Firewall zu aktivieren, wählen Sie *Apfel-Menü –> Systemeinstellungen –> Sicherheit –> Firewall* und klicken auf *Firewall aktivieren*. Anschließend dürfen nur noch bestimmte Systemfunktionen, signierte Applikationen und Programme, denen Sie es ausdrücklich erlaubt haben, die Verbindungsanfragen aus dem Internet akzeptieren.

Unter *Firewall-Optionen* erhalten Sie einen Überblick über die verschiedenen Programme und ihren Verbindungsstatus. Hier können Sie auch vorübergehend *Alle eingehenden Verbindungen blockieren* (einige systemrelevante Verbindungen sind allerdings weiterhin möglich).

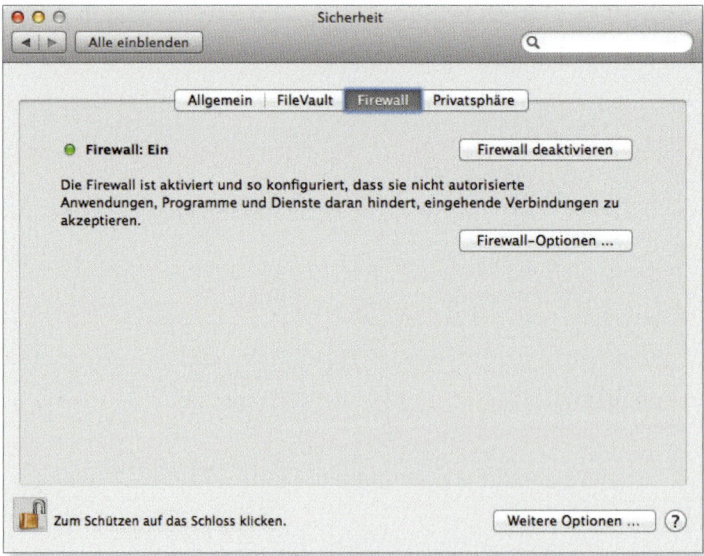

Die Firewall ist aktiv und schützt den Rechner.

Die Privatsphäre

Üblicherweise ist es bei einem Computer so, dass jedes Programm auf die Daten anderer Programme zugreifen kann (es sei denn, diese Daten sind verschlüsselt). Das ist auch sinnvoll, denn nur so können Programme miteinander kooperieren. Unter OS X ist das ein wenig anders: Hier müssen Programme mitunter nachfragen, bevor sie bestimmte Informationen lesen können. Das betrifft vor allem die *Ortungs-dienste*, *Kontakte*, *Kalender* und *Erinnerungen*.

Unter *Apfel-Menü −> Systemeinstellungen −> Sicherheit −> Privatsphäre* legen Sie fest, welche Applikationen auf diese Daten zugreifen dürfen – und welche nicht. Hier können Sie die *Ortungsdienste* von OS X auch komplett ausschalten.

Bevor ein Programm auf bestimmte Informationen zugreifen darf, müssen Sie es ihm explizit erlauben.

Die Softwareaktualisierung

Nobody is perfect: Das gilt auch für ein so komplexes Stück Software, wie es ein Betriebssystem fraglos darstellt. Es ist selbst für Apple schlechterdings unmöglich, eine hundertprozentig fehlerfreie Software zu schreiben. Selbst noch so viele und noch intensive Tests können nicht verhindern, dass ein Programm oder eine Systemkomponente unter bestimmten Bedingungen oder in Kombination mit bestimmten anderen Programmen plötzlich nicht mehr so funktioniert, wie man sich das wünscht, oder sogar zu einem Sicherheitsrisiko wird.

Diesem Problem wird üblicherweise mit regelmäßigen Updates begegnet. Bei OS X nennt sich dieses Verfahren „Softwareaktualisierung". Sobald aktualisierte Programmdaten zur Installation bereitstehen, werden Sie darüber informiert und aufgefordert, das Update auszuführen (was Sie natürlich tun soll-ten). Viele Updates werden im laufenden Betrieb ausgeführt, aber in seltenen Fällen muss der Mac neu gestartet werden.

Normalerweise läuft dieser Vorgang vollautomatisch ab und Sie müssen sich um nichts kümmern. Wenn Sie möchten, können Sie aber auch selbst aktiv werden und Ihren Mac anweisen, sich nach neuen Versionen umzusehen. Wählen Sie dazu *Apfel-Menü –> Softwareaktualisierung*.

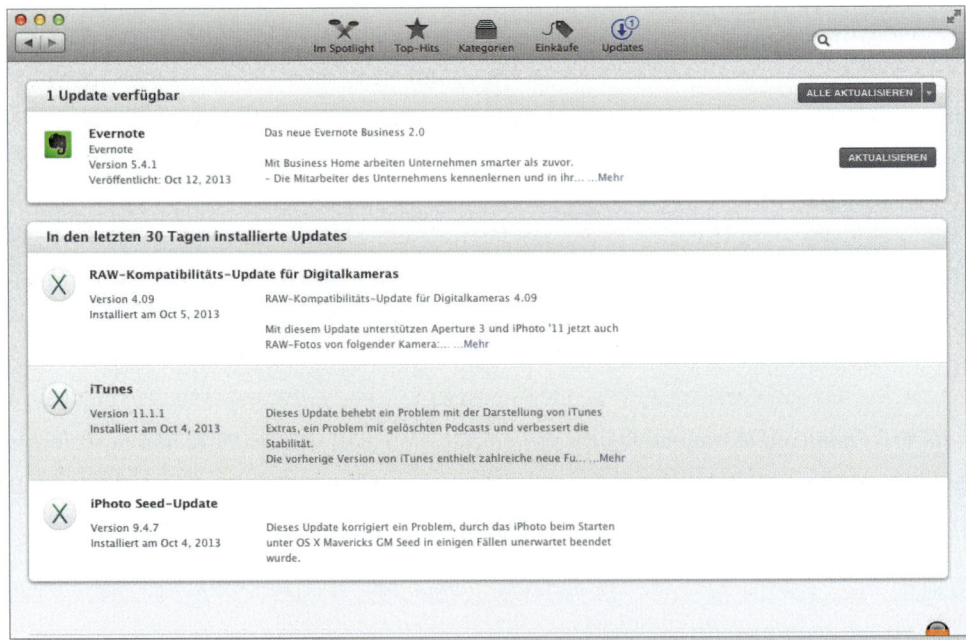

Updates für OS X und für Programme, die Sie aus dem App Store geladen haben, werden über den App Store ausgeführt.

Der Mac und die Schadsoftware

Apple bewirbt seine Produkte unter anderem damit, dass Viren, Trojaner und andere Schadsoftware für OS X kein Thema sind. Im Prinzip hat Apple damit auch recht. Was unter Windows zum größten nur denkbaren Sicherheitsproblem geworden ist, spielt auf dem Mac nur eine sehr untergeordnete Rolle. Also ist alles in Ordnung und das immer mal wieder auftauchende Gerede von Schadsoftware auf dem Mac nur Panikmache? Ja – und Nein. Die Lage ist ein wenig komplizierter.

Viren und Trojaner

Um das Problem zu verstehen, müssen wir etwas ins Detail gehen und zuvor klären, was wir meinen, wenn wir von Schadsoftware reden. Hier gilt es vor allem zwischen Viren und Trojanern zu unterscheiden.

- Ein *Virus* ist ein Programm, das in der Lage ist, sich selbst zu vervielfältigen. So, wie ein biologisches Virus einen Organismus befällt und sich dort ausbreitet, so kann ein Computervirus einen Computer befallen und sich im System ausbreiten. Ein klassischer Computervirus infiziert ein Programm, indem er seinen eigenen Code in den Code des Programms einschleust. Sobald dieses Programm gestartet wird, wird automatisch auch der Virus aktiv. Die Verbreitung erfolgt ebenfalls in Analogie zum biologischen Virus. Hier muss ein gesunder Organismus mit einem infizierten zusammentreffen, um ebenfalls infiziert zu werden. Genauso wird ein nicht-infiziertes Computersystem erst dann von einem Virus befallen, wenn eine infizierte Datei auf das System gelangt.

- *Trojaner* ist die Kurzform für „Trojanisches Pferd", was sich auf die bekannte Kriegslist der Griechen bei der Eroberung von Troja bezieht. Das griechische Heer zog sich scheinbar geschlagen zurück und hinterließ ein riesiges Holzpferd als Geschenk für die siegreichen Trojaner. Die holten das vermeintliche Geschenk in die Stadt und wurden in der Nacht von den Griechen, die sich im Innern des Pferdes verborgen hatten, überwältigt. Nach diesem Prinzip funktioniert auch ein Trojaner der Computer-Ära. Dabei handelt es sich um ein Schadprogramm, das als heimliches Gepäck eines anderen Programms auf den Mac geschmuggelt wird. Installiert der Anwender dieses Programm, installiert er auch den Trojaner.

Trojaner-Angriff

Auch wenn Viren für den Mac bislang keine ernst zu nehmende Gefahr darstellen, so sieht die Sache bei Trojanern anders aus. Denn davon gibt es zwar nur sehr wenige, aber es gibt sie.

Diese Schadsoftware kommt allerdings nur dann auf Ihren Mac, wenn Sie so leichtfertig sind, dubiosen Straßenhändlern zu glauben, die Ihnen Originalsoftware für einen Spottpreis andrehen oder angeblich geniale Tools, geheime Hacks und spezielle Video-Codecs unterjubeln wollen.

 Ein **Video-Codec** ist eine kleine Datei, mit der OS X in die Lage versetzt werden soll, Videoformate abzuspielen, die das System normalerweise nicht wiedergeben kann. Misstrauen Sie generell allen Aufforderungen, einen Codec zu installieren.

Jeder Trojaner, der einen Mac befällt, kann dies nur deshalb tun, weil der Anwender es ihm – unwissentlich zwar, aber doch – erlaubt hat. Wer bei der Installation von eher dubiosen Programmen ohne viel Nachdenken sein Kennwort eingibt, der öffnet sein System für den Angriff von außen.

Der beste Schutz gegen diese üblen Gesellen besteht darin, nicht alles kurzerhand zu installieren, was einem im Internet über den Weg läuft, allen Versprechungen gegenüber eine gesunde Skepsis walten zu lassen und vor allem nicht ohne Nachdenken das Administratorkennwort einzugeben, nur weil ein Dialog Sie dazu auffordert.

 Gatekeeper: Wie in Kapitel 4 erläutert, schützt der Gatekeeper Sie vor der unwissentlichen Installation potenziell gefährlicher Software.

XProtect

Bei Apple scheint man das wachsende Interesse der Cybergangster an OS X nicht zu ignorieren und hat OS X ein kleines Schutzprogramm namens XProtect verpasst. Das Tool scannt Downloads, die via Browser, Mail oder Nachrichten auf den Computer kopiert werden; Daten aus Tauschbörsen werden genauso ignoriert wie Dateien, die über FTP heruntergeladen wurden. Das Tool wird regelmäßig und ohne Ihr Zutun automatisch aktualisiert.

Kapitel 17

Systemeinstellungen und Dienstprogramme

In diesem Kapitel geht es ans Eingemachte: Wir beschäftigen und mit systemnahen Programmen und Einstellungen, den Systeminformationen und dem Netzwerkdienstprogramm. Hier erfahren Sie, welche Möglichkeiten Ihnen die Systemeinstellungen bieten oder wie Sie OS X mit mehreren Anwendern benutzen.

Die Systemeinstellungen

 Die Systemeinstellungen sind uns in diesem Buch immer wieder untergekommen, und viele Punkte haben Sie bereits kennengelernt. Einige besondere Optionen für Sonderfälle sind aber noch neu. Betrachten wir die Systemeinstellungen also einmal im Überblick.

 **Allzeit bereit:** Die Systemeinstellungen sind standardmäßig über das Symbol im Dock zu erreichen. Haben Sie das Symbol aus dem Dock entfernt, können Sie die Systemeinstellungen jederzeit über **Apfel-Menü –> Systemeinstellungen** aufrufen.

Wie der Name schon sagt, legen Sie hier systemweite Einstellungen fest, mit denen Sie das Verhalten von OS X Ihren Wünschen anpassen können. Das reicht von der Wahl des Bildschirmhintergrundes bis zur Netzwerkkonfiguration. Sobald es darum geht, etwas an Ihrem Mac zu regeln, zu konfigurieren, einzustellen oder festzulegen, sind Sie bei den Systemeinstellungen richtig.

Aufbau

Das Fenster der Systemeinstellungen ist standardmäßig in vier übersichtliche Bereiche unterteilt, in denen die verschiedenen Einstellungen nach (nicht genannten) Kategorien geordnet werden.

Die Systemeinstellungen sind in vier Bereiche unterteilt. ❶ Hier passen Sie OS X an Ihre individuellen Vorlieben und Wünschen an. ❷ Im zweiten Abschnitt geht es um Einstellungen zur Hardware. ❸ Es folgen Einstellungen rund um das Internet und Netzwerke. ❹ In der letzten Kategorie werden schließlich die systemnahen Einstellungen wie etwa das Datumsformat oder die Benutzerverwaltung aufgeführt. Über die Suche ❺ können Sie die Systemeinstellungen nach bestimmten Stichwörtern durchforsten. Ein Klick auf „Alle einblenden" ❻ bringt Sie immer zur Übersicht zurück.

Das Fenster der Systemeinstellungen unterscheidet sich ein wenig von den sonst üblichen Fenstern unter OS X. So ist es etwa nicht skalierbar und passt seine Größe automatisch dem gewählten Inhalt an. Sie rufen eine Einstellung mit einem Klick auf das entsprechende Symbol auf. Die gewählten Einstellungen werden fensterfüllend angezeigt, und mit einem Klick auf *Alle einblenden* kehren Sie wieder zur Gesamtübersicht zurück.

 Nach Namen: Wenn Sie die Systemeinstellungen nicht nach Kategorien, sondern nach Namen geordnet haben möchten, wählen Sie **Einstellungen –> Alphabetisch ordnen**.

Einträge

Gehen wir nun die verschiedenen Einträge der Systemeinstellungen einmal in alphabetischer Reihenfolge durch:

 *Allgemein:* Das generelle Erscheinungsbild von OS X ist zwar fest vorgegeben, lässt sich aber in Maßen ändern. So können Sie das Farbschema von *Blau* auf *Graphite* ändern oder die Farbe festlegen, mit der im Finder Einträge markiert werden. Die Größe der Symbole in der Seitenleiste lässt sich hier ebenfalls anpassen, und Sie können auch festlegen, ob die Rollbalken immer eingeblendet werden sollen (standardmäßig entscheidet dies das System automatisch in Abhängigkeit vom Eingabegerät). Möchten Sie auf das Resume-Feature nicht verzichten (also darauf, dass sich ein Programm merkt, welche Dokumente beim Schließen noch geöffnet waren), so deaktivieren Sie hier *Fenster beim Beenden eines Programms schließen*.

 App Store: Der App Store ist zwar nicht der einzige, aber der bequemste Weg, um neue Software für Ihren Mac zu kaufen. Der App Store kümmert sich auch darum, dass Ihre Programme immer auf dem neuesten Stand sind, und versorgt Ihren Mac mit Updates. In den Einstellungen legen Sie fest, wie OS X mit Updates umgehen soll. Standardmäßig werden Updates automatisch im Hintergrund geladen und installiert. Wenn Sie das lieber selbst in die Hand nehmen wollen, können Sie diese Punkte hier ausschalten.

 *Bedienungshilfen:* Apple legt großen Wert darauf, dass ein Mac auch dann bedienbar ist, wenn man nicht allzu gut sehen oder hören kann. Wenn Sie Probleme mit zu kleinen Texten oder Darstellungen haben, können Sie hier einen Zoom aktivieren, bei dem Sie auf Tastendruck den gesamten Bildschirminhalt vergrößern können. Auch die VoiceOver-Funktion, bei der Ihnen Bildschirminhalte vorgelesen werden, lässt sich hier einstellen.

 *Benutzer & Gruppen:* OS X ist ein Mehrbenutzersystem. Sie können mehrere Accounts einrichten, die jeweils über eigene Ordner für Dokumente und Programmeinstellungen verfügen. Dabei ist ein Wechsel zwischen den Benutzern möglich: Sie können sich also zum Beispiel anmelden, mit Ihren Dokumenten arbeiten, sich abmelden und Ihren Mac einem anderen Benutzer überlassen. So lässt sich ein und derselbe Mac von mehreren Personen in einer Familie nutzen. Natürlich sind die jeweiligen persönlichen Dokumente auch nur für den jeweiligen Account verfügbar. Wie Sie einen Benutzer einrichten und zwischen den Benutzern wechseln, erfahren Sie weiter unten in diesem Kapitel.

 *Bluetooth:* Die kabellose Verbindung von Geräten (wie Maus, Tastatur oder Trackpad) ist dank Bluetooth kein Problem. Die verschiedenen Geräte, die mit Ihrem Mac auf diese Art verbunden sind, werden in diesen Einstellungen verwaltet. Hier können Sie bestehende Verbindungen löschen, um etwa eine Bluetooth-Maus mit einem anderen Computer benutzen zu können, aber auch neue Geräte hinzufügen.

 *CDs & DVDs:* Wie soll Ihr Mac reagieren, wenn Sie eine CD oder DVD in ein angeschlossenes Laufwerk einlegen? Was passiert beim Einlegen eines Rohlings? Diese Einstellungen nehmen Sie hier vor, wobei Sie zwischen verschiedenen Standardaktionen wählen oder das System anweisen können, überhaupt nicht zu reagieren bzw. nachzufragen, was zu tun ist.

 *Datum & Uhrzeit:* Damit Sie immer wissen, was die Stunde geschlagen hat, greift der Mac auf einen Zeitserver im Internet zu und zeigt die Uhrzeit in der Menüleiste an. Sie können die Uhr aber auch manuell stellen. Wie die Uhr angezeigt werden soll, legen Sie unter *Datum & Uhrzeit* fest. Statt der üblichen Digitalanzeige können Sie auch eine analoge Uhr sowie Wochentag und Datum einblenden. Es ist auch möglich, die Sekunden anzeigen oder das Trennzeichen in der digitalen Anzeige im Sekundentakt blinken zu lassen.

 Diktat & Sprache: Hier aktivieren Sie die Diktierfunktion. Dann ist es möglich, Text nicht nur via Tastatur einzugeben, sondern ihn dem System zu diktieren. Zudem kann der Mac Ihnen Texte vorlesen. Mit welcher Stimme er dies tun soll, entscheiden Sie hier. Mit diesen Spezialfunktionen beschäftigen wir uns weiter unten in diesem Kapitel.

 *Dock:* Standardmäßig sitzt das Dock mit recht großen Symbolen am unteren Bildschirmrand. Das können Sie ändern, lässt sich das Dock doch auch rechts oder links einblenden. Wenn Sie hier den Punkt *Vergrößerung* aktivieren, können Sie das Dock sehr klein machen. Sobald Sie ihm mit der Maus zu nahe kommen, wölbt es sich Ihnen entgegen und ist gut erkennbar. Bei kleinen Bildschirmen kann es sinnvoll sein, das Dock automatisch ein- und auszublenden. Dabei wird das Dock nur eingeblendet, wenn Sie mit der Maus an den unteren Bildschirmrand zeigen.

 *Drucker & Scanner:* Hier verwalten Sie alle im System installierten Drucker und Scanner und legen einige Standardeinstellungen (wie Papiergröße und Standarddrucker) fest. Außerdem fügen Sie hier Drucker hinzu, die das System eventuell nicht automatisch erkennt, und Sie haben Zugriff auf die Warteschlange, in die OS X alle Druckaufträge einreiht. So lässt sich etwa ein wartender, aber noch nicht an den Drucker geschickter Druckauftrag löschen.

Energie sparen: Ein Computer ist normalerweise mehrere Stunden eingeschaltet. Manche Anwender schalten ihn auch überhaupt nicht aus. Nicht immer sitzt jemand davor, und nicht immer wird der Computer aktuell benötigt. Es ist daher sinnvoll, ihn nach einer gewissen Wartezeit in den Ruhezustand zu versetzen und den Bildschirm auszuschalten. Wie lange Ihr Mac warten soll, bis er sich zur Ruhe begibt, legen Sie hier fest. Zudem kann hier die Funktionalität *Power Nap* aktiviert werden. Damit kann der Mac im Ruhezustand einige Arbeiten im Hintergrund erledigen. Sobald Sie den Rechner wieder aufwecken, ist dieser stets auf dem aktuellen Stand.

 *Freigaben:* Damit Sie im Netzwerk Daten zwischen zwei Macs austauschen oder Peripheriegeräte (wie Drucker oder Scanner), die an einem Mac angeschlossen sind, auch mit einem anderen Computer im Netzwerk nutzen können, müssen Ordner bzw. Geräte für die Nutzung im Netzwerk freigegeben werden. Die entsprechenden Einstellungen nehmen Sie in den *Freigaben* vor. Hier können Sie auch den Namen festlegen, unter dem Ihr Mac im Netzwerk auftauchen soll.

 *iCloud:* Apples kostenloser Onlinedienst iCloud wird als wichtige Systemkomponente ebenfalls in den Systemeinstellungen konfiguriert. Hier legen Sie fest, welche Inhalte Sie mit iCloud verwalten möchten (etwa *Mail*, *Notizen*, *Kalender*, *Kontakte*), und konfigurieren den Speicherplatz Ihres Accounts.

 *Internetaccounts:* Ein Account bei einem Anbieter wie etwa Google, AOL oder Apple, aber auch der Exchange-Account im Firmennetz umfasst mehr als nur E-Mail. Er kann auch für Nachrichten, Kalender, Kontakte und andere Programme genutzt werden. Zwar können Sie Ihren Account in den jeweiligen Programmen verwalten, aber einfacher geht es an dieser zentralen Stelle in den Systemeinstellungen.

 *Kindersicherung:* Wer seinen Kindern den Zugriff auf den Mac erlauben will, kann hier einen speziellen Benutzeraccount einrichten, bei dem der Zugriff auf bestimmte Programme und Funktionen beschränkt ist. So lässt sich etwa ein stark vereinfachter Finder aktivieren, der keinen direkten Dateizugriff bietet und damit zum Beispiel verhindert, dass ein unerfahrener Benutzer versehentlich Dateien verschiebt oder löscht. Um die Verwaltung eines Accounts mit der Kindersicherung zu deaktivieren, wählen Sie den Account in den Systemeinstellungen unter *Benutzer & Gruppen* aus und entfernen das Häkchen bei *Kindersicherung aktivieren*. Wie Sie einen zusätzlichen Benutzeraccount anlegen, erfahren Sie weiter unten in diesem Kapitel.

Maus: OS X kann mit jeder beliebigen Maus bzw. mit jedem beliebigen Trackball (der auch an dieser Stelle verwaltet wird) bedient werden. Die Besonderheiten von OS X kommen erst bei einer Maus mit berührungsempfindlicher Oberfläche zum Tragen, also bei Apples Magic Mouse. Wie das System auf bestimmte Wisch- und Tippgesten reagieren soll, legen Sie in diesen Einstellungen fest. Wenn Sie sich übrigens mit der geänderten Scrollrichtung von OS X überhaupt nicht anfreunden können, deaktivieren Sie hier den Punkt *Scrollrichtung: Natürlich.*

 *Mission Control:* Je nach Eingabegerät werden *Mission Control*, *Dashboard* und *Exposé* mit verschiedenen Gesten oder Tasten aufgerufen. Die Standardtasten lassen sich den Gegebenheiten anpassen. Wenn Sie mit der großen Tastatur von Apple arbeiten, die neben einem numerischen Tastenblock auch 19 Funktionstasten bietet, dann können Sie die verschiedenen Funktionen von *Mission Control* zum Beispiel auf die Tasten *F16* bis *F19* legen.

 *Mitteilungen:* Unter OS X können Ihnen Programme Mitteilungen schicken, also zum Beispiel darauf hinweisen, dass eine neue E-Mail eingetroffen ist oder ein Termin fällig wird. Hier konfigurieren Sie, wie ein Programm dies tun soll und ob es in der Mitteilungszentrale auftaucht. Natürlich lassen sich die Hinweise eines Programms hier auch komplett ausschalten.

 *Monitore:* Die populärsten Macs – die MacBooks und iMacs – haben einen fest integrierten Monitor, wobei sich das System dem Monitor optimal anpasst und ihn in der maximal größten Auflösung ansteuert. Mitunter aber möchte man die Auflösung ändern oder einen externen Monitor anschließen: Dann schlägt die Stunde dieser Einstellungen.

 *Netzwerk:* Der Mac kann auf vielfache Weise in ein Netzwerk eingebunden werden, wobei die wichtigste Verbindung wohl die via WLAN ins Internet ist. Normalerweise werden Sie hier erst dann etwas konfigurieren müssen, wenn Sie Ihren Mac mit einem Ethernet-Kabel in ein Netzwerk einbinden möchten. In diesem Fall hilft Ihnen der Verantwortliche des entsprechenden Netzwerks weiter.

 *Schreibtisch & Bildschirmschoner:* Wie bei einer grafischen Benutzeroberfläche üblich, lässt sich auch bei OS X der Bildschirmhintergrund praktisch beliebig wählen. Zur Auswahl steht eine Reihe hochwertiger Fotografien; Sie können aber auch eigene Fotos benutzen. Möchten Sie die Entscheidung dem System überlassen, dann aktivieren Sie *Bild ändern* und legen ein Intervall fest, in dem OS X den Bildschirmhintergrund austauschen soll. Ähnliches gilt für die Bildschirmschoner, bei denen Sie entweder eine der mitgelieferten Animationen oder eine Diashow

benutzen können. Hier legen Sie auch fest, nach welcher Zeitspanne der Untätigkeit der Bildschirmschoner aktiv werden soll.

Sicherheit: Die Sicherheitseinstellungen sind von zentraler Bedeutung für die Arbeit an Ihrem Mac und werden daher zusätzlich geschützt. Hier können Sie nur nach Eingabe Ihres Kennworts Änderungen vornehmen. Lediglich die Einstellungen, wann der Mac nach einem Kennwort fragen soll, sind jederzeit zu ändern.

Spotlight: Mit der systemweiten Suchfunktion *Spotlight* haben wir uns in Kapitel 5 beschäftigt. Standardmäßig indexiert Spotlight so ziemlich alles, was Sie auf Ihrem Mac speichern. Hier können Sie bestimmte Bereiche und Dateitypen von der Suche ausnehmen und auch die Reihenfolge der Suchergebnisse ändern. Zudem können Sie hier das Tastenkürzel ändern, mit dem Sie Spotlight starten.

Sprache & Region: OS X kann auf verschiedene Sprachen eingestellt werden, wobei es die jeweils länderspezifischen Formatierungen bei der Notation von Währungen, Zahlen oder Daten berücksichtigt. Wenn Sie also einmal das gesamte System von Deutsch auf Englisch umstellen möchten – unter *Sprache & Region* ist dies möglich.

Startvolume: Normalerweise bootet Ihr Mac von seiner internen Festplatte. Doch manchmal möchte man auch von einem anderen Laufwerk bzw. einer anderen Partition booten. In diesem Fall wählen Sie hier das gewünschte Laufwerk und klicken auf *Neustart*. Obacht! OS X merkt sich das neue Startlaufwerk als Standardlaufwerk. Bevor Sie Ihren Mac also ausschalten, sollten Sie bei einem Wechsel des Startlaufwerks noch einmal mit Ihrem üblichen Laufwerk booten.

 Bootmenü: Wenn etwas schiefgegangen ist (zum Beispiel weil das gewählte Startlaufwerk beschädigt ist), kann es passieren, dass Ihr Mac immer wieder versucht, mit dem defekten oder nicht mehr verfügbaren Laufwerk zu booten. In diesem Fall schalten Sie den Mac komplett aus, halten die **alt**-Taste gedrückt und schalten ihn wieder ein. Es erscheint ein Menü, in dem Sie das gewünschte Startlaufwerk wählen können.

Tastatur: Hier legen Sie fest, nach welcher Verzögerung die Tastatur reagieren soll, wenn Sie eine Taste etwas länger gedrückt halten. Je kürzer die *Ansprechverzögerung* ist,s desto schneller entscheidet OS X, dass Sie die Taste absichtlich länger gedrückt halten, und startet die *Tastenwiederholung*, deren Geschwindigkeit Sie ebenfalls anpassen können. Hier können Sie auch festlegen, dass die *F*-Tasten als Standardtasten und nicht zur Steuerung der Sonderfunktionen (wie Bildschirmhelligkeit oder Lautstärke) benutzt werden sollen. Im Register *Kurzbefehle* definieren Sie Tastenkombinationen zur schnellen Steuerung verschiedener Funktionen. Damit beschäftigen wir uns in weiter unten in diesem Kapitel.

 *Time Machine:* Die OS-X-eigene Backup-Lösung haben Sie in Kapitel 16 kennengelernt. In den Einstellungen können Sie ein neues Backup-Medium wählen, nachschlagen, wann das letzte Backup gemacht wurde, oder Speicherbereiche vom Backup ausnehmen. Hier lässt sich Time Machine auch komplett ausschalten bzw. pausieren.

 *Ton:* OS X weist durch einen Warnton auf Probleme oder Fehler hin. Welcher Ton das sein soll, legen Sie hier fest. Hier können Sie auch das integrierte Mikrofon konfigurieren, die Gesamtlautstärke des Systems regeln oder die Balance bei der Stereowiedergabe einstellen.

 *Trackpad:* Erst mit Apples großem Multitouch-Trackpad kann OS X seine Besonderheiten voll ausspielen. Es sind Gesten mit bis zu vier Fingern möglich. Wenn Sie sich mit der geänderten Scrollrichtung von OS X überhaupt nicht anfreunden können, so deaktivieren Sie auf der Registerkarte *Scrollen und Zoomen* den Punkt *Scrollrichtung: Natürlich.*

Standardmäßig sind unter *Zeigen und Klicken* zwei Trackpad-Gesten deaktiviert, die mit ein wenig Übung den Umgang mit OS X jedoch erheblich beschleunigen können:

- *Klick durch Tippen:* Ein Mausklick wird beim Trackpad durch das Herunterdrücken des gesamten Trackpads realisiert. Das funktioniert, ist auf Dauer aber ein wenig anstrengend. Wenn Sie dagegen diesen Punkt aktivieren, dann genügt ein sanfter Fingertipp auf das Trackpad, um einen Klick auszulösen. Das ist anfangs etwas ungewohnt, und es wird vermutlich zu einigen unverhofften Klicks kommen. Doch geben Sie dem Verfahren eine Chance – man gewöhnt sich sehr schnell daran und möchte es anschließend nicht mehr missen.
- *Mit drei Fingern bewegen:* Wenn Sie diese Option aktivieren, dann wird die Kombination aus „Klick und Bewegung" durch eine Bewegung mit drei Fingern ersetzt. Um Objekte zu verschieben, müssen Sie sie also nicht mehr anklicken und mit gedrückter Taste ziehen, sondern Sie bewegen sie mit einer Drei-Finger-Geste. Das gilt auch für das Skalieren von Fenstern oder beim Markieren von Textbereichen. Wenn Ihre Finger für eine Sekunde lang den Kontakt zum Trackpad verlieren, dann wird das bewegte Objekt losgelassen. Wenn Sie diese Option aktivieren, dann werden die Gesten, die standardmäßig mit drei Fingern ausgeführt werden – das Wechseln zwischen Spaces und der Aufruf von Mission Control –, durch Vier-Finger-Gesten ersetzt. Wie beim *Klick durch Tippen* ist auch diese Geste gewöhnungsbedürftig, kann sich in der Praxis aber als sehr effektiv erweisen.

Login: Klick durch Tippen wird vom System erst erkannt, wenn Sie sich angemeldet haben und das System vollständig geladen ist. Bei der Anmeldung nach einem Neustart Ihres Macs ist diese Geste also noch nicht aktiv. Hier müssen Sie das Trackpad noch herunterdrücken, um einen Mausklick auszuführen.

Bildschirmfotos

Um am Mac einen Screenshot aufzunehmen, gibt es verschiedene Möglichkeiten:

- *Kompletten Bildschirm fotografieren:* Drücken Sie *Shift + cmd + 3*. Sie hören ein Kamerageräusch, und auf dem Schreibtisch wird eine Grafikdatei abgelegt, die den aktuellen Inhalt des Desktops eingefangen hat.
- *Einen bestimmten Bereich fotografieren:* Drücken Sie *Shift + cmd + 4*. Der Mauszeiger verwandelt sich in einen Zielcursor, der die aktuellen Koordinaten anzeigt. Markieren Sie mit gedrückter Maustaste den gewünschten Bereich. Sobald Sie die Taste loslassen, hören Sie wieder das Kamerageräusch und finden anschließend das gewünschte Foto als Grafikdatei auf dem Schreibtisch.
- *Fenster fotografieren:* Zeigen Sie mit der Maus in das Fenster, das Sie fotografieren möchten. Drücken Sie *Shift + cmd + 4* und anschließend die *Leertaste*. Mit einem Mausklick knipsen Sie das markierte Fenster – nicht mehr, nicht weniger. Auch dieses Bild landet auf dem Schreibtisch.

So weit, so gut. Doch was macht man, wenn man auch den Mauszeiger mit auf dem Bild haben möchte, um zum Beispiel die Auswahl eines Menüpunkts im Screenshot zu verdeutlichen? Dann braucht man das Programm *Bildschirmfoto*, das Sie im Launchpad im Ordner *Andere* finden.

In dessen *Einstellungen* legen Sie zuerst die Form des gewünschten Mauszeigers fest und wählen anschließend *Foto –> Selbstauslöser*. Nun startet ein Timer. Sie haben jetzt zehn Sekunden Zeit, bis der aktuelle Bildschirminhalt fotografiert wird. Halten Sie also den Mauszeiger an die gewünschte Stelle; und warten Sie ab. Nach ein paar Sekunden piepst der Timer, und kurz darauf hören Sie das Kamerageräusch. Sobald sich ein neues Fenster mit dem Bildschirmfoto öffnet, können Sie die Maus wieder bewegen. Das Bildschirmfoto wird nicht automatisch gespeichert. Das übernehmen Sie mit *cmd + S*.

Tastaturkurzbefehle

Viele Programme können über Tastenkürzel (oder, wie Apple es nennt: Kurzbefehle) gesteuert werden. Dabei wird einem oft aufgerufenen Menüpunkt (etwa: *Datei öffnen*) eine Tastenkombination (etwa: *cmd + O*) zugewiesen.

Doch nicht allen Menüpunkten haben die Programmierer ein solches Kürzel zugewiesen. Falls es einen Menüpunkt gibt, bei dem Sie ein Tastenkürzel schmerzlich vermissen, gibt es einfache Abhilfe: Definieren Sie es doch selbst.

Exakter Name

Bevor man ein Tastenkürzel definieren kann, muss man den exakten Namen des Menüpunktes kennen, dem ein Kürzel zugewiesen werden soll. Dabei ist mit „exakt" wirklich exakt gemeint. Hat ein Menübefehl drei Punkte, dann gehören diese drei Punkte mit zum Namen des Befehls. Dabei handelt es sich nicht um drei einzelne Punkte, sondern um ein Sonderzeichen (Ellipse), das Sie mit *alt + .* eingeben. Der Menüeintrag, unter dem der Befehl zu finden ist, gehört dagegen nicht zum Namen.

Wie das in der Praxis funktioniert, zeige ich Ihnen an einem einfachen Beispiel.

Beispiel

Der Befehl *Fenster –> Alle Fenster zusammenführen* in Safari soll über die Tastenkombination *ctrl + alt + cmd + F* ausgeführt werden. Da die Tasten *ctrl*, *alt* und *cmd* direkt nebeneinander liegen, lässt sich die Kombination sehr leicht greifen. Der exakte Befehl lautet „Alle Fenster zusammenführen".

Tastenkürzel definieren

Rufen Sie nun *Apfel-Menü –> Systemeinstellungen –> Tastatur –> Kurzbefehle* auf, und wählen Sie den Eintrag *App Shortcuts*. Hier klicken Sie auf das Plus-Zeichen und wählen als *Programm* den Eintrag *Safari*. Unter *Menü* geben Sie nun „Alle Fenster zusammenführen" ein. Nun klicken Sie in das Feld *Tastaturkurzbefehl* und drücken die gewünschte Kombination, in unserem Beispiel also *ctrl + alt + cmd + T*. Nach einem Klick auf *Hinzufügen* nimmt OS X das neue Kürzel in seine Liste auf.

Das Kürzel wird sofort aktiv. Sie können also nun in Safari beliebig viele Fenster öffnen und mit dem neuen Kurzbefehl *ctrl + alt + cmd + T* in einem Fenster zusammenführen.

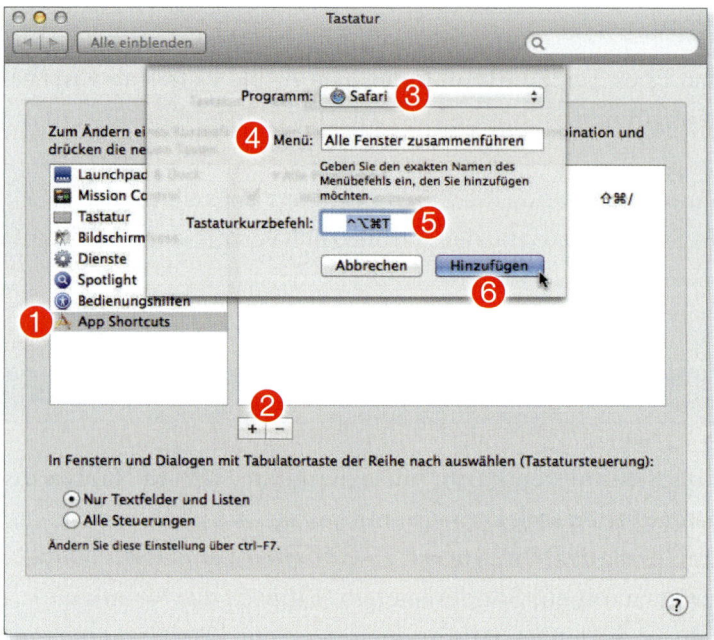

Sie können jedem Menüpunkt eines Programms ein eigenes Tastaturkürzel zuweisen. Dazu wählen Sie zuerst „App Shortcuts" ❶, klicken auf die Plus-Taste ❷ und wählen das gewünschte Programm ❸. Geben Sie den exakten Namen des gewünschten Menübefehls ein ❹, klicken Sie in das Feld „Tastaturkurzbefehl", und drücken Sie die gewünschte Tastenkombination ❺. Mit einem Klick auf „Hinzufügen" ❻ wird das neue Kürzel sofort übernommen.

So machen Sie Ihre Library sichtbar

Wie schon gelegentlich erwähnt wurde, versteckt OS X den Ordner *Library* in Ihrem Benutzerordner. Das ist eine recht sinnvolle Sache: Denn einerseits muss man im Alltag so gut wie nie auf diesen Ordner zugreifen, andererseits kann ein unbedachter Eingriff in diesem Ordner fatale Folgen für das System haben.

Doch was ist mit den wenigen Fällen, in denen man doch ausnahmsweise einmal auf die Library zugreifen muss? Ganz einfach: Rufen Sie im Finder den Menüpunkt *Gehe zu* auf, und drücken Sie die *alt*-Taste – die Auswahl wird um den Punkt *Library* ergänzt.

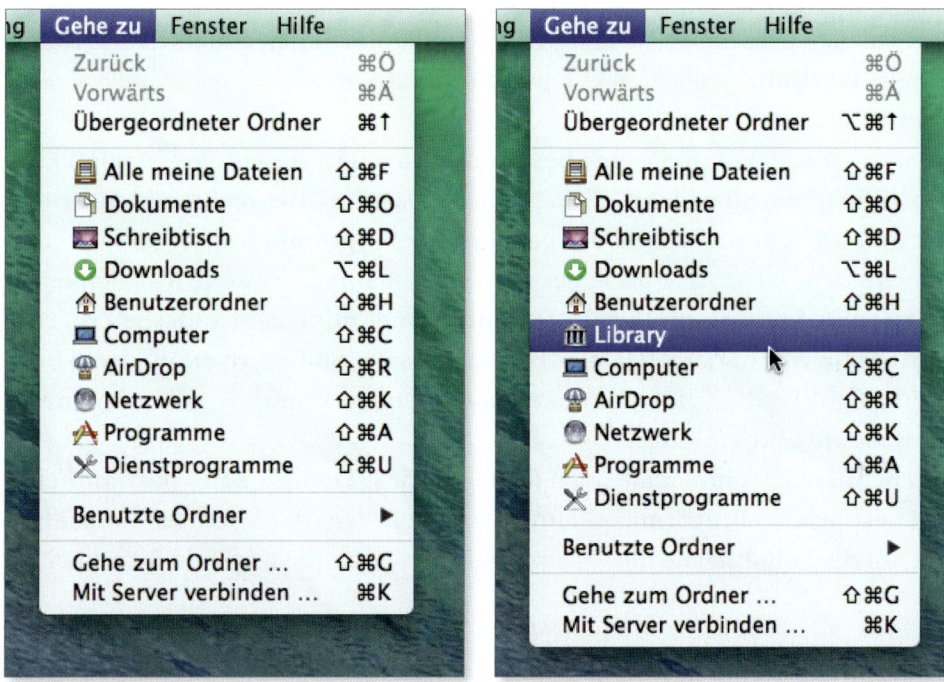

Der „Library"-Ordner wird relativ selten benötigt und ist daher standardmäßig ausgeblendet (links). Müssen Sie doch einmal darauf zugreifen, zaubert die gedrückte „alt"-Taste ihn hervor (rechts).

Welche App öffnet was?

Das ist schon praktisch: Sie klicken eine beliebige Datei – ganz gleich ob Text, Video oder Audio – doppelt an und OS X öffnet sie. Dazu startet das System das passende Programm und übergibt diesem die gewünschte Datei. Die Applikation öffnet daraufhin die Datei und zeigt sie an bzw. ermöglicht ihre Bearbeitung.

Normalerweise können Sie diesen Prozess dem System überlassen, doch manchmal möchte man eine Datei mit einem ganz bestimmten Programm öffnen – und das ist nicht unbedingt dasjenige, das OS X für geeignet hält. Das ist zum Beispiel dann der Fall, wenn Sie eine Textverarbeitung wie *OpenOffice* installiert haben. In diesem Fall ist es häufig erwünscht, bei einem Doppelklick auf eine RTF-Datei diese nicht im Standardprogramm TextEdit, sondern in OpenOffice zu öffnen.

Hier gibt es drei Möglichkeiten:

- *Ausnahmsweise einmal:* Wenn Sie eine bestimmte Datei nur dieses eine Mal mit einem anderen Programm öffnen möchten, dann klicken Sie die Datei mit der rechten Maustaste an, wählen *Öffnen mit* und legen anschließend das gewünschte Programm fest.

- *Eine bestimmte Datei immer, aber nicht alle vom gleichen Typ:* Die zweite Möglichkeit besteht darin, dass Sie zwar eine bestimmte Datei in Zukunft immer mit einem anderen Programm öffnen möchten, aber für alle anderen Dateien dieses Typs die Standardverknüpfung behalten möchten. Rufen Sie dazu mit *cmd + I* die Infos der entsprechenden Datei auf, und wählen Sie unter *Öffnen mit* das gewünschte Programm.

- *Alle immer:* Schließlich können Sie noch festlegen, dass Dateien eines bestimmten Typs immer mit einem bestimmten Programm geöffnet werden sollen. In diesem Fall klicken Sie nach der Änderung auf die Schaltfläche *Alle ändern* und bestätigen die folgende Sicherheitsabfrage.

Diktierfunktion

 Über die Diktierfunktion können Sie Text nicht nur eintippen, sondern über ein Mikrofon diktieren, das bei fast jedem Mac eingebaut ist. Der Mac übersetzt Ihre gesprochene Sprache automatisch in geschriebenen Text.

Funktionsweise

Standardmäßig werden Spracheingaben nicht auf dem Mac, sondern auf den Servern von Apple analysiert. Ihr Diktat wird dazu via Internet an Apple geschickt, dort analysiert und in Text umgesetzt; der Text wird zurückgeschickt und von OS X schließlich in das Dokument eingefügt.

Falls Sie das nicht möchten oder auch dann diktieren wollen, wenn Sie ausnahmsweise einmal offline sind, dann nutzen Sie die *Erweiterte Diktierfunktion*. Hier wird zuerst ein knappes Gigabyte an Sprachdaten geladen, und anschließend steht Ihnen die Diktatfunktion auch ohne die Hilfe von Apples Servern zur Verfügung.

Diktat einschalten

Bevor Sie die Funktion nutzen können, müssen Sie sie aktivieren. Dazu rufen Sie in den Systemeinstellungen den Punkt *Diktat & Sprache* auf, klicken auf *Ein* und bestätigen mit *Diktierfunktion aktivieren*.

Standardmäßig wird die Funktion mit einem zweimaligen Druck auf die *Fn*-Taste aktiviert. Andere Kombinationen legen Sie unter *Kurzbefehl* fest.

Die Sprache, in der Sie diktieren, wählen Sie unter *Sprache*.

Diktieren

Sobald Sie nun in einem Dokument Text diktieren möchten, drücken Sie die Tastenkombination, die Sie gewählt haben, standardmäßig also *Fn*, *Fn*.

Es erscheint ein kleines Mikrofonsymbol mit der Taste *Fertig*. Sprechen Sie Ihren Text, und schließen Sie die Eingabe mit einem Klick auf diese Taste ab. Nach kurzer Zeit erscheint Ihr Diktat als Text im Dokument.

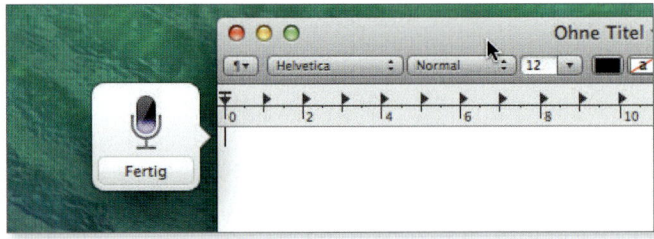

Wenn die Diktierfunktion aktiv ist, erscheint ein Mikrofonsymbol.

Die Diktierfunktion arbeitet erstaunlich genau: Einfache Texte werden fast immer fehlerfrei umgesetzt. Erkennungsfehler treten aber dennoch auf. Besonders problematisch ist es, wenn Sie verschiedene Sprachen mischen, also etwa englische Namen und Begriffe in Ihrem Text benutzen. Hier steigt die Spracherkennung regelmäßig aus und produziert allenfalls lustige Missverständnisse, etwa wenn aus „Executive" das Wort „Sektenführer" wird.

Steuerkommandos

Damit OS X Ihren Text nicht ohne Punkt und Komma notiert, beherrscht die Diktierfunktion eine Reihe von Steuerkommandos, mit denen Sie nicht nur Satzzeichen, sondern auch neue Zeilen oder Absätze einfügen. Das Repertoire dieser Kommandos ist recht umfangreich:

- *Satzzeichen:* Um ein Satzzeichen zu schreiben, sprechen Sie es aus: „Punkt", „Komma", „Bindestrich", „Semikolon", „Doppelpunkt", „Fragezeichen", „Ausrufezeichen", „Klammer auf", „Klammer zu" und so weiter.
- *Steuerung:* Mit „Neue Zeile" / „Neuer Absatz" fügen Sie eine neue Zeile bzw. einen neuen Absatz ein. Möchten Sie alles in Groß- bzw. Kleinbuchstaben schreiben, leiten Sie dies mit „Kleinschreibung/ Großschreibung anfangen" ein und beenden es mit „Kleinschreibung/Großschreibung beenden".
- *Sonderzeichen:* Auch Sonderzeichen sprechen Sie aus, um sie zu setzen: „Klammeraffe" (@), „Dollarzeichen" ($), „Eurosymbol" (€), „Prozentzeichen" (%), „Und-Zeichen" (&), „Pluszeichen" (+), „Minuszeichen" (-), „Sternchen" (*) oder „Nummernzeichen" (#).
- *Einheiten:* Die Diktierfunktion erkennt auch Datumsangaben und Ähnliches. Sagen Sie etwa „Dreizehnter Oktober Zweitausendundzwölf", wird daraus „13. Oktober 2012". Den Text „Siebzehn Euro und dreizehn Cent" notiert die Funktion als „17,13 €". Die Uhrzeit „Sieben Uhr einunddreißig" erscheint als „7:31 Uhr". Längenangaben wie „Zehn Zentimeter" werden als „10 cm" umgesetzt.
- *Emoticons:* Auch Emoticons stellen die Diktierfunktion vor keine Probleme. Mit „Smiley Gesicht" erhalten Sie :-), aus „trauriges", „zwinkerndes" oder „lachendes Gesicht" werden die Symbole :-(, ;-) und :-D.

- *Römische Zahlen:* Schließlich können Sie auch römische Ziffern diktieren. Ein „römisch Zehn" wird dann zu „X", aus „römisch Zweitausendundzwölf" ein „MMXII".

Ihr Mac spricht mit Ihnen

Sie können sich von OS X auch Text vorlesen oder regelmäßig die aktuelle Uhrzeit ansagen lassen.

Sprachen laden

Von Haus aus wird OS X mit englischen Systemstimmen geliefert. Drei deutsche Computerstimmen von guter Qualität lassen sich kostenlos nachladen.

Rufen Sie *Apfel-Menü –> Systemeinstellungen –> Diktat & Sprache –> Sprachausgabe* auf, und wählen Sie im Dropdown-Menü *Systemstimme* den Punkt *Anpassen*. Aktivieren Sie hier die vier deutschen Stimmen *Anna*, *Markus*, *Petra* und *Yannick*. Nach einem Klick auf *OK* startet OS X den Download von rund 2 GB.

Sprachausgabe

Um einen Eindruck von dem Klang und der Qualität der Stimmen zu bekommen, wählen Sie unter *Systemstimme* die gewünschte Stimme aus und klicken auf *Abspielen*. Über den Regler *Lesegeschwindigkeit* lässt sich das Tempo der Stimme justieren.

In Zukunft können Sie sich nun beliebigen Text in den verschiedensten Programmen – ganz gleich ob Textverarbeitung, *Mail* oder Webbrowser – von der gewählten Stimme vorlesen lassen.

- *Ab Cursorposition:* Um sich einen Text ab der Cursorposition vorlesen zu lassen, wählen Sie *Bearbeiten –> Sprachausgabe –> Sprachausgabe beginnen*. Dieser Menübefehl steht bei allen Programmen an der gleichen Stelle.
- *Nur einen Teil vorlesen:* Um sich nur einen bestimmten Bereich vorlesen zu lassen, markieren Sie ihn und wählen *Bearbeiten –> Sprachausgabe –> Sprachausgabe beginnen*.
- *Stoppen:* Mit *Bearbeiten –> Sprachausgabe –> Sprachausgabe stoppen* beenden Sie die Sprachausgabe.

Uhrzeit ansagen

Eine praktische Funktion der Sprachausgabe besteht darin, sich in regelmäßigen Abständen mit einer dezenten Zeitansage an die Uhrzeit erinnern zu lassen. Wählen Sie dazu *Systemeinstellungen –> Datum & Uhrzeit –> Uhr*. Hier aktivieren Sie *Zeit vorlesen* und legen fest, in welchen Abständen OS X die Uhrzeit ansagen soll, etwa *Zur vollen Stunde*. Mit *Stimme anpassen* können Sie die gewünschte Stimme, das Tempo und die Lautstärke einstellen.

Benutzerverwaltung

 Wie weiter oben erwähnt wurde, können Sie mit mehreren Benutzern an einem Mac arbeiten, wobei jeder Benutzer seinen eigenen Arbeitsbereich hat, der von den Bereichen der anderen Benutzer getrennt ist.

Benutzer anlegen

Einen neuen Account legen Sie unter *Systemeinstellungen –> Benutzer & Gruppen* an. Klicken Sie auf das Plus-Zeichen, und wählen Sie den Account-Typ. Zur Auswahl stehen:

- *Administrator:* Der neue Account hat vollen Zugriff auf das System, kann Programme installieren, löschen und Systemeigenschaften verändern.
- *Standard:* Der Account hat Zugriff auf seinen Benutzerordner, einige Freigaben und auf Programme, die für alle Anwender installiert wurden.
- *Verwaltet durch Kindersicherung:* Der Account hat stark begrenzte Zugriffsrechte und wird durch einen Administrator-Account kontrolliert.
- *Nur Freigabe:* Der Account kann lediglich die freigegebenen Ressourcen auf dem Mac nutzen.

Anschließend tragen Sie den Namen des Benutzers und einen Accountnamen ein, vergeben ein Kennwort und notieren sich sicherheitshalber eine Merkhilfe für dieses Kennwort.

Mit einem Klick auf *Benutzer erstellen* wird der neue Account angelegt.

Benutzer wechseln

Um zwischen zwei Benutzern zu wechseln, gibt es zwei Möglichkeiten:

- *Ab-/Anmelden:* Der derzeitige Nutzer meldet sich über *Apfel-Menü –> {Name} abmelden* vom System ab. Dabei werden sämtliche Programme geschlossen und alle Dokumente gespeichert. Anschließend erscheint der Anmeldebildschirm, und der zweite Benutzer kann sich nun beim System anmelden.

- *Schneller Benutzerwechsel:* Deutlich schneller und ohne Abmeldung geht dies, wenn Sie den schnellen Benutzerwechsel aktivieren. Klicken Sie dazu unter *Apfel-Menü –> Systemeinstellungen –> Benutzer & Gruppen* auf *Anmeldeoptionen*, und aktivieren Sie dort *Menü für schnellen Benutzerwechsel*. Anschließend erscheint oben rechts in der Menüleiste ein Benutzersymbol des aktuellen Benutzers. (Sie können auch festlegen, dass der Kurzname oder der vollständige Name des Benutzers angezeigt werden soll.) Mit einem Klick darauf kann sich nun ein anderer Benutzer anmelden, ohne dass der aktuelle Benutzer alle Programme schließen und sich abmelden muss.

Sie können blitzschnell zwischen verschiedenen Benutzern wechseln. Aktivieren Sie dazu in den Anmeldeoptionen ❶ das „Menü für schnellen Benutzerwechsel" ❷. Anschließend können Sie über ein Symbol in der Menüleiste ❸ per Mausklick zwischen den verschiedenen Benutzern wechseln.

Benutzer löschen

Ein Benutzer kann natürlich auch wieder gelöscht werden. Dazu muss der entsprechende Account abgemeldet sein. Wählen Sie unter *Systemeinstellungen –> Benutzer & Gruppen* den entsprechenden Eintrag, und klicken Sie auf das Minus-Zeichen. Sie haben nun die Möglichkeit, den entsprechenden Benutzerordner zu sichern oder den Ordner komplett zu löschen. Mit einem Klick auf *OK* verschwindet der Benutzer aus dem System.

Gäste

Damit andere Anwender die Freigaben und öffentlichen Ordner auf Ihrem Mac nutzen können, richtet OS X standardmäßig einen Gastbenutzer ein, der sich via Netzwerk mit Ihrem Mac verbinden kann. Möchten Sie, dass sich ein Gast auch direkt an Ihrem Mac anmelden kann, dann wählen Sie den Eintrag *Gastbenutzer* und aktivieren den Punkt *Gästen erlauben, sich an diesem Computer anzumelden*.

Der Gast kann sich nun ohne Benutzername und Kennwort an Ihrem Mac anmelden und mit den Programmen (etwa *Mail* und *Safari*) arbeiten, allerdings keine Daten außerhalb der Freigaben einsehen oder speichern. Sobald sich der Gast abmeldet, wird der komplette Benutzerordner des Gastes automatisch gelöscht.

Kapitel 18

Zugabe:
Windows auf dem Mac

Der alte Glaubenskrieg zwischen Mac- und Windows-Anwendern ist entschieden. Der Mac hat gewonnen – schließlich kann er beides. Wenn es also sein muss, können Sie auf Ihrem Mac auch ein Windows-Programm oder auch gleich ein komplettes Windows laufen lassen. Als Zugabe und Abschluss des Buches stelle ich Ihnen die wichtigsten Methoden und Programme vor, mit denen Sie Windows und Windows-Programme auch unter OS X benutzen können.

Manchmal muss es Windows sein

Es gibt einige gute Gründe, warum man Windows-Programme auf seinem Mac ausführen können möchte. So kommt es immer wieder einmal vor, dass ein Programm, das zur Erledigung einer Aufgabe zwingend benötigt wird, nur in einer Windows-Version zu haben ist. Doch nicht nur berufliche, auch private Beweggründe können den Wunsch nach Windows wecken – schließlich ist das Angebot an Spielen für PCs ungleich größer als das für Macs.

Doch wer jetzt glaubt, er müsse sich schweren Herzens auch noch einen Windows-Rechner neben seinen Mac stellen, der kann aufatmen. Schließlich gibt es mehr als eine Methode, um Windows-Programme auch auf dem Mac einzusetzen. Drei Methoden, genau genommen:

- *Dualboot:* Sie installieren Windows auf einer zweiten Festplattenpartition und entscheiden beim Einschalten Ihres Macs, ob Sie mit Windows oder OS X arbeiten möchten. Diese Lösung unterstützt Apple für Windows 7 und Windows 8 mit dem Programm *Boot Camp*.
- *Virtuelle Maschine:* Eleganter ist die Methode, Windows in einer virtuellen Maschine zu installieren. Dabei wird die typische PC-Hardware von einem Programm nachgebildet und Windows auf diesem virtuellen Computer installiert. Während Boot Camp Windows 7 und Windows 8 unterstützt, können Sie mit einer virtuellen Maschine praktisch jede Windows-Version einsetzen – wenn es sein muss, auch Windows 3.1.
- *Emulation:* Wenn Sie kein komplettes Windows, sondern nur ein bestimmtes Programm benötigen, ist es auch möglich, diesem Programm vorzugaukeln, es liefe auf einem Standard-PC unter Windows, während es in Wahrheit in einem normalen Fenster auf dem Schreibtisch von OS X eingesetzt wird. Dabei wird die Windows-Umgebung, die das Programm erwartet, von einem anderen Programm nachgeahmt (emuliert).

Dualboot mit Boot Camp

Apple unterstützt die Installation von Windows 7 und Windows 8 auf der Mac-Hardware mit dem Boot Camp-Assistenten, den Sie im Launchpad im Ordner *Andere* finden. Damit ist es möglich, einen Teil der Festplatte für Windows freizuschaufeln (zu „partitionieren"), auf dem man anschließend Windows installieren kann. Boot Camp stellt zudem die benötigten Treiber zur Verfügung, damit die Mac-spezifische Hardware von Windows korrekt angesteuert werden kann.

Boot Camp fordert Sie beim Start dazu auf, ein Installations- und Konfigurationshandbuch auszudrucken. Dieser Aufforderung sollten Sie unbedingt nachkommen, denn im weiteren Verlauf der Installation benötigen Sie genau dieses Handbuch. Vor der Installation lädt das Programm die neuesten Treiber und ähnliche Dateien herunter, damit Windows korrekt installiert werden kann. Diese Dateien müssen Sie auf einem USB-Speicherstick kopieren; sie werden später bei der Installation von Windows benötigt. Achten Sie darauf, dass der Stick im MS-DOS-Format FAT formatiert ist, andernfalls kann Windows bei der Installation auf diesen Stick nicht zugreifen.

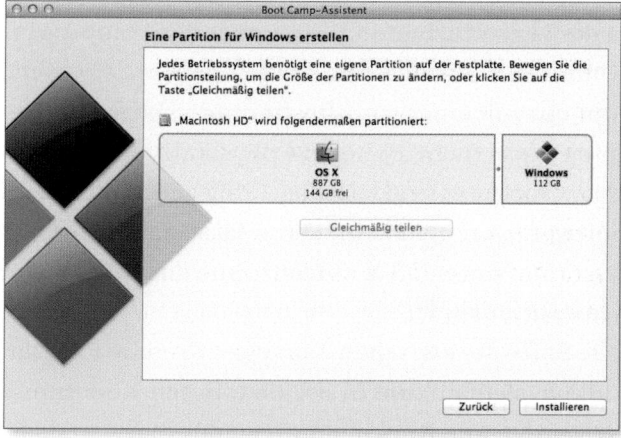

Der Boot Camp-Assistent führt Sie Schritt für Schritt durch die Installation von Windows auf Ihrem Rechner. Dabei unterstützt das Programm Windows 7 und Windows 8.

Nach erfolgreicher Installation von Windows ist Ihr Mac zu einem Dualboot-System geworden. Sie können also wählen, mit welchem System Sie arbeiten möchten.

Der große Vorteil dieser Methode besteht darin, dass Windows auf die Hardware des Macs direkt zugreifen und sie so optimal nutzen kann. Das ist vor allem bei aufwendigen Spielen sinnvoll. Doch abgesehen davon ist ein Dualboot-System eine eher mäßige Lösung. Denn es ist nicht möglich, Windows und OS X gleichzeitig zu nutzen, womit der Datenaustausch zwischen den beiden Systemen doch sehr eingeschränkt wird. Benötigen Sie in einer Mac-Applikation bestimmte Daten von einem Windows-Programm, dann müssen Sie folgendermaßen vorgehen:

1. Zuerst müssen Sie unter OS X alle Daten sichern und Ihren Mac komplett herunterfahren. Anschließend starten Sie ihn erneut, booten jedoch dieses Mal mit Windows.
2. In Windows können Sie nun mit dem gewünschten Programm arbeiten und die Aufgaben erledigen, die Sie erledigen wollen.
3. Nun müssen Sie Windows komplett beenden, Ihren Mac herunterfahren, erneut starten und mit OS X booten.

Virtualisierung oder Windows im Holodeck

Die Installation eines Programms setzt immer eine bestimmte Hardware- bzw. Systemumgebung voraus. Apples Programme wie etwa die Textverarbeitung *Pages* oder das Fotoprogramm *Aperture* lassen sich nur auf einem Apple-Computer mit OS X installieren, *Microsofts Word für Windows* braucht das Windows-Betriebssystem, das wiederum nur mit einer ganz bestimmten Hardware zusammenarbeitet.

Doch diese Systemumgebung muss nicht zwingend physikalisch in Form von Platinen und Speicherchips vorhanden sein. Moderne Computer sind leistungsfähig genug, um einem Programm die benötigten Komponenten einfach via Software vorzugaukeln. Dann lässt sich Windows etwa auf einem Mac installieren oder ein Windows-Programm unter OS X nutzen, ohne dass die Programme bemerken, dass sie in einer virtuellen Umgebung installiert sind.

Dazu setzt sich eine spezielle Software zwischen das systemfremde Programm und OS X und übersetzt alle Hardwarezugriffe und alle Systemaufrufe in die benötigten Kommandos für OS X und die Apple-Hardware. Auf gleiche Weise werden alle Rückmeldungen des Macs an das laufende Programm so übersetzt, dass sie von dem Programm auch korrekt verstanden und verarbeitet werden können.

Mit diesem Verfahren lassen sich komplette PCs virtualisieren, aber auch nur bestimmte Umgebungen, die zum Betrieb eines bestimmten Programms benötigt werden.

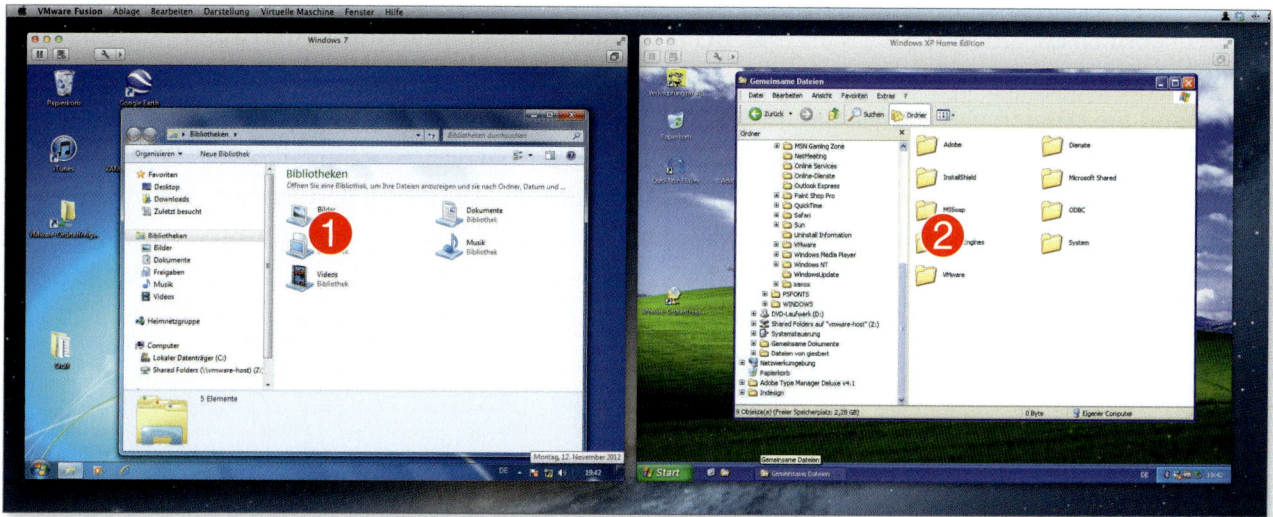

Ein virtueller Computer gaukelt einem Betriebssystem genau die Hardware-Umgebung vor, die benötigt wird. Dabei können Sie durchaus mehrere virtuelle Maschinen nebeneinander betreiben. Hier sehen Sie zum Beispiel Windows 7 ❶ und Windows XP ❷, jeweils in einem Fenster, auf dem gewohnten Schreibtisch von OS X. Als Virtualisierungssoftware wird hier „VMware Fusion" benutzt.

Möglichkeiten und Grenzen der Virtualisierung

Typischerweise ist eine virtuelle Maschine auf dem Mac-Schreibtisch ein Fenster unter anderen. In diesem Fenster läuft allerdings ein komplettes Windows, in dem wiederum beliebige Windows-Programme installiert werden können. Wenn die Leistung des Macs (hier geht es vor allem um Arbeitsspeicher und CPU-Leistung) ausreicht, dann lassen sich auch mehrere virtuelle Maschinen betreiben und so etwa ein komplettes Netzwerk installieren – alles innerhalb von OS X und ohne dass man neue Hardware kaufen müsste.

Eine virtuelle Maschine teilt sich mit dem umgebenden System typischerweise zentrale Hardwarekomponenten, etwa das CD/DVD-Laufwerk, die USB-Ports, den Druckeranschluss, aber auch das Netzwerk und den Internetzugang. Der Datenaustausch zwischen einem virtuellen Windows und dem es umgebenden OS X erfolgt entweder über einen gemeinsam genutzten Ordner oder durch einfaches Drag & Drop, indem man etwa eine Datei aus dem Windows-Fenster auf den Mac-Schreibtisch zieht.

Zudem können Sie eine virtuelle Maschine in einen Standby-Modus versetzen und das Virtualisierungsprogramm beenden. Beim nächsten Start sieht Ihre virtuelle Maschine exakt so aus, wie Sie sie verlassen haben, und Sie können nahtlos mit der unterbrochenen Arbeit weitermachen.

Mit einem virtuellen Windows können Sie im Grunde alles machen, was Sie mit einem Windows-Computer auch tun würden, also etwa mit *MS Office* arbeiten oder Webseiten mit den *Internet Explorer* aufrufen. Lediglich bei grafisch sehr aufwändigen Programmen geht eine Virtualisierung mitunter in die Knie – ein rasantes Actionspiel, das unter Windows alle Hardwareregister zieht, werden Sie kaum spielen können.

Virtuelle PCs für den Mac

Für OS X stehen aktuell drei Virtualisierungslösungen bereit. Zwei davon sind kostenpflichtige Programme, können aber als kostenlose Testversionen ausprobiert werden. Das dritte Programm ist eine kostenlose Open-Source-Lösung.

- *Parallels Desktop*: Dieses Programm ist der Klassiker der Virtualisierung. Das Programm simuliert einen kompletten, Intel-basierten Computer innerhalb von OS X, auf dem Sie Windows – oder ein anderes Betriebssystem – installieren können. Für den Umstieg von Windows auf den Mac bietet der Hersteller die „Switch to Mac"-Version an, mit der man seinen kompletten Windows-Rechner unter Parallels auf dem Mac nachbilden kann und damit praktisch zwei Computer in einem hat. Eine kostenlose Testversion finden Sie auf den Webseiten des Herstellers: *www.parallels.de*.

- *VMWare Fusion:* Unter Windows ist VMware eines der führenden Virtualisierungsunternehmen, und mit *Fusion* ist man auch auf der Mac-Plattform aktiv. Es bildet auch einen vollständigen PC nach und bietet eine nahtlose Integration von Windows-Programmen. So ist es etwa möglich, Programmfenster mit Windows- und Mac-Applikationen auf dem Schreibtisch zu mischen. *Fusion* kann kostenlos ausprobiert werden. Die Webseite des Herstellers finden Sie unter *www.vmware.de*.

- *Virtual Box*: Die Open-Source-Szene liefert ebenfalls ihren Beitrag zur Virtualisierung. *Virtual Box* wurde ursprünglich von der schwäbischen Firma Innotek als kommerzielles Produkt entwickelt, 2007 aber in ein kostenloses Open-Source-Projekt umgewandelt. Anfang 2008 übernahm das US-Unternehmen Sun die Firma Innotek, und 2010 wurde Sun von Oracle geschluckt, die das Programm heute anbieten. Auch *Virtual Box* bildet einen kompletten PC unter OS X nach, geht bei der Integration von Windows unter OS X aber nicht so weit wie *Parallels* oder *Fusion*. Das Programm ist nicht ganz so leistungsfähig wie die beiden kommerziellen Varianten, dafür jedoch deutlich schlanker und für den alltäglichen Einsatz normalerweise völlig ausreichend. Zu haben ist es unter *virtualbox.org*.